Isabelle Lasserre

LE RÉVEIL DES ARMÉES

Préface du général Henri Bentégeat

JC Lattès

Couverture : Le Petit Atelier

ISBN : 978-2-7096-6246-8

(Première édition : janvier 2019)

À mes deux grands-pères militaires,
Marcel Aunay et Bertrand de Quenetain.

Sommaire

Préface du général Henri Bentégeat, ancien chef d'état-major des armées françaises

Après des décennies de méfiance et de désamour, le peuple français s'est réconcilié avec son armée. Isabelle Lasserre, avec le talent qu'on lui connaît, analyse les raisons de ce revirement et s'interroge sur la place et le rôle des armées dans la société française contemporaine.

Spécialiste reconnue des relations internationales, elle renoue avec ses anciennes amours en publiant cet essai fondé sur une connaissance intime de la communauté militaire, acquise pendant les années où elle tint la chronique de la Défense au *Figaro.*

Ambitieux et novateur, *Le Réveil des armées* dessine une vaste fresque où s'entrecroisent rappels historiques, réflexions géopolitiques, analyses sociologiques et portraits singuliers. L'image flatteuse qu'elle y donne de nos capacités militaires et de ceux qui les mettent en œuvre ne sera pas du goût de ceux, encore nombreux parmi les « prescripteurs d'opinion », qui restent attachés à la doxa antimilitariste post-soixante-huitarde.

Les militaires eux-mêmes ne se reconnaîtront pas tous dans le portrait brillant et volontairement globalisant qu'elle dresse des trois composantes de notre défense. Comme elle le souligne par ailleurs, les esprits ont évolué, comme les modes de vie. Les officiers et, plus encore, les sous-officiers et les engagés, revendiquent leur liberté en dehors des temps de service et leurs affiliations politiques et religieuses relèvent pour eux de la sphère privée.

L'essentiel n'est pas là. Comme l'auteur le montre magistralement, la force d'attraction de nos armées réside dans la pérennité d'un corpus de valeurs singulières, nées des exigences du combat et auxquelles tous les militaires adhèrent sans restriction. Le patriotisme, le primat du service, le courage, la discipline et l'abnégation en constituent la trame.

Ces valeurs n'ont jamais fait recette en temps de paix, ce qui faisait écrire à Stendhal en 1830 : « Le mérite militaire n'est plus à la mode. » Le retour de la guerre et les attentats terroristes sur le territoire national ont changé la donne, mais c'est la transformation foudroyante de la société qui génère aujourd'hui, en particulier dans les jeunes générations, une nouvelle quête de sens et de repères. Sans l'avoir cherché, l'armée répond à cette attente.

Isabelle Lasserre s'interroge donc, pour finir, sur le rôle de recours, d'antidote, voire de modèle, que l'institution militaire pourrait jouer dans la France du XXIe siècle. Elle en souligne justement les limites politiques et financières, sans ignorer les interrogations qui traversent la sphère militaire, ni les divisions en son sein.

L'armée comme recours pour la Nation ? La plus dangereuse des illusions, selon moi, serait d'attendre que surgisse de ses rangs « l'homme providentiel », le sauveur de la patrie. Ces temps sont révolus. Bonaparte, Pétain ou de Gaulle tiraient leur gloire et leur « légitimité » de leurs victoires du temps de guerre. Or, les héros d'aujourd'hui sont morts, comme le colonel Beltrame, ou sont anonymes. Les batailles remportées sont devenues des succès collectifs dont se prévalent les responsables politiques.

Plus républicaine et loyaliste que jamais, l'armée française ne demande qu'à être reconnue pour ce qu'elle est et pour ce qu'elle fait et qu'on lui donne les moyens des missions qu'on lui assigne. Elle sera reconnaissante à notre auteur d'avoir levé le voile sur une institution plébiscitée par nos compatriotes, mais qui peine à se faire entendre dans un univers où la communication est devenue un enjeu existentiel.

L'engouement des Français pour leurs armées sera-t-il durable ? La question posée par Isabelle Lasserre en conclusion renvoie à une autre interrogation. Quelle ambition dans un monde chaotique nos concitoyens ont-ils pour notre « cher et vieux pays » ?

Chapitre I
Les signes du réveil

« Maman, ma famille, c'est la patrie »

Il a levé les mains, déposé son arme et demandé à prendre la place de l'otage. Lorsqu'il décide, ce vendredi 23 mars 2018, dans le Super U de Trèbes, dans l'Aude, de céder sa place d'homme libre à l'une des caissières du supermarché, Julie, et de se livrer au djihadiste Radouane Lakdim, le lieutenant-colonel de gendarmerie Arnaud Beltrame sait qu'il risque sa vie. Ce qu'il ne mesure peut-être pas, c'est l'impact immense qu'aura son geste dans la société française, le choc émotionnel que provoquera son sacrifice, le sursaut patriotique qui s'ensuivra. Le temps de l'hommage au moins, la France aura retrouvé le symbole d'une unité nationale qui depuis plusieurs années lui a fait tant défaut.

Cet hommage fut grandiose. Y compris dans le trait d'union dessiné par le trajet du cortège funèbre, entre le Panthéon, son point de départ, la nécropole laïque des grands hommes français, et l'arrivée aux Invalides, le saint des saints de l'esprit militaire, le lieu de ceux qui sont morts pour la nation, qui abrite le tombeau de Napoléon. Dans la cour d'honneur, sous la pluie, devant toute la République, devant ses anciens présidents et ses ex-Premiers ministres, accompagnée de la *Marche funèbre* de Chopin, la cérémonie a inspiré à Emmanuel Macron un discours vibrant, incarné, aux accents patriotiques : « L'un de nous venait de se dresser. Droit, lucide et brave, Arnaud Beltrame faisait face à l'agression islamiste, face à la haine, face à la folie meurtrière, et avec lui surgissait du cœur du pays l'esprit français de résistance, par la bravoure d'un seul entraînant la nation à sa suite. »

Le président français a aussi invoqué l'histoire de France et sa continuité. Il a cité Jeanne d'Arc et Kieffer, dont le commando de 177 soldats a apporté une contribution française au débarquement de juin 1944. Deux figures qui, comme Arnaud Beltrame contre « l'hydre islamique », se sont en leur temps levées pour chasser de la France l'ennemi anglais ou allemand. Le chef de l'État a également fait référence aux « anonymes » de Verdun, aux Justes, à de Gaulle, à Jean Moulin ou Pierre Brossolette, autant d'incarnations de « l'esprit de résistance » qu'engendre le pays quand souffle la tempête. Il a dit son admiration pour le sens de « l'honneur » du gendarme Arnaud Beltrame, pour la valorisation du « sacrifice », l'idéal du « service de la France ».

C'était le premier attentat terroriste du chef de l'État. Avant lui, Nicolas Sarkozy avait, dans cette même cour d'honneur, présidé une cérémonie en juillet 2011 en l'honneur de sept soldats tués en Afghanistan. Quant à François Hollande, il y avait rendu un douloureux hommage en novembre 2015, après les attentats du Bataclan. Mais aucun de ces deux anciens présidents n'avait réussi à incarner ce moment comme le fit Emmanuel Macron, à tisser le lien entre les valeurs républicaines et les valeurs militaires, cet esprit de résistance qui unit les deux. Quelques heures auront suffi pour que celui que certains considéraient comme le « président des start-up », trop jeune pour avoir fait son service militaire, devienne le héraut des traditions. « Votre sacrifice nous oblige, Arnaud Beltrame, nous élève. »

Interviewée par BFM télévision, la mère d'Arnaud Beltrame a récusé toute idée de sacrifice dans le geste de son fils. « Arnaud, c'est un combattant. Ce n'est certainement pas pour se sacrifier, se faire tuer, qu'il est intervenu. Il est évident qu'il pensait s'en sortir. » Évoquant le face-à-face de trois heures avec le terroriste Redouane Ladkine ainsi qu'un probable affrontement entre les deux hommes, elle n'a qu'une certitude : « Arnaud a pensé qu'il réussirait à le maîtriser, à argumenter pour le faire plier. Je suis persuadée qu'il pensait avoir le dessus. » Elle se souvient de ce que son fils lui disait toujours, à propos de son métier, de ses absences, de ses priorités : « Maman, ma famille c'est la patrie. »

Un héros français, un héros républicain, un héros militaire. « Arnaud Beltrame incarne la République, il est son image, son corps » a dit le Premier ministre Édouard Philippe. Même Donald Trump a salué « ce grand homme », ce « grand héros » dans les jardins de la Maison Blanche à l'occasion de la visite d'État rendue par Emmanuel Macron à Washington fin avril 2018, un homme qui « a regardé le mal en face et n'a pas cillé et a donné sa vie pour ses voisins, pour son pays et pour la civilisation elle-même ». Dans une société qui manque de héros, son geste a marqué l'opinion et la classe politique. En août 2017, déjà, Emmanuel Macron, s'exprimant dans le journal *Le Point,* en faisait le constat : « Nous devons renouer avec l'héroïsme politique propre au monde républicain, retrouver le sens du récit historique. »

L'héroïsme militaire aussi, qui incarne les valeurs d'honneur, de sacrifice et d'abnégation.

Arnaud Beltrame est issu d'une institution capable de produire en son sein une figure qui résiste et n'hésite pas à donner sa vie pour défendre certaines valeurs. De Saint-Cyr à l'École de guerre en passant par les opérations extérieures, l'armée inculque et cultive ces valeurs, elle en imprègne le caractère de ses soldats afin qu'ils aient la force d'aller, si la nation le leur demande, au bout de leur engagement. Les valeurs du lieutenant-colonel de gendarmerie Arnaud Beltrame, qui l'ont conduit librement et sans injonction de sa hiérarchie à risquer sa vie pour sauver celle d'un otage, ne sont pas les plus répandues dans la société française. Son acte d'héroïsme, son sacrifice, son esprit chevaleresque et le panache de son geste sont apparus comme un miroir inversé de la société et de ses élites, qui au contraire célèbrent le triomphe des intérêts personnels sur le bien commun, la course à l'argent et parfois même la lâcheté. Dans une société déboussolée par une époque sans idéal et sans valeurs communes, minée par l'individualisme et le consumérisme, les notions de courage, d'honneur et de devoir propres à la gendarmerie et aux armées sont venues, l'espace de quelques jours au moins, secouer et réveiller la société française, offrir un modèle aux jeunes, redonner un sens à un monde désenchanté. Le temps de quelques jours, ou peut-être plus.

Certes, l'émotion ne remplace pas l'action et les cérémonies, comme les discours, aussi investis soient-ils, servent parfois de cache-sexe à cette action. « La rationalité politique s'accommode mal de l'émotion »*[1] rappelle le général Pierre de Villiers, ancien chef d'état-major des armées. Mais au-delà de l'enthousiasme médiatique – vite oublié au demeurant – qui a accompagné l'hommage

1. Les * indiquent que les propos sont tirés d'un entretien avec l'auteur.

national rendu au gendarme Beltrame, au-delà de l'unité temporaire qui a pour une fois réconcilié la droite et la gauche, au-delà de l'empathie manifestée par les responsables politiques, si le sacrifice du lieutenant-colonel a tant fait vibrer les foules et inspiré le respect, c'est parce que l'armée qu'il incarne est la dernière institution qui tient debout, les jambes bien ancrées dans le sol et dans l'histoire française. « C'est une institution qui a su rester vivante », confirme le général de Villiers. La France est une nation militaire. Elle s'est forgée par l'épée. Elle l'avait volontairement oublié depuis l'Algérie et mai 68. Le geste d'Arnaud Beltrame, ce héros discret qui a respecté son serment, celui des armées, s'est chargé de le lui rappeler. Et elle aime ça. D'ailleurs, plusieurs villes de France ont depuis rebaptisé des places ou des rues en son nom, pour que le pays et la République conservent sa mémoire.

L'armée, de plus en plus populaire ?

Les drapeaux aux fenêtres

Mai 68 les conspuait. La gauche leur avait fait une sale réputation. Dans les années quatre-vingt-dix, ils étaient encore interdits dans les manifestations trotskistes. Le Parti communiste français ne les voulait que rouges. La République avait fini par les mépriser. Mais soudain, le 27 novembre

2015, on les a vus fleurir dans toutes les villes et les villages français. En quelques heures, le jour de l'hommage solennel rendu aux victimes du Bataclan dans l'imposante cour des Invalides, des milliers de drapeaux tricolores ont été accrochés aux fenêtres des maisons et des appartements des Français. Ils répondaient ainsi à l'invite de François Hollande, qui leur avait demandé de « pavoiser » leur domicile, pour se réapproprier un symbole qu'ils avaient un peu oublié.

Mais dans un pays qui avait pris l'habitude d'assimiler les couleurs bleu, blanc, rouge au Front national, les drapeaux ont vite fait l'objet d'une pénurie. Les seuls stocks étaient ceux des magasins de souvenirs pour touristes et ceux des fabricants et ateliers qui n'ont pu faire face à la demande. Ils ont noté que les clients ne leur demandaient plus de dissimuler leur achat dans du papier kraft. Connus pour maîtriser l'art du système D, les Français ont fait preuve d'humour et d'imagination, reconstituant le bleu, blanc, rouge en accrochant à leurs balcons et à leurs fenêtres des petites culottes, des soutiens-gorge, des chiffons, des poupées, des ballons, des sacs, des robes tricolores. Un an après le Bataclan, certains drapeaux, même déchirés par le vent ou noircis par la pollution, n'avaient toujours pas été retirés. Comme si personne n'avait plus honte du drapeau français, ce signe de ralliement au combat, ce symbole de liberté au nom duquel tant d'hommes, en France, ont donné leur vie.

En 2012 à la Bastille, les drapeaux étrangers, notamment algériens, étaient dominants dans la foule qui fêtait l'élection de François Hollande. Cinq ans plus tard, en mai 2017, c'est dans une mer de drapeaux bleu, blanc, rouge qu'Emmanuel Macron a célébré son élection au Louvre. C'est aussi dans un océan de cocardes tricolores que s'est baignée la France le soir de la victoire de la Coupe du monde de football, en juillet 2018, alors qu'en 1998 les drapeaux étrangers étaient plus nombreux. « L'ambiance collective s'est transformée par rapport à 1998. Ce qui paraissait suspect, le drapeau et la nation, la fierté nationale, sont de retour. De ce point de vue, cette Coupe du monde est à la fois le témoin et le symptôme d'un basculement idéologique et politique qui n'en est sans doute qu'à ses débuts », écrit le philosophe Robert Redeker dans *Le Figaro* en juillet 2018.

Depuis les attentats du Bataclan en 2015, les signes extérieurs de patriotisme, que l'on pensait oubliés à jamais ou réservés à certaines formations politiques extrêmes, ont fait leur réapparition. Avec les drapeaux – rétablis dans les collèges qui n'en possédaient plus, dans l'Essonne par exemple –, *La Marseillaise* vit une nouvelle jeunesse. En 2008, elle avait été sifflée au Stade de France pendant un match opposant la France à la Tunisie. Zinedine Zidane et Karim Benzema avaient été critiqués pour ne pas la chanter dans les grandes compétitions internationales. À Moscou pendant la dernière finale de la Coupe du monde, tous les joueurs français l'ont entonnée. Et en France, dans la rue, les supporters l'ont souvent relayée. Aujourd'hui *La Marseillaise* est chantée plus fort et plus souvent dans les cérémonies. Entre l'hommage rendu aux victimes de Charlie Hebdo et celui organisé pour le Bataclan, l'hymne national a résonné de manière plus vigoureuse et plus incarnée dans la cour d'honneur des Invalides. La patrie n'est plus un gros mot et personne ne songerait désormais à l'associer à la période pétainiste. Quant au défilé militaire du 14 juillet sur les Champs-Élysées, qui depuis 1870 symbolise le mariage de l'État et de l'armée, il bat des records de popularité. Les drapeaux tricolores sont salués, les unités participant aux opérations extérieures acclamées. Le défilé militaire exalte à ce point la force et la puissance, l'amour de la patrie, que Donald Trump, qui en fut l'un des invités d'honneur en 2017, voulait s'offrir le même. En France, cela n'a choqué personne. Car même si les commentateurs ne s'en sont pas aperçus, la figure du soldat, qui porte au sommet de son drapeau les valeurs de la République, est revenue après avoir été longtemps effacée.

L'adieu à Ballard

Lorsqu'il quitte son bureau de Ballard, dans le quinzième arrondissement de Paris, juste après avoir démissionné, le 19 juillet 2017, à l'issue du conflit qui l'opposait au nouveau président de la République Emmanuel Macron, des applaudissements nourris accompagnent ses derniers pas de militaire. L'émotion mouille jusqu'aux yeux des plus durs. La colère est si forte qu'on sent presque son souffle dans la haie d'honneur. Depuis, le général Pierre de Villiers a écrit un livre. *Servir* est devenu un best-seller. Il s'est vendu à 130 000 exemplaires. « Avec un titre aussi peu sexy et aucune histoire croustillante dedans, c'est une performance », reconnaît-il. C'est en tout cas une première dans l'histoire récente de notre pays, où les généraux sont rarement des stars.

Servir s'est transformé en un succès de librairie en évitant toute polémique avec le président de la République et en essayant plutôt d'apaiser les tensions. Certains ont fait la queue pendant deux heures sur les trottoirs de Versailles, dans le froid hivernal, lors des séances de signatures, pour obtenir une dédicace et échanger quelques phrases avec celui qui, le temps d'un été troublé, leur est apparu comme un héros, une autorité morale. Ce n'est pas vraiment le genre de la Ve République, mais dans certaines librairies, Pierre de Villiers a même été accueilli aux cris de « Vive le Général ! ». Un an après sa spectaculaire démission, il lui arrive encore d'être arrêté dans la rue par des passants qui manifestent leur soutien et leur admiration. Sur son bureau, les propositions de conférences s'accumulent, au rythme de plusieurs dizaines par semaine. « Pour moi, c'est un héros français. Un homme discret et authentique. Je pense qu'il a coïncidé avec l'époque. Il a été au rendez-vous de quelque chose », commente un haut fonctionnaire de la défense, qui se classe plutôt à gauche.

La France, « fana mili »

Cela fait plusieurs décennies que l'armée n'avait pas été aussi populaire. Tous les sondages d'opinion le confirment. 87 % des Français ont une bonne image de leur armée selon un sondage Odoxa réalisé à l'été 2018. L'armée est l'institution en laquelle les Français ont le plus confiance pour lutter contre le terrorisme. Neuf sondés sur dix estiment que les militaires sont « courageux », « efficaces », « dévoués » et surtout qu'ils « défendent bien les valeurs républicaines ». En 2016, selon le baromètre externe de la Défense, la participation à la coalition internationale anti-Daech était cette même année soutenue à 75 % par les sondés, tandis que l'opération Sentinelle recueillait 77 % des suffrages. Et si l'on aborde la question de l'incarnation des valeurs de la République, les soldats, avec 33 % d'opinions favorables, devancent les maires (18 %) et les enseignants (17 %). Même le Service national universel, volontiers critiqué par les militaires, est soutenu par deux Français sur trois.

« L'opinion globale à l'égard des militaires est désormais totalement consensuelle, les militaires recueillant systématiquement des jugements positifs, quels que soient l'âge, le milieu social, le niveau de revenus, la région et même l'orientation politique des personnes interrogées. Alors que la défense de l'armée et des militaires a été pendant très longtemps un profond marqueur de clivages politiques dans notre pays, l'attitude positive ou négative à l'égard de l'armée n'est désormais même plus un sujet de clivage politique. L'antimilitarisme n'existe quasiment plus en réalité au niveau statistique dans notre pays », note le commentaire d'Odoxa.

Qui l'eût cru il y a encore quelques années ? L'armée suscite plus de confiance chez les Français que les partis politiques qu'ils jugent corrompus, que les journalistes accusés de manipuler l'opinion ou de ne véhiculer qu'une réalité, celle des bobos parisiens, que les syndicalistes qui font passer leurs intérêts personnels ou ceux de leur corporation avant celui des salariés, que les banques et les grandes entreprises réputées s'enrichir sur le dos du contribuable.

Même les gendarmes et les policiers, traditionnellement moins populaires que les militaires, voient leur cote remonter depuis plusieurs années. Selon un sondage IFOP[1], 88 % des Français ont une bonne opinion des gendarmes et 82 % des policiers. Les dernières enquêtes d'opinion de l'Ipsos tendent d'ailleurs à montrer que les bavures

1. Institut français d'opinion publique.

policières, comme l'affaire Théo d'Aulnay-sous-Bois, dans laquelle des policiers ont été accusés de viol au printemps 2017, ont un impact beaucoup plus limité qu'auparavant dans l'opinion publique. Histoires et bavures, ramenées à leur place de fait divers, sont vite effacées par l'actualité.

La popularité des hommes en armes dépasse les clivages entre la gauche et la droite, si l'on exclut les extrêmes. « La droite n'a plus le monopole de la patrie et de l'autorité »* explique le politologue Jean Garrigues. Plus étonnant et surtout tout à fait nouveau dans une France qui se débat avec ses déficits et ses crises économiques depuis de si longues années, une très grande majorité de la population – 81 % – se prononce pour le maintien ou l'augmentation du budget de la Défense, selon un sondage de la Dicod[1], réalisé en 2016. En 2011, ils n'étaient que 32 % à le penser. Encore plus surprenant : en 2010, 45 % des Français citaient la Défense et l'armée comme sources possibles et évidentes d'économies. Aujourd'hui, ils mentionnent les aides sociales et les allocations versées aux chômeurs !

L'armée est de retour dans le cœur des Français et ce sont les attentats terroristes de 2015 qui enclenchent pour la première fois ce retournement. La « Génération Bataclan » s'est mise à affluer sur les sites de recrutement et d'information de l'armée.

1. Délégation à l'information et à la communication de la défense.

En 2015, la marine a enregistré une augmentation de 40 % des visites sur son site par rapport à l'année précédente. Les demandes d'informations concernant l'armée de l'air ont été multipliées par vingt après les attentats du 13 novembre. Quant à l'armée de terre, elle a vu le nombre de candidatures doubler entre 2014 et 2016, passant de 8 000 demandes par an à 16 000. Les commentaires en ligne sont tous écrits des mêmes mots : « La France a besoin de nous », « Nous devons nous battre pour notre pays afin que nos enfants puissent vivre en paix ».

L'enthousiasme est surtout palpable parmi les jeunes générations, qui n'ont pas grandi avec le tabou de leurs aînés envers l'armée. Ou qui savent le contourner – comme certains jeunes des banlieues issus d'une famille ou d'un milieu hostile à tous ceux qui représentent l'État. En Seine-Saint-Denis, raconte un recruteur de l'armée de terre, « les jeunes qui veulent s'engager, de peur d'être mal vus dans leur quartier, vont postuler dans un autre centre de recrutement, celui de Vincennes par exemple, pour ne pas être reconnus »*.

Alors que l'armée britannique peine à remplir ses casernes, l'armée de terre française affiche, selon les périodes, un taux de 1,1 à 1,5 candidat par poste. « Ce léger surplus nous permet d'effectuer une petite sélection et d'éliminer les candidats que nous ne voulons pas »* commente un officier qui a géré les questions de recrutement. Pour la Légion étrangère, sans doute le corps le plus sollicité, les chiffres bondissent à huit demandes pour un poste. Plus surprenant encore : selon un récent sondage du CEVIPOF, le centre de recherche politique de Sciences Po, 14 % des Français, issus de toutes les tendances politiques et pas seulement des extrêmes, considèrent qu'un régime militaire aurait toute sa place aujourd'hui en France !

Il n'y a pas que les engagés. Aujourd'hui les demandes pour entrer au lycée militaire de Saint-Cyr affluent, y compris chez des jeunes non issus de familles militaires. À l'École militaire, les formations jeunes de l'Institut des études de défense nationale (IHEDN) sont assaillies de demandes. En 2016, certaines d'entre elles ont vu le nombre de candidatures multiplié par quatre. « Les sessions sont de plus en plus populaires. Leur explosion est un phénomène quasiment viral, qui se transmet par le téléphone arabe »* confirme l'un des cadres qui les organisent. Certains établissements scolaires des cinquième et sixième arrondissements de Paris ont noté une appétence nouvelle de leurs étudiants pour les lycées militaires comme Saint-Cyr, y compris dans les milieux qui ne sont pas du sérail. Et c'est pareil à l'Université, où les cycles et les options de « défense et sécurité » se multiplient. Ils sont devenus, dans de nombreuses facs, le master à la mode.

« Au début des années soixante-dix, les armées se cachaient. Elles avaient disparu du paysage. On ne se promenait pas en uniforme dans la rue !

Encore moins dans le métro ! »* se souvient le général Henri Bentégeat, ancien chef d'état-major des armées. L'armée était si impopulaire que les militaires se faisaient souvent insulter et prendre à partie dans les lieux publics. Cette image négative a perduré pendant les années quatre-vingt. En 1985, l'année du *Rainbow Warrior*, les Français étaient encore 35 % à avoir une mauvaise image globale des militaires. Selon le baromètre annuel de la DICoD[1], ce pourcentage était même de 50 % parmi les sympathisants de gauche. Non seulement les militaires avaient mauvaise presse en France, mais ils disaient volontiers leur amertume vis-à-vis d'une société qui, pensaient-ils, « ne les méritait pas ». Cette société leur assignait des rôles qu'ils ont pu trouver ingrats, comme à Sarajevo, pendant la guerre de Bosnie, où leur mission a parfois consisté à aider les grands-mères à traverser la rue. C'est ce qu'on appelait la « politique de l'ambulance ».

Aujourd'hui les armées ont retrouvé leur fierté. Les Français saluent leur uniforme à l'étranger mais aussi sur le sol national. Les rares pics de popularité qu'aura connus François Hollande pendant son quinquennat sont liés à la chose militaire. Jamais il n'a autant été apprécié des Français que lorsqu'il se présentait devant eux en chef de guerre, au Mali en 2013 ou dans la cour d'honneur des Invalides après les attentats. Quand les soldats de Vigipirate, il y a

1. Délégation à l'information et à la communication de la Défense.

plusieurs années, se devaient toujours d'être escortés par un policier, les militaires de Sentinelle n'ont plus besoin d'être accompagnés. Plus personne, à part les djihadistes, ne les prend à partie. Les Français, dans la rue, jettent même sur eux un regard empreint de bienveillance et de reconnaissance. Stéphane Zumsteeg, le directeur du département politique et opinion de l'Institut Ipsos, le confirme : « Même s'ils doutent de l'efficacité de l'opération Sentinelle, les Français y sont très attachés et ne la remettent pas en cause*. »

Le basculement s'est produit en une vingtaine d'années. Que s'est-il passé ? D'abord, l'armée a changé. Dans les années soixante-dix et quatre-vingt, l'évitement du service militaire obligatoire était devenu un sport national pour la jeunesse. Même la guerre du Golfe en 1991 n'avait pas réussi à rabibocher les Français avec leur armée, qui traînait comme un boulet dans l'opinion publique la défaite de 1940, l'Indochine, la torture en Algérie. « Pendant la guerre du Golfe, les Français sont restés assez indifférents et peu sensibles à l'engagement français. C'était très différent aux États-Unis et en Grande-Bretagne, où il existe un lien plus fort entre les peuples et leurs armées, perçues comme des forces victorieuses »* commente le général Henry Bentégeat, ancien chef d'état-major des armées françaises.

Jacques Chirac et sa décision de mettre fin, en 1996, à la conscription obligatoire sont pour beaucoup dans le revirement. À l'époque, le choix du président de la République, qui en avait fait un thème de campagne, était motivé par des questions à la fois techniques et culturelles. La suppression du service militaire obligatoire n'a pas éloigné les Français de leur armée, elle a fait cesser les critiques envers l'institution et redoré l'image du soldat. « On dit qu'en France, c'est la fin du service militaire qui a coupé le lien entre les armées et la nation. Mais c'est le contraire. Cependant, il a fallu beaucoup de temps, de succès et d'actions irréprochables pour que nos armées regagnent leur place dans le cœur des Français », poursuit le général Bentégeat. Il se souvient du refus de la France de participer à la guerre d'Irak en 2003, symbolisé par le discours de Dominique de Villepin, alors ministre des Affaires étrangères, à la tribune des Nations unies à New York. « J'étais d'accord avec ce choix. Le problème, c'est que la France a alors été présentée comme une nation pacifiste. L'intonation de l'époque, c'était : tout plutôt que la guerre. Il y a eu des manifestations dénonçant le caractère belliciste de l'armée. Je ne suis pas sûr qu'il fallait voir les choses de cette manière. En tout cas, à cette époque, on n'avait pas encore gagné la bataille de l'opinion publique », ajoute-t-il.

L'antimilitarisme français a d'ailleurs brièvement ressurgi, se souvient-il, un an plus tard, lorsque l'armée, engagée dans l'opération Licorne en Côte d'Ivoire, a anéanti les forces aériennes locales après un bombardement ordonné par le président Laurent

Gbagbo contre la base française de Bouaké, en 2004. Les études montrent que la courbe de confiance vis-à-vis de l'armée suit une progression constante depuis la guerre du Golfe (1991) et la professionnalisation (1996). Mais c'est d'abord l'Afghanistan, ses combats extrêmement violents, qui représente un premier basculement, une étape fondamentale, du retour de la guerre pour la France. Puis les attentats terroristes et le dispositif de protection contre cette menace, Sentinelle qui en 2015 a pris la suite de Vigipirate, qui ont fait entrer les armées dans le quotidien des Français.

L'armée s'est aussi transformée en profondeur. Elle est le reflet de la société, devenue multiethnique et moins traditionnelle. Elle a évolué avec elle, et même parfois, dans certains domaines, plus rapidement qu'elle, rattrapant ses retards, comblant ses lacunes, brisant ses rigidités. Jusqu'à faire exploser le modèle traditionnel de la famille du militaire : mère au foyer, enfants nombreux. Certes, les familles de militaires continuent à avoir plus d'enfants que les civils, mais les femmes de militaires se sont mises à travailler, et pas seulement parce que les foyers ont besoin de deux salaires. Désormais, quand les couples ne fonctionnent plus, il n'est pas rare qu'ils se séparent et se résignent au divorce.

De la même manière que les armées se sont ouvertes aux minorités, elles se sont aussi féminisées, ouvrant même aux femmes – l'un des derniers tabous – les écoutilles des sous-marins. « En un mot, les armées se sont décrottées »* résume un officier. En se décrottant, elles se sont rapprochées des Français.

Les dividendes de la paix

Mais c'est surtout le monde qui a changé. Derrière le mur de Berlin, l'Europe, depuis la Seconde Guerre mondiale, se croyait à l'abri définitif de la guerre, protégée par le parapluie militaire américain. À la fin des années quatre-vingt, lorsque se termine la guerre froide et que s'effondre le communisme, entraînant dans sa chute l'URSS, ce sentiment s'est encore renforcé. Le politologue américain Francis Fukuyama annonce « la fin de l'histoire ». En Europe, les élites sont persuadées qu'elles ne seront plus confrontées à la guerre et que la paix, après les horreurs charriées par le XXe siècle, s'est installée pour de bon sur le continent. L'Europe vit dans l'illusion d'un monde apaisé à jamais. Dans cette euphorie, Laurent Fabius, à l'époque président de l'Assemblée nationale, réclame en 1990 « les dividendes de la paix ». Les crédits militaires commencent à fondre. En France et ailleurs sur le continent.

L'espoir d'une Europe pacifiée à jamais a depuis fait long feu. La société, qui avait perdu le sens du tragique et de l'histoire en croyant vivre à l'abri des désordres du monde, s'aperçoit aujourd'hui que ce n'était qu'un mirage. Le retour de la guerre a convaincu les Français qu'il était temps de rompre avec l'idée naïve selon laquelle leur pays pourrait rester en dehors des chaos qui secouent le monde. La réapparition des menaces a réhabilité les questions de sécurité. Et avec elles, l'armée.

Le premier tournant fut celui de l'Afghanistan, où les forces françaises interviennent, au sein de la coalition de l'OTAN, à partir de la fin 2001. « Avec l'Afghanistan, les Français se sont réapproprié la guerre »* se souvient le père Christian Venard, curé et parachutiste, qui y fit plusieurs séjours. L'engagement français en Afghanistan aura coûté la vie à 80 militaires. Dont dix tombés dans une embuscade traumatisante, à Ouzbin, au nord-est de Kaboul, en août 2008. Jusque-là, les responsables politiques avaient caché aux Français que leurs militaires livraient une guerre de haute intensité dans les montagnes afghanes.

Quand il décide, pendant le sommet de l'OTAN à Bucarest en 2008, d'engager l'armée française dans la Kapisa, en Afghanistan, Nicolas Sarkozy réalise un coup politique vis-à-vis de ses alliés. Il avait mentionné l'envoi des forces spéciales à Kandahar entre 2003 et 2006. Sans prévenir vraiment ses concitoyens de ce nouvel engagement qui fait entrer plus profondément la France dans la guerre et entraîne parfois les soldats dans des combats de haute intensité contre les talibans. À l'époque, les mots « guerre en Afghanistan » étaient d'ailleurs tabous à l'Élysée comme dans les ministères. Leur seule mention dans un article déclenchait parfois un coup de téléphone personnel du ministre de la Défense, Hervé Morin. Il tentait – en vain bien sûr – de convaincre les journalistes, même ceux qui revenaient du terrain, qu'ils commettaient un abus de langage en affirmant que les soldats français participaient à une guerre en Afghanistan. Aucun reporter n'était autorisé à accompagner les forces spéciales dont l'engagement était, toutes proportions gardées, à la hauteur de celui des forces américaines qui, elles, ouvraient leurs portes plus facilement aux journalistes français.

Le carnage d'Ouzbin a agi comme un révélateur, faisant voler en éclats le discours officiel. Le tabou de la guerre, comme un bouchon de champagne, a brusquement sauté. « D'un seul coup, la France a pris conscience qu'elle participait à un vrai conflit et que l'engagement de ses soldats était lourd. En quelques années, grâce à l'Afghanistan, on a assisté à la disparition de l'antimilitarisme idéologique au profit d'une analyse plus pragmatique »*, explique Francis Ducrot, directeur délégué de la Fondation Saint-Cyr. Jusque-là, la guerre n'était qu'un bruit de fond. Après Ouzbin, les Français entendent les balles siffler. Les attentats de 2015 ont confirmé cette prise de conscience. « La France est en guerre », déclare François Hollande devant le Parlement réuni en Congrès à Versailles après les attentats du Bataclan le 13 novembre, revendiqués par Daech. Du Sahel à l'Irak puis à la Syrie, les armées sont engagées pour « annihiler » l'ennemi djihadiste. Les Français approuvent. Avec le retour de la guerre, ils recherchent du sens, de l'engagement et de la protection.

La France n'est pas le seul pays dans lequel le retour de la guerre provoque un regain de popularité des armées. Dans une étude consacrée à la question, le général italien à la retraite Giuseppe Caforio constate que « la confiance et le prestige des professions militaires sont très influencés par la perception de la menace ». Mais le déclic européen, selon lui, se produit le 11 septembre 2001. « C'est à ce moment-là que les préoccupations de sécurité reviennent dans les sondages. À côté de la nécessité de stabiliser la situation dans le monde, la menace du fondamentalisme islamique apparaît. » Le déni n'est plus possible. Les valeurs patriotiques redeviennent des valeurs incontournables.

L'étude que ses services ont réalisée dans les pays européens fait apparaître une progression de la popularité des forces armées, dont le taux de confiance passe de 46 % en 1990 à plus de 55 % au début des années 2000. L'intérêt est davantage prononcé chez les jeunes, notamment en France, en Allemagne, en Pologne, en Bulgarie et aux Pays-Bas.

La parenthèse de 68 se referme

Lorsque débute le siècle précédent, en 1900, les valeurs militaires sont surtout revendiquées par l'extrême droite. Pour la majorité de la population, elles constituent un répulsif. L'antimilitarisme a prospéré de longues années sur le massacre des Communards ou la répression des mineurs en grève par les forces armées à la fin du XIXe siècle. L'entre-deux-guerres a réhabilité l'armée. « C'est l'héritage de 14-18. La France avait besoin de chefs. Dès 1935, le maréchal Pétain a incarné la figure du chef politique »* explique l'historien Jean Garrigues. Il observe le même phénomène en Allemagne, où l'ancien chef d'état-major Paul von Hindenburg est appelé pour devenir, malgré la défaite, le premier président de la république de Weimar, en février 1919. « La dimension d'autorité, de discipline, d'engagement, de patriotisme, est toujours restée fondamentale dans l'inconscient politique de la gouvernance », poursuit le spécialiste d'histoire politique. Mais elle est à nouveau refoulée après la Seconde Guerre mondiale. « La figure militaire de Pétain, associée à la trahison et à la collaboration, puis l'oppression coloniale ont provoqué une déconnexion entre l'armée et les valeurs qu'elle représentait », termine Jean Garrigues.

1968 a réveillé cet antimilitarisme ancien, le faisant ressurgir de manière spectaculaire. Il a balayé l'esprit de la guerre incarné par de Gaulle après les deux conflits mondiaux et l'Algérie. Il a éteint la fibre patriotique et les valeurs militaires, qui après le reflux de la période Pétain avaient été à nouveau portées par le Général. La gauche devenue pacifique a chassé des amphithéâtres et de la rue toutes les valeurs patriotiques, considérées comme surannées et réactionnaires et l'armée qui les incarnait. « L'antipatriotisme fut une composante de la révolte de 1968. Les anti-gaullistes voulaient bannir du domaine public les idées de grandeur et de patrie »* explique Jean-Pierre Le Goff, philosophe, sociologue et lui-même ancien homme de gauche. « En 68, résume-t-il, les Indiens deviennent les héros à la place des cow-boys. » Les salles de cinéma célèbrent *Le déserteur* de Léonide Moguy, le chanteur Renaud connaît la gloire avec « Le beauf », qui raille un parachutiste et la société sans école des *Libres enfants de Summerhill* devient un modèle auquel rêve toute une génération d'enfants.

Il aura fallu cinquante ans pour que la parenthèse se referme. Cinquante ans pour faire oublier le slogan des étudiants révolutionnaires « CRS-SS ». Aujourd'hui la génération des barricades, dont l'antimilitarisme se nourrissait de l'Indochine et du Vietnam, mais aussi de la torture en Algérie, est en train de quitter la scène, libérant ainsi un espace nouveau pour les armées françaises, qui, avant d'être clouées au pilori, avaient façonné la France, dont elles ont longtemps été l'un des principaux acteurs. « Une grande partie de la société, rappelle Jean-Pierre Le Goff, était restée en dehors des mouvements gauchistes. Mais on ne l'entendait pas. Elle était muselée. Les opposants à 68 étaient réduits au silence. Aujourd'hui, ils peuvent à nouveau s'exprimer et raconter l'histoire de manière différente. » Le temps, les attentats terroristes et le retour de la guerre ont mis fin à « l'angélisme » de 68, qui rejetait la guerre au profit du pacifisme. « Il n'est plus possible de dire que l'on n'a pas d'ennemis, puisque l'ennemi vient nous chercher sur le territoire national », poursuit-il.

La disparition des idéaux de 68 fait ressurgir des besoins d'autorité et de hiérarchie. « Le pouvoir était assimilé à la domination. La hiérarchie était synonyme d'aliénation. L'armée cristallisait ces critiques. Cette période est révolue. Les soixante-huitards étaient devenus les gardiens du Temple. Ils ont écrit une histoire sacrée à laquelle il ne fallait pas toucher. Mais ils ont rompu la transmission sans rien construire à la place », poursuit le sociologue. Leur repli, l'échec de l'école, la multiplication des injustices, les tensions entre communautés remettent au goût du jour les modèles d'autorité, d'ordre et de hiérarchie incarnés par l'institution militaire. Ces modèles reprennent leurs droits d'autant plus vite dans la société qu'ils sont portés, depuis l'élection d'Emmanuel Macron en mai 2017, par une classe politique tout à fait nouvelle.

La génération du baby-boom, celle qui a dirigé la France pendant plusieurs décennies, avait pu bénéficier de tous les bienfaits de la société de consommation sans jamais avoir besoin de l'armée, contrairement à ses parents. Cette génération démilitarisée, grandie et couvée dans le cocon d'une Europe en paix, lâche peu à peu les commandes. « Or, la génération qui suit, celle de Manuel Valls, est en train de passer son tour : elle s'est en quelque sorte fait voler le pouvoir par la suivante, celle d'Emmanuel Macron. La nouvelle élite arrivée au gouvernement en mai 2017 n'a plus rien à voir avec mai 68. Elle a grandi avec les crises, la rigueur, le sida, la télé réalité, l'idée d'une sélection inéluctable à l'université », commente un jeune énarque habitué des cercles du pouvoir. La gauche rend les armes. « J'ai embrassé un flic » a chanté le chanteur Renaud en 2016, ancien socialiste devenu macroniste. « Ce qui était négatif devient positif. La France a changé. Elle a changé parce qu'elle a peur »* commente un officier général.

Le dernier bastion des « valeurs morales »

Courage, autorité, sincérité, solidarité, intégrité, engagement, imagination, discipline, rigueur, sens du service. L'armée, l'une des principales institutions porteuses de l'identité nationale, est le conservatoire des valeurs républicaines, le creuset des vertus morales. Alors que l'État et la société se délitent, que les services publics se rétrécissent, quand ils sont paralysés par les grèves ou par le manque de moyens, quand l'intérêt général a déserté les institutions, l'armée est toujours là pour répondre. Elle fait barrage de son corps face aux terroristes, elle ramasse les poubelles à Marseille pendant la grève des éboueurs, elle se précipite au secours des victimes des inondations en 2016 dans le sud-ouest de la France, puis en 2018 dans le Val-de-Marne. En 1979, elle a libéré les ports français bloqués par les pêcheurs, parce que les forces intérieures ne pouvaient pas le faire. Qu'il s'agisse d'un acte de guerre ou d'une catastrophe naturelle, elle est toujours là pour compenser ce que les autres ne font plus. Elle est devenue la colonne vertébrale de la France. Même les policiers la prennent désormais pour modèle, quand ils réclament les mêmes galons voudraient instaurer une équivalence entre le grade de commissaire et celui de colonel.

Longtemps, c'est l'avenir qui, dans les yeux des Français dopés à l'énergie du progrès et des Trente Glorieuses, servait de référence. Depuis quelques années, l'expression « C'était mieux avant » s'est répandue comme une traînée de poudre en France, pénétrant presque tous les milieux et toutes les classes d'âge, sauf les jeunes, parce qu'ils n'ont pas de référence historique directe. « Les valeurs du passé sont redevenues à la mode »* confirme Stéphane Zumsteeg, le directeur du département opinion de l'Ipsos. Les études réalisées par son institut font état d'une très forte demande d'autorité et de discipline. À l'école, mais aussi après. « Les Français sont de plus en plus sensibles aux incivilités, poursuit-il. Les comportements qui sortent des règles leur deviennent insupportables. »

La compréhension vis-à-vis des chômeurs diminue. La colère gronde contre « les fraudeurs » de la Sécurité sociale, accusés de mettre en faillite le modèle français. Quant aux grèves, elles sont de moins en moins populaires, de moins en moins soutenues par une population excédée. « Les Français ont besoin d'une sorte de réarmement moral », poursuit le spécialiste.

Qui, mieux que l'armée, peut le leur offrir ? Face à l'effondrement du système public, à la faillite de l'école, aux hommes politiques qui ne tiennent pas leurs promesses, aux grands patrons qui ne paient pas leurs impôts, aux « profiteurs », même les plus petits, qui continuent à vivre sur la bête alors qu'elle n'est plus nourrie, l'armée et les militaires ont gardé leur panache, leur honneur, leur parole, leur dignité. Ils se sacrifient pour leur pays, récompensent les soldats en fonction de leur compétence, et ne s'enrichissent pas. Dans une société fragilisée par ses fractures, ses querelles et ses injustices, l'armée offre une image d'unité. « Au-delà des questions de sécurité, les valeurs de l'armée correspondent à l'idéal perdu de la société »* explique le général Vincent Desportes, qui a commandé l'École de guerre et enseigne aujourd'hui à Sciences Po et à HEC.

Selon une récente enquête de l'Irsem[1] sur les jeunes et l'armée, les sondés valorisent les valeurs

1. Institut de recherche stratégique de l'École militaire.

altruistes, le courage, l'esprit d'équipe, le sacrifice et la fierté nationale. 86 % plébiscitent le sens du devoir et 75 % la discipline. En 1998, les jeunes recherchaient surtout dans l'armée la possibilité d'avoir « un emploi stable » dans une société qui n'en offrait pas à tout le monde. Aujourd'hui, ils veulent « servir leur pays ». « C'est comme si une nouvelle génération prenait à revers celle de 68. Les valeurs militaires sont glorifiées. Elles reprennent un sens. Leur déni n'est plus possible »* explique l'historien Jean Garrigues. Dans un monde qui ne fait plus rêver, la perspective de pouvoir monter à l'assaut d'une position d'Al-Qaïda ou contribuer à débarrasser la France de la menace que constituent les djihadistes de Daech donne un sens nouveau à la vie. « Les jeunes ne cessent de nous dire qu'ils veulent servir à quelque chose et obtenir de la considération »* explique un officier général.

L'idée de patrie, incarnée par l'armée, est également plébiscitée. « Les Français ont besoin de réaffirmer ce qu'est la France et l'armée est l'un des lieux où l'on peut le faire. Et où on peut le faire de manière non clivante »* explique le père Mathieu Villemot, professeur de philosophie, féru de culture militaire et vicaire à la paroisse Saint-Honoré d'Eylau, dans le seizième arrondissement de Paris. Ce besoin de France est selon lui une réaction à la mondialisation et à la direction prise par l'Europe « devenue distante et bureaucratique ». « On espérait une Europe qui soit un lieu d'identification face aux États-Unis et à la Russie et on a créé un ensemble illisible qui n'apporte pas de rêve. D'où la tentation de réaffirmer l'identité française et d'espérer le retour des nations », poursuit-il. D'où, aussi, le regain d'intérêt pour l'histoire de France et pour les commémorations de ses grands évènements militaires. Le défilé du 14 juillet rencontre un engouement sans précédent. L'exposition consacrée à « Napoléon stratège » aux Invalides connaît un très grand succès. A contrario, le concert du rappeur Black M prévu en marge des commémorations du centenaire de la bataille de Verdun a dû être annulé par la mairie socialiste de la commune en 2016 en raison de la polémique déclenchée par l'initiative.

L'armée représente la nation. Elle est le bien commun de tous et, contrairement aux hommes politiques, ne défend pas d'intérêts particuliers. Elle n'est pas syndiquée, ne fait jamais grève. Désintéressée, non corrompue, elle est un creuset de l'égalité, de la justice, de la droiture et de l'unité, de la cohésion aussi. Elle valorise les valeurs communes dans une époque individualiste. « Dans un temps où tout a été nivelé, où les critères de reconnaissance sociale ont été brisés, où les salaires évoluent peu, où les fonctions intellectuelles sont dépréciées, le système militaire offre un grade, un salaire, une carrière, un statut en lien avec une vocation à servir son pays. Il offre encore ce que la fonction publique ne parvient plus toujours à assurer »* explique Louis

Gautier, ancien secrétaire général de la Défense et de la Sécurité nationale.

L'armée se tient droite. Elle n'a pas démissionné. « L'armée, c'est ce qui reste quand tout a disparu. Quand plus rien ne marche, quand l'État ne tient plus ses promesses, c'est elle qu'on envoie. C'est le dernier recours. La dernière institution qui reste debout quand tout se délite. Les Français l'investissent d'une forte charge historique et émotionnelle. Mais si elle revient au premier plan dans les esprits, c'est parce que les temps sont troublés »* affirme un haut fonctionnaire. Les valeurs de l'armée permettent aussi selon lui d'échapper à la dilution de l'identité nationale ainsi qu'aux sentiments de solitude et d'inutilité ressentis par la jeunesse aujourd'hui. « C'est le dernier endroit où il existe une sorte de transcendance. L'armée défend des valeurs qui dépassent l'individu. »

Enfin, les Français se sont rendu compte qu'ils avaient des armées de qualité. Des armées qui gagnent des guerres et rayonnent au niveau international. Depuis trente ans, les soldats français ont parfois dû affronter des missions humiliantes. Au Rwanda, ils ont servi de faire-valoir à un régime hutu qui allait commettre un génocide contre les Tutsis. Cet engagement, décidé par le pouvoir politique, ternira indirectement la réputation de l'armée française. Mais il faut dire que certains, dans l'armée, notamment ceux qui avaient participé à la formation des forces de l'ancien président hutu Habyarimana, dont l'assassinat en avril 1994 fut l'évènement déclencheur du génocide contre les Tutsis, qui fera 800 000 morts, ont eu des positions ambiguës. « À cette époque, les opérations avaient lieu loin du territoire national. Les intensités d'engagement étaient toujours différentes. Les Français ne comprenaient pas bien cette armée hors-sol »* explique le général François Lecointre, chef d'état-major des armées. Ce fut aussi le cas au début de la guerre de Bosnie, à Sarajevo, où, le crâne vissé sous leurs casques bleus de l'ONU, les soldats français se faisaient tirer dessus sans avoir le droit de répliquer. En 1995, deux pilotes français ont aussi été retenus en otage pendant trois mois par les Serbes de Bosnie.

Mais dans l'armée française, la passivité n'a toujours qu'un temps, même dans les engagements onusiens. Et ce qu'il reste aujourd'hui de l'intervention française à Sarajevo, c'est surtout l'acte d'héroïsme du 3e régiment d'infanterie de marine, qui a repris par la force et sur ordre du général Gobillard, le 27 mai 1995, le pont de Vrbanja aux Serbes de Bosnie, qui leur avaient ravi le poste d'observation en prenant des otages, pour la plupart des soldats de l'ONU. L'assaut, mené entre autres par le général François Lecointre, l'actuel chef d'état-major qui était alors capitaine, a fait deux morts et dix-sept blessés. Mais il a sauvé l'honneur de la France et marqué un tournant dans la guerre. L'acte héroïque d'une poignée d'hommes a renversé le cours des choses en marquant le début de la riposte internationale. « La reprise du pont de Vrbanja restera dans la mémoire de nos armées comme un symbole, celui de la dignité retrouvée, du refus de toutes les humiliations », avait déclaré Jacques Chirac après le succès d'une opération qu'il avait appuyée. Le combat du pont de Vrbanja avait eu à l'époque une grande répercussion dans l'opinion publique française.

Aujourd'hui, l'armée française est repassée à l'offensive. Quand les soldats français meurent, c'est au combat contre leurs ennemis, pas dans des accidents de voiture. L'armée française n'est plus envoyée comme supplétif à l'ONU. Elle est aussi devenue plus visible sur le sol national. C'est une armée qu'on honore en grande pompe aux Invalides. Une armée qui répond toujours présent.

Une des meilleures armées du monde

L'armée française omniprésente

C'est une particularité française que les chefs d'État américains ont toujours jalousée, eux dont les mains sont liées si fort par le Congrès. La France est le seul pays du camp démocratique à avoir instauré dans sa constitution un lien direct entre le président de la République, qui est aussi le chef des armées, et l'emploi de la force. Cette spécificité qui donne une liberté immense au chef de l'État dans le domaine militaire découle du traumatisme de la Seconde Guerre mondiale. Elle est une réaction à l'impuissance des pouvoirs publics en 39-40, à l'indécision induite par l'éclatement des pouvoirs sous la IVe République.

Revenu à la tête de l'État pour résoudre la crise algérienne, de Gaulle crée la Ve République en 1958. Au cœur de la constitution, la concentration des pouvoirs est encore amplifiée par sa très forte personnalité. Mais le caractère de « République monarchique » de la France est surtout basé sur le feu nucléaire, l'arme de destruction ultime, dont l'utilisation dépend de la décision du seul président. C'est l'arme nucléaire qui fait la fonction du chef des armées, qui fonde en grande partie sa puissance. Il est donc logique qu'en 1960, quand la France en acquiert la maîtrise, la centralisation extrême de l'emploi de la force armée soit encore accentuée. Bien que la constitution de 1958 soit une constitution de crise, cette spécificité n'a jamais été remise en question. Elle fait de la France le pays dans lequel la force armée est la plus employée, la plus engagée au monde.

Car à la facilité de l'emploi de la force s'ajoutent l'histoire impériale de la France et les relations intimes qu'elle a tissées et conservées avec ses anciennes colonies africaines. Après la décolonisation, la France a conclu avec les nouveaux pays indépendants des accords de défense très poussés qui l'ont souvent amenée à survoler la

Méditerranée pour sauver les régimes alliés quand ils étaient menacés par des rébellions. Aux intérêts militaires et aux amitiés politiques se sont aussi joints les intérêts économiques. La culture coloniale de l'armée française, qui s'est développée parallèlement à la culture continentale, a toujours favorisé les interventions outre-mer, même après la fin des colonies. « Les relations nouées avec les anciennes colonies françaises ont entraîné une multiplication des interventions. L'engagement des forces est aussi devenu très personnalisé. En France, le pouvoir politique peut faire ce qu'il veut au niveau militaire et très rapidement. Ce n'est pas forcément le cas dans les autres armées occidentales »* explique le colonel Michel Goya, spécialiste d'histoire militaire. Cette particularité est servie par des hommes de haut niveau. Les trois derniers présidents de la République – Nicolas Sarkozy, François Hollande et Emmanuel Macron – ne connaissaient pas la chose militaire en arrivant à l'Élysée et étaient novices en stratégie. Ils ont été épaulés par des chefs militaires incarnant la constance de la République et de l'histoire.

La faiblesse du système réside dans sa légitimité. Aux États-Unis, l'entrée en guerre du pays nécessite un vote du Congrès, long et difficile à obtenir mais qui, à partir du moment où il est acquis, engage toute la nation derrière le président. En France, c'est l'inverse. Le président peut décider seul et en un clin d'œil d'envoyer l'armée sur un théâtre d'opérations. Mais en cas de ratage, sa position sera beaucoup plus fragile. C'est la raison pour laquelle les chefs d'État français sont parfois tentés d'entourer certaines interventions militaires d'un troublant silence. « Le fait que le système soit très personnalisé incite l'Élysée à agir discrètement, en dissimulant la réalité de l'engagement à l'opinion », poursuit Michel Goya. Ce fut le cas, nous l'avons vu, en Afghanistan, mais aussi au Rwanda, où le lancement de l'opération militaire Turquoise en juin 1994, qui s'était donné pour but de mettre fin aux massacres, s'est fait sans grande publicité dans le pays.

« Le côté confiscatoire des interventions militaires décidées par le président de la République a tué le débat et distendu le lien avec la société »* regrette le général François Lecointre, actuel chef d'état-major des armées. Il se félicite de la réforme constitutionnelle initiée par Nicolas Sarkozy en 2008, qui a instauré une nouvelle procédure d'information du Parlement sur les opérations extérieures. Depuis, le gouvernement doit avertir le Parlement dans les trois jours quand il décide d'engager une intervention armée. Ce dernier est libre d'organiser un débat sans vote. Mais si l'intervention dure au-delà de quatre mois, sa prolongation doit être soumise à son autorisation. Quand elles ont été approuvées par l'opinion publique et par les députés, les interventions sont assumées par le pouvoir public. Ce fut le cas de l'opération

Serval au Mali. Déclenchée en janvier 2013 pour repousser les djihadistes qui menaçaient la capitale Bamako, elle a été approuvée quatre mois plus tard, conformément à la nouvelle loi, par le Parlement.

Les interventions extérieures sont l'une des spécificités des forces militaires hexagonales. « L'armée française est différente des autres. Elle assume une grande présence internationale, héritée de l'histoire et qui participe de son identité même »* commente un responsable militaire. La vocation stratégique de la France, son siège de membre permanent au conseil de sécurité de l'ONU, son statut de membre fondateur de l'Europe, lui donnent des responsabilités particulières dans la gestion et la régulation des grandes crises mondiales. Son histoire, sa géographie et son passé militaire lui confèrent une place à part dans le concert des nations. Vingt-quatre heures sur vingt-quatre, 30 000 hommes sont en posture opérationnelle. « Nous avons l'une des armées les plus engagées du monde après les Américains. Nos soldats sont devenus des militaires nomades, voyageurs, qui sautent d'une opération à l'autre »* explique le colonel Goya, historien et ancien des troupes de marine. En termes d'engagement, les armées françaises sont les premières en Europe et les secondes à l'OTAN.

« Notre espace sécuritaire dépasse notre seul espace géographique. Nous avons une responsabilité particulière, nous maintenir dans le cercle des puissances crédibles capables de se protéger, de peser, de rayonner… par leurs initiatives au-delà des frontières », explique le général Pierre de Villiers dans *Servir.* Héritière de cette grandeur assumée, l'armée française, seule, avec l'Union européenne ou dans le cadre de l'Alliance Atlantique, s'engage partout. En Libye en 2011 où le pouvoir politique a voulu prévenir un massacre humanitaire et précipiter un changement de régime. En République centrafricaine, en 2013, avec Sangaris, où sa mission fut de rétablir la sécurité dans le pays et d'éviter, selon Paris, que les massacres intercommunautaires se transforment en génocide. Au Mali, en janvier 2013 où elle a bloqué les djihadistes qui menaçaient la capitale. Dans le Sahel, où l'opération Barkhane a depuis pris le relais et continue de traquer la nébuleuse djihado-terroriste. La France a participé aux conflits des Balkans et même à la lutte contre la piraterie maritime au large de la Somalie. Elle coopère aux mesures de réassurance conduites en Europe centrale et orientale dans le cadre de l'OTAN pour sécuriser les pays de l'Est de la menace russe et protéger les frontières de l'Union européenne.

Depuis 2014, l'armée française est aussi engagée au Levant avec l'opération Chammal, qui soutient l'action de la coalition internationale en Irak et en Syrie. Dans le nord de la Syrie, les forces spéciales françaises sont déployées sur le terrain depuis les attentats de 2015, aux côtés de leurs homologues américaines et britanniques. L'engagement des forces spéciales, qui jouent un rôle central dans la stratégie de la France au Levant et permettent de renforcer son rôle international, a été confirmé par Emmanuel Macron quand il est arrivé à l'Élysée. Elles ont notamment participé, avec les Forces démocratiques syriennes (FDS), à dominante kurde, à l'offensive qui a repris contre les dernières poches djihadistes dans le nord-est du pays. Elles ont aidé à la reprise de Rakka, entre juin et octobre 2017. Là encore, comme c'est toujours le cas quand sont engagées les forces spéciales, la position officielle française reste la discrétion. C'est le secrétaire américain à la Défense, James Mattis, qui a annoncé le 26 avril que le contingent des commandos français en Syrie avait été renforcé au printemps, avec pour mission principale de contribuer à l'élimination de l'État islamique et d'empêcher le retour de ses combattants en France.

Cette expérience au-delà des mers et des frontières explique pourquoi l'armée française, qui a su conserver tout le spectre de ses capacités, est la seule capable en Europe d'être une nation cadre, c'est-à-dire d'assurer le commandement d'une opération interalliée, mais aussi la seule à pouvoir entrer en premier dans un conflit. Elle est l'une des rares puissances du monde pouvant projeter des forces armées dans des délais contraints, en quasi-autonomie et à plusieurs milliers de kilomètres. Pour toute force expéditionnaire, l'aptitude à pénétrer un théâtre d'opérations distant et contesté par l'adversaire est déterminante. Dans ce domaine, la France possède des savoir-faire et des capacités rares, qui lui ont offert une liberté d'action extérieure considérable et un fort levier pour l'action multinationale.

Armée polyvalente, capable d'aller partout, notamment dans le grand froid et le grand chaud, d'aborder l'hétérogénéité des situations, elle accumule les domaines d'excellence. Ses forces prépositionnées en Côte d'Ivoire, aux Émirats arabes unis et à Djibouti constituent une réserve stratégique régionale. Elle entretient aussi deux pôles de coopération au Sénégal et au Gabon et des forces de souveraineté dans les DOM-TOM.

Tous ces déploiements participent à la protection des Français et au rôle de la France dans le monde. Forte de sa présence sur de nombreux théâtres d'opérations, de son ancrage dans l'Union européenne, de sa vocation mondiale et de son rayonnement sur la scène internationale, la France prend l'initiative dans de nombreux domaines. Mais si elle est constamment sollicitée, c'est qu'outre son héritage historique et sa position de puissance s'appuyant sur une force nucléaire avec un siège permanent au Conseil de sécurité de l'ONU, sa grandeur est reconnue par tous dans le domaine militaire.

Un savoir-faire unique

La vocation stratégique de la France repose sur deux acquis, qu'elle doit à la vision du général de Gaulle : l'autonomie stratégique qui lui permet de décider seule et vite de la réponse à apporter à une menace spécifique et la dissuasion nucléaire qui fonde son indépendance nationale, garantit sa place au Conseil de sécurité de l'ONU et lui donne une responsabilité dans la gestion des affaires du monde. C'est « l'ultime garantie » de la souveraineté nationale.

La France a développé cette capacité dans les années cinquante après l'échec de la Communauté européenne de défense et l'humiliation de l'expédition de Suez, quand les parachutistes français et britanniques ont été stoppés, après avoir sauté sur le canal et défait les troupes égyptiennes, par un cessez-le-feu imposé par les Soviétiques et les Américains. L'écrasement de l'insurrection de Budapest par les tanks soviétiques, les menaces de frappes nucléaires proférées par le Kremlin contre la France et la Grande-Bretagne pendant la crise de Suez en 1956 et les réticences du président américain Eisenhower à s'opposer à Moscou pour protéger l'Europe ont persuadé Paris de se doter à son tour, comme Londres, de la bombe nucléaire. De Gaulle n'avait pas confiance dans le parapluie américain. « L'intérêt des Américains à ne pas laisser détruire l'Europe est infime par rapport au nôtre », confiait-il à l'époque.

En 1960, la France réalise son premier essai d'une bombe atomique à fission, la bombe A, connu sous le nom de code de Gerboise bleue. Huit ans plus tard, elle teste une bombe à fusion thermonucléaire, la bombe H. « Les Français craignaient d'être déclassés par rapport au couple nucléaire américano-soviétique. Ils redoutaient de se retrouver seuls et désarmés face à la menace nucléaire soviétique si la garantie américaine vacillait. Ils voulaient conserver leur supériorité vis-à-vis de l'Allemagne », expliquait l'historien Georges-Henri Soutou, membre de l'Institut de France, dans un colloque de la Fondation pour la recherche stratégique à la BNF en décembre 2017. De Gaulle voulait assurer l'indépendance de la diplomatie et de la défense du pays mais aussi sa sécurité, alors que la guerre froide s'installait et que l'Union soviétique se dotait à son tour, après les États-Unis, de l'arme nucléaire. Il voulait aussi effacer, bien sûr, le traumatisme de 1940. Depuis 1960, la bombe garantit l'indépendance, la souveraineté et l'autonomie stratégique du pays, dont elle est l'assurance-vie. Elle donne à la France les moyens de compter à l'international et une vision globale du monde. « La France aurait-elle pris la tête de la rébellion contre la guerre en Irak en 2003 si elle avait dépendu des États-Unis ? » interroge Bruno Tertrais, le directeur adjoint de la Fondation pour la recherche stratégique (FRS) au colloque de la BNF.

La « force de frappe » française, strictement défensive, est la garantie ultime de la sécurité, de la protection et de l'indépendance de la nation. Elle préserve en toutes circonstances la liberté d'action et de décision de la France en écartant toute menace de chantage d'origine étatique qui viserait à la paralyser. Elle repose toujours, presque soixante ans plus tard, sur trois principes fondamentaux : la « permanence », qui doit assurer que le dispositif de dissuasion est toujours actif ; la « crédibilité » et la « stricte suffisance » vis-à-vis des besoins défensifs de la France.

Longtemps, la dissuasion française s'est appuyée sur trois composantes. En 1996, sa composante terrestre (sol-air) a été supprimée par le démantèlement des missiles du plateau d'Albion. Aujourd'hui, elle repose sur deux jambes complémentaires, aéroportée et océanique, qui permettent au chef de l'État de bénéficier en permanence d'une large gamme d'options face aux menaces. La première s'appuie sur des missiles air-sol mis en œuvre par les avions de chasse Rafale, à partir du territoire national ou à partir du porte-avions *Charles-de-Gaulle*. Non dissimulée, cette composante traduit la détermination politique et diplomatique à agir. Elle se caractérise par sa souplesse de mise en œuvre, sa précision, sa capacité à maîtriser les effets. Concrètement, sa légèreté et sa flexibilité permettent d'user de « gesticulation diplomatique » en cas de crise grave. Les Rafales peuvent doser les effets, lancer un avertissement nucléaire ou délivrer une frappe légère.

La seconde composante est organisée autour de quatre sous-marins nucléaires lanceurs d'engins (SNLE) équipés de missiles intercontinentaux. Ces joyaux de la marine nationale, qui logent au repos dans de profonds bassins, à l'île Longue, dans la rade de Brest et qui ressemblent à des baleines géantes et noires, ont été dotés de noms évocateurs : le *Triomphant,* le *Vigilant,* le *Téméraire* et le *Terrible.* 365 jours par an, l'un d'entre eux au moins patrouille quelque part dans le monde et se tient prêt à exécuter l'éventuelle décision du chef de l'État. Embarqués dans les profondeurs pendant presque trois mois, les sous-mariniers de SNLE sont des militaires d'un genre particulier. Patients, discrets, solitaires et moralement solides, ils apprennent généralement les grands évènements mondiaux, comme les attaques du 11 septembre 2001 ou les drames qui peuvent frapper leurs familles, à leur retour à quai seulement. Les atouts de cette composante nucléaire océanique sont l'invulnérabilité, la pénétration balistique, la longue portée et la frappe massive. Elle garantit la puissance et la précision des missions. Mais elle a aussi un caractère irréversible.

C'est la dissuasion nucléaire qui a préservé la paix en Europe depuis la fin de la Seconde Guerre mondiale et c'est elle aussi qui a contribué à canaliser les rapports de force. Malgré les restrictions budgétaires, aucun des présidents de la République qui se sont succédé pendant la Ve République n'a remis en question la nécessité de conserver cet atout, qui confère un statut de puissance mondiale à la France et sauvegarde son siège de membre permanent au Conseil de sécurité des Nations unies. Les cinq membres de ce club restreint et envié, bien que de plus en plus contesté par ceux qui n'en font pas partie, sont des puissances dotées de l'arme nucléaire. Depuis 1960, l'indépendance nationale et la liberté de décision ont été constamment mises en exergue par tous les présidents de la Ve République pour justifier la dissuasion. Aujourd'hui encore, elle permet à la France, puissance moyenne de par sa taille et sa population, d'avoir le rayonnement diplomatique et militaire d'une grande puissance. Grâce à son effet de levier, la dissuasion tire en outre vers le haut l'ensemble des forces françaises, notamment parce qu'elle induit des forces conventionnelles importantes.

La France s'adapte aux menaces contemporaines et au durcissement des défenses de ses adversaires. Elle doit à la fois renouveler ses armes qui vieillissent et suivre l'évolution des besoins militaires. De tous les pays dotés, elle est celui qui a fait les plus gros efforts pour diminuer sa dissuasion, réduite, nous l'avons vu, à deux composantes – aérienne et océanique – et basée sur le principe de stricte suffisance. C'est-à-dire un peu moins de

300 têtes nucléaires, contre 2000 environ pour les États-Unis et la Russie. L'adaptation au nouvel environnement stratégique se fait grâce au renseignement et à une modernisation de l'arsenal. Elle se fait aussi grâce à la simulation.

Répondant au nationalisme nucléaire, aux doutes des Européens sur la pérennité de l'engagement américain, la dissuasion française a rarement été aussi légitime. « Sans elle, la France perdrait son rang. Elle serait soumise au chantage des grandes puissances », prévient Jean-Claude Mallet, conseiller de Jean-Yves Le Drian, au colloque de la BNF. Le Brexit est pour elle un argument supplémentaire. Certes, le départ de la Grande-Bretagne de l'Union européenne fait de l'armée française la première du continent et le partenaire européen privilégié de Washington dans les affaires militaires et stratégiques. Mais il a d'autres conséquences. Dans une Europe où l'idéal pacifiste résiste encore à la réalité, la France, qui bientôt sera l'unique puissance nucléaire de l'Union, se retrouve seule, donc moins forte, pour défendre son statut atomique et justifier son siège de membre permanent au Conseil de sécurité de l'ONU. Sa solitude nucléaire la rend aussi plus vulnérable aux attaques qui viennent de Bercy, des pays européens antinucléaires et de certaines ONG.

Un courage légendaire

« La vie plutôt que le courage abandonna ces soldats français. »

C'est la devise de la Légion étrangère, une autre spécificité française, depuis la bataille de Camerone, qui opposa une compagnie de 62 soldats aux troupes mexicaines, le 30 avril 1863. Assiégés dans le bâtiment d'une hacienda du village de Camerone, les légionnaires résistèrent héroïquement plus d'une journée à l'assaut de 2 000 soldats mexicains, sous les ordres du capitaine Danjou qui les commandait et dont la main articulée, seul vestige de son corps, est conservée religieusement dans la crypte du musée de la Légion à Aubagne. À la fin de la journée, 6 d'entre eux seulement étaient encore capables de se battre. Ils allaient être massacrés quand un officier mexicain s'est interposé. « Rendez-vous ! » « Nous nous rendrons si vous nous promettez de relever et de soigner nos blessés et si vous nous laissez nos armes. » « On ne refuse rien à des hommes comme vous ! » a répondu l'officier. Les 60 soldats du capitaine Danjou ont tenu jusqu'au bout leur serment. Pendant onze heures, ils ont résisté à 2 000 ennemis, en ont tué 300 et blessé autant. Ils ont, par leur sacrifice, en sauvant un important convoi qui devait rejoindre la ville de Puebla, rempli la mission qui leur avait été confiée.

Depuis, suite à la décision de Napoléon III, le nom de Camerone est inscrit sur le drapeau du Régiment étranger. Ceux du capitaine Danjou et de ses deux sous-lieutenants Maudet et Vilain ont été gravés en lettres d'or sur les murs des Invalides à Paris. La bataille légendaire est célébrée chaque année le 30 avril comme un haut fait de la Légion étrangère. Quant au serment de Camerone, autrement dit le respect de la parole donnée jusqu'au sacrifice suprême, il est salué et honoré dans toutes les unités, pas seulement celles des légionnaires. La bataille de Camerone est considérée comme le plus haut fait d'armes de la Légion, quelque chose comme sa devise et son drapeau, son acte le plus héroïque. Le sang-froid, l'abnégation, le courage et les souffrances vécus par les légionnaires au Mexique en font un des plus forts symboles de l'héroïsme militaire, de l'esprit de sacrifice. « Le combat de Camerone, s'il vous est propre, n'en incarne pas moins les vertus de nos armées, le respect de la parole donnée, la volonté indéfectible d'accomplir la mission jusqu'au bout, la solidarité entre frères d'armes, que la mort seule éteint, le courage, enfin, qui force l'admiration jusque dans les rangs ennemis », a commenté Jean-Yves Le Drian, alors ministre de la Défense, à l'occasion de la cérémonie du 30 avril 2017.

On les reconnaît à leurs képis blancs vissés sur la tête. C'est une marque de fabrique de l'armée française, l'un de ses fleurons. Créée le 9 mars 1831 par

Louis Philippe, la Légion étrangère visait initialement à fournir des hommes pour la conquête de l'Algérie. Ce n'est qu'en 1870, pendant la guerre franco-allemande, qu'elle a été autorisée à mettre les pieds sur le sol français. Ce corps permettant aux étrangers de servir sous le drapeau français, né sous la Monarchie, ayant grandi sous l'Empire et atteint sa maturité sous la Troisième République, est une exception dans le monde. Une exception politique, avec la décision, qui fut le fruit du roi puis celui d'une loi, de confier des armes de la Nation à des non Français. Une exception militaire, puisque les 140 différentes nationalités qui le composent fabriquent un modèle d'intégration unique au monde. Une exception juridique enfin, car les hommes qui s'engagent dans la Légion, qui ne sont pas tous sans reproches, peuvent mettre leur passé en suspens en s'enregistrant sous une « identité déclarée » et devenir français par le sang versé. Depuis la bataille de Camerone, les valeurs de la Légion sont restées les mêmes : honneur et fidélité, caractère sacré de la mission, sens de la parole donnée. Toujours employée aujourd'hui, l'expression « Faire Camerone » signifie se sacrifier pour la mission et la patrie.

Une armée reconnue par les Américains

« Depuis le Brexit, la France est devenue la principale alliée militaire des États-Unis. Les officiers américains ont été très impressionnés par l'opération Serval »* confiait, en novembre 2017, pendant le forum international de Halifax, au Canada, l'influent Républicain Dov Zakheim, un ancien du Département d'État américain. L'opération militaire française au Mali déclenchée en janvier 2013 pour barrer la route aux djihadistes qui avançaient vers la capitale Bamako est considérée comme un modèle d'intervention militaire. Ce fut un véritable « *Blitzkrieg* du désert ».

En moins de trois semaines, les commandos spéciaux français, suivis par les forces conventionnelles et accompagnés par les troupes maliennes, ont repris le contrôle des grandes villes du nord du Mali et de la boucle du Niger. « Au début, les Américains ont eu peur que les Français échouent et leur demandent de l'aide. Le pari, stabiliser le pays avec seulement 4 000 hommes, leur paraissait impossible à relever. Eux considéraient qu'ils auraient eu besoin de 200 000 hommes pour sécuriser le Mali. Quand ils ont vu que ça marchait, ils ont dit respect. Ils saluent depuis ce qu'ils appellent la *french touch* »* commente un responsable du secteur de la défense, qui travaille avec les Américains.

Cet « esprit français », qui accorde une très grande liberté d'action aux plus petits échelons de commandement, a permis aux forces françaises de profiter de toutes les opportunités sur le terrain malien et d'atteindre Tombouctou, au nord, avec une extrême rapidité, malgré l'extension des lignes de ravitaillement. Depuis, Serval a été remplacée par Barkhane. La stratégie française est celle d'une coopération renforcée avec les armées de la région, celles du G5 Sahel. 4 000 soldats français sont toujours déployés dans une région de 4 000 kilomètres de front et 1 000 kilomètres de profondeur, face à des groupes armés agressifs, mobiles, bien équipés et jusqu'au-boutistes. Mais « l'esprit français », c'est aussi la capacité des soldats à épouser la vision des choses et la culture du pays dans lequel ils interviennent, plutôt que d'imposer les leurs, comme les Américains. Ces derniers saluent non seulement l'efficacité des troupes, mais aussi la capacité française à appréhender la dimension humaine de situations toujours plus complexes. « Les Américains savent qu'ils peuvent compter sur les militaires français pour effectuer des missions difficiles. Ils font le job, ils savent réussir des missions compliquées »* explique Camille Grand, secrétaire général adjoint de l'OTAN.

Autre particularité des armées françaises, l'attention soutenue portée, en opérations, à l'évitement des dégâts collatéraux. Les engagements en Afghanistan et au Sahel l'ont prouvé. « C'est l'une des armées qui font le moins de dégâts collatéraux. Cela n'est pas forcément dû à la précision du matériel mais à la manière de l'utiliser. Les États-Unis prennent toutes les mesures possibles pour éviter la mort de leurs soldats, quitte à bombarder leurs cibles avec des drones et à piloter leurs avions depuis des bases installées sur le sol américain. Les Français, au contraire, assument les risques et tentent d'épargner au maximum les populations civiles »* commente un observateur des forces armées.

« Ils connaissent nos trous capacitaires, nous rappellent régulièrement que nous avons besoin d'eux pour le ravitaillement en vol ou pour les drones (l'armée française n'en a que cinq). Mais ils sont impressionnés par la manière dont les Français sont capables de bricoler et d'utiliser le système D pour compenser leurs faiblesses », poursuit-il. Dans le domaine militaire, la qualité des liens transatlantiques n'a jamais été remise en cause, même pendant les périodes de tension transatlantique comme la crise politique déclenchée par le refus français de participer à la guerre en Irak en 2003. Elle avait pourtant donné lieu à de nombreuses réactions excessives. Condoleezza Rice, la conseillère à la Sécurité nationale, voulait « punir la France, ignorer l'Allemagne, et pardonner à la Russie » pour leurs positions. Dans certains tabloïdes, les Français étaient traités de « singes capitulards bouffeurs de fromage ». Et en mars 2003, les cafétérias de la Chambre des représentants avaient remplacé sur leurs menus les « French fries » (frites françaises) par des « Freedom fries » (frites de la liberté). Mais personne n'a jamais touché aux militaires français. « Les Américains savent que notre armée est l'une des rares au monde capables de se tenir à leurs côtés dans les engagements rapides à forte implication technique. Ils connaissent notre niveau d'interopérabilité avec eux », écrit l'ancien chef d'état-major Pierre de Villiers dans *Servir*. Au cours des dernières années, le lien militaire transatlantique n'a fait que se renforcer. « Même avant le Brexit, la France était devenue, dans le domaine militaire, un partenaire plus fiable que le Royaume-Uni. En matière de lutte antiterroriste par exemple, les Américains apprécient le savoir-faire français dans des zones où ils ne veulent plus ou ne peuvent plus s'engager », commente Alexandra de Hoop Scheffer, qui dirige le bureau parisien du German Marschall Fund (GMF), dans une rencontre organisée sur la relation bilatérale en avril 2018. De là à ce que l'armée française remplace entièrement la Grande-Bretagne, qui sort de l'Union européenne, dans le cœur des Américains, il y a un pas que les officiers d'outre-Atlantique ne franchissent pas. « Personnellement, j'aimerais bien. Mais je ne le crois pas. Les Français, à la fois les responsables politiques et les militaires, sont trop indépendants. Ils veulent toujours avoir une voix différente de la nôtre ! »* confie l'un d'eux, au Forum du German Marshall Fund de Bruxelles.

Est-elle meilleure que les autres ?

Chaque pays a une armée qui correspond à sa personnalité historique, géographique, économique et sociale. « Nous, les militaires français, on a l'aventure dans le sang. On conserve en nous les grandes gestes de l'Indochine et de l'Afrique*. » Certes, c'est un officier général de la Légion, sans doute le corps d'armée qui entretient la plus grande intimité avec l'aventure militaire, qui parle. Mais il n'empêche : des collines de l'Indochine aux sables du Mali en passant par les autres places fortes africaines, c'est bien l'aventure qui coule dans le sang des militaires français. « Elle coule aussi dans celui des Américains. Mais moins fort. Outre-Atlantique, les jeunes s'engagent plutôt pour avoir la sécurité sociale à vie et être à l'abri des incertitudes », poursuit-il. Vision peut-être un peu caricaturale, mais qui fait référence au système du « GI bills », une loi qui permet le financement des études universitaires et des formations des engagés américains.

C'est bien l'esprit aventurier des militaires français qui donne à leur armée cette autre particularité, une maîtrise parfaite de la débrouille et du système D. Sur les théâtres d'opérations, les Français, quand ils veulent s'entraîner physiquement, fabriquent des haltères avec une matière première très particulière : des boîtes de cassoulet et du béton. Ils confectionnent des barres à musculation avec des câbles et des poulies. Par comparaison, l'armée allemande ressemble davantage, poursuit le légionnaire, « à une administration ». Quand elle est envoyée en Opex, les opérations extérieures, elle installe dans ses bases de véritables salles de sport, avec du matériel haut de gamme importé et contrôlé. « En Afrique, les gars ont même leur serviette personnelle pour faire du sport ! On a l'impression qu'ils ont emporté avec eux un magasin Go Sport », poursuit l'officier de la Légion. « Nos armées françaises sont admirées par nos alliés et craintes par nos adversaires »* aime à répéter Pierre de Villiers, l'ancien chef d'état-major. C'est avec les armées américaines et britanniques, celles qui ont une culture stratégique identique à la leur, que les Français aiment se comparer, même si les premières ont une taille et une puissance sans commune mesure. « Quand il faut se préparer à la guerre de haute intensité, c'est avec l'US Air Force et la Royal Air Force que l'armée de l'air s'entraîne », rappelle un aviateur.

Malgré le Brexit, malgré le fait que les armées britanniques, épuisées et dévorées par leurs interventions en Irak et en Afghanistan, ont perdu en force, en confiance, en réactivité et en capacités, malgré leur volte-face qui a précipité celle des États-Unis en Syrie en août 2013 et qui a fait capoter la réponse militaire des trois alliés, à laquelle la France tenait particulièrement, contre le régime de Bachar el-Assad qui avait franchi la « ligne rouge » de Barack Obama sur les armes chimiques, la Royal Army demeure la plus proche alliée des armées françaises. Les deux armées possèdent une culture stratégique identique, forgée à l'époque des empires et des colonies, basée sur la même expérience expéditionnaire. En un mot, deux pays seulement sur le continent « savent encore faire la guerre », comme disent les militaires : la France et la Grande-Bretagne. « Aujourd'hui ils sont accaparés par le Brexit. Mais ils reviendront un jour. Nous avons été ennemis pendant des siècles, mais nos différends ont été réglés par l'Entente cordiale », explique une source au ministère de la Défense. En 2010, les Traités militaires de Lancaster ont encore rapproché Londres et Paris, même si certaines clauses, depuis le Brexit, sont pour l'instant tombées en déshérence. « C'est avec les Britanniques que nous menons toutes les opérations terroristes », rappelle la source au ministère de la Défense.

Les deux armées ont pourtant des différences. La Royal Army est « une armée de castes », juge un officier général qui a fait sa carrière dans la Légion. De toutes les forces occidentales, l'armée française est sans doute celle dans laquelle l'ascenseur social fonctionne le mieux. En France, 50 % des officiers ont été sous-officiers et 50 % des sous-officiers ont débuté comme militaire du rang. Cette spécificité française, qui permet à un capitaine de brigade de devenir général, participe à l'excellence des armées françaises. Il est rare, au contraire, qu'un sous-officier britannique devienne officier. La haute hiérarchie britannique est réservée à l'élite. Dans certains régiments, mieux vaut d'ailleurs être issu d'une famille riche pour s'intégrer et suivre le rythme de vie des officiers. Dans les *Blues and Royals,* le régiment de cavalerie de la Maison royale, les officiers britanniques se garent parfois en Jaguar devant leur court de tennis. Il en résulte une autre différence avec l'armée française : comme les Américains d'ailleurs, ils sont moins proches de leurs hommes que ne le sont les Français. « Chez nous, tout le monde est impliqué dans la gestion des ressources humaines. On a une grande proximité avec nos soldats. En Grande-Bretagne et aux États-Unis, les officiers sont moins concernés par la vie de leurs hommes »* explique un officier français, qui a longtemps servi, sur le terrain, avec les armées britanniques et américaines.

Dernière armée du trio européen, la Bundeswehr est à la fois celle qui change le plus et celle qui est la plus éloignée des traditions françaises. Après vingt-cinq ans de coupes budgétaires et faute d'investissements, la Bundeswehr – l'armée allemande – est aujourd'hui dans un état très dégradé. Sur ses 244 chars, 105 seulement sont utilisables. Elle en avait 3 000 pendant la guerre froide. Aucun de ses six sous-marins n'est opérationnel. Ils ont été placés en cale sèche pour problèmes techniques. Un rapport parlementaire de février 2018 tire la sonnette d'alarme. Les avions de transport A 400 M sont régulièrement cloués au sol. La Bundeswehr manque de pièces détachées. « Elle est devenue une armée bedonnante, une armée de fonctionnaires incapables de se battre »* commente, dépitée, une spécialiste allemande de la défense. L'Allemagne a aussi du mal à recruter des engagés. C'est l'image de l'armée et de la chose militaire elle-même qui constitue un obstacle : selon un sondage de 2013, seuls 39 % des 15-24 ans ont une image positive de l'armée.

Chapitre II
La France sous les menaces extérieures et intérieures

Lorsqu'il est entré dans l'armée, en 1985, « tout était simple ». La France avait un ennemi clairement identifié, le Pacte de Varsovie. Cet ennemi « avait des frontières ». « Aujourd'hui les menaces sont plus nombreuses et elles n'ont plus de frontières »* explique le général Daniel Ménaouine, ancien chef d'état-major de la Minusma, la force des Nations unies au Mali. Car le « mal » est partout. Les Européens redécouvrent aujourd'hui cette évidence : le monde est tragique. Quand on croyait l'avoir définitivement vaincu, le « mal » revient, sous d'autres déguisements. Certes, les guerres totales, comme le premier et le second conflit mondial, sont devenues improbables au XXIe siècle. En tout cas en Europe. Depuis que la France et l'Allemagne n'ont plus de revendications territoriales, le moteur principal de la guerre a disparu du vieux continent. « Quand j'étais chef d'état-major, je ne me suis jamais endormi le soir en me disant que j'allais recevoir le destin de mon pays entre les mains. La période des invasions russes est terminée. Depuis 1989, les conflits ne sont plus envisagés de la même manière. Le service de la nation ne dépend pas que des armes »* explique le général Jean-Louis Georgelin, chef d'état-major des armées françaises entre 2006 et 2010.

Mais si les formes du tragique ont changé, elles n'ont pas disparu. Pour la première fois depuis cinquante ans, l'histoire est de retour. Les menaces se multiplient et viennent d'horizons différents. Car l'ennemi est désormais à l'extérieur et à l'intérieur du pays. Certes, les conflits d'aujourd'hui sont moins nombreux et surtout moins meurtriers que ceux du XXe siècle. La Première Guerre mondiale a fait 1,4 million de morts en France, c'est-à-dire 900 par jour. 36 % des jeunes âgés de 19 à 22 ans en 1914 sont morts. Quant à la Seconde Guerre mondiale, elle a causé la mort de 50 millions de personnes dans le monde, dont 567 000 en France et 418 000 aux États-Unis. Par comparaison, les attentats contre le World Trade Center, le 11 septembre 2001, ont fait « seulement » 2 991 morts. Mais la guerre frontale a laissé la place à d'autres types de conflits, qui installent les pays européens dans une grande insécurité.

On croyait qu'ils appartenaient au passé, mais le retour des États puissances, traditionnels ou émergents, qui depuis plusieurs années réarment et qui visent par la surenchère à étendre leur influence en utilisant les rapports de force, la violence ou les faits accomplis, menacent et fragilisent les démocraties occidentales. Les États puissances, qu'il s'agisse de la Russie, de l'Iran ou de la Turquie, portent dans leurs politiques un risque majeur de déstabilisation. En bouleversant durablement les équilibres, notamment à l'est et au Moyen-Orient, ils ajoutent de la confusion à l'incertitude. Ils font tomber le mur qui séparait l'état de guerre et l'état de paix, faisant sortir la guerre du cadre dans lequel on l'avait assignée.

Autre menace principale, l'islam radical, qui frappe depuis ses bases à l'étranger mais aussi, désormais, depuis l'intérieur de la France, lançant un défi nouveau et inédit aux forces armées, à la société, à la classe politique. Comme les attaques contre le World Trade Center aux États-Unis, les attentats en Europe font moins de morts que les conflits du siècle précédent : 149 en France en 2015, 291 en Espagne en 2004. Mais ils visent avant tout des civils. Et ils font germer dans les pays occidentaux la peur, la sidération, la colère, le doute.

Depuis 1991, la France est continuellement et militairement engagée à l'extérieur de ses frontières. Le nombre de missions dans lesquelles les armées françaises sont impliquées dans le monde n'a jamais été aussi élevé depuis la fin de la guerre d'Algérie. L'armée doit désormais combiner une présence planétaire héritée de l'histoire de France, de multiples interventions liées aux désordres du monde contemporain et une réponse au danger terroriste en France. Elle a dû s'adapter à la guerre qui évolue, aux nouveaux conflits dont les acteurs principaux ne sont plus seulement des États mais aussi des organisations non étatiques, voire des milices qui conduisent des conflits « par procuration ». La guerre est entrée dans le brouillard. Des groupes armés, comme l'État islamique, se dotent des pouvoirs régaliens d'un État, tandis qu'un État membre permanent du Conseil de sécurité des Nations unies, la Russie, soutient des bandes armées en Ukraine. Les mouvements terroristes se jouent des frontières. Ils utilisent la gamme complète des capacités conventionnelles. En Crimée comme au Moyen-Orient, la guerre est devenue hybride, asymétrique. Elle s'est aussi durcie. Au Sahel, les combats se terminaient parfois au corps à corps. En République centrafricaine, les soldats français ont dû s'interposer entre des hommes s'attaquant à la machette. La guerre, une autre guerre, est bien de retour.

Un monde nouveau et plus dangereux

La nouvelle donne internationale

« Nous vivons la fin du confort stratégique », écrit le général Pierre de Villiers dans son livre

Servir. Les États puissances, traditionnels ou émergents, sont de retour et ils investissent lourdement dans de nouveaux programmes d'armement. Les budgets de Défense de la Russie et de la Chine s'envolent. Le premier a augmenté de 7 % en 2016, et le second de 7,5 % en 2015. Par la surenchère, en utilisant le rapport de force voire le fait accompli, ces pays étendent leur influence dans les zones qu'ils convoitent.

C'est la première fois depuis de nombreuses années qu'une *Revue stratégique*, celle de 2017, désigne aussi clairement la Russie comme une menace. Traditionnellement, le sujet donne toujours lieu à des querelles, des engueulades et des affrontements entre les différents experts, qui reflètent les divisions internes au Quai d'Orsay, à l'Élysée, dans les armées et les partis politiques. Chaque exercice produit, pendant les débats, des confrontations sur l'évaluation de la menace. « Traditionnellement, les militaires sont plutôt pro-russes. C'est un parti pris qui remonte à leur longue tradition anti-américaine. Et qui se nourrit du fait que la Russie, qui a longuement étudié la société française, se présente à eux en prétendant défendre nos valeurs », affirme l'un des experts de la revue.

Le tropisme prorusse de l'armée française est encouragé par une certaine « admiration » de la manière dont les forces russes ont réussi à se rétablir et à se transformer après la chute de l'Union soviétique autant que de la façon dont Vladimir Poutine, président autoritaire mais audacieux, capable de prendre des risques pour imposer ce qu'il considère être les intérêts de son État, a ramené son pays en un temps record au centre du jeu diplomatique et militaire mondial. « Ils défendent les mêmes valeurs que nous. Si les choses tournent mal en Europe, je suis sûr qu'ils seront de notre côté et viendront nous aider », commente un marin. Les militaires apprécient également l'habileté avec laquelle le président russe a rétabli la discipline et l'ordre en Russie, celle avec laquelle il lutte contre tous les irrédentismes qui poussent sur les décombres de l'ancien empire et sa façon de tenir tête à ceux qui lui résistent. C'était pareil au début des années quatre-vingt-dix avec la Bosnie. Certains militaires ne cachaient pas leur préférence pour l'agresseur, les Serbes, sans nier bien sûr leur culpabilité. « Mais les Serbes avaient une vraie armée. Une armée de soldats qui combattait, qui avait une hiérarchie, des équipements et qui trinquait volontiers avec de la slivovica (l'alcool local). En face, les Bosniaques ressemblaient à des va-nu-pieds, des milices mal équipées, mal chaussées, dirigées par des chefs de clans », argumente un général français.

Aujourd'hui les militaires français observent le réarmement de la Russie et les libertés qu'elle prend avec le droit international avec un mélange d'inquiétude et parfois de respect. Ce tropisme a longtemps freiné la prise en compte de la menace russe, selon l'expert de la *Revue stratégique*, qui considère pourtant qu'elle est « sans doute plus forte qu'à l'époque soviétique ».

La Russie cherche à affaiblir le lien Transatlantique et à diviser l'Union européenne, tout en dénonçant « l'expansionnisme occidental », peut-on lire dans le document supervisé, à la demande de l'Élysée, par le député européen Arnaud Danjean et rendu public à l'automne 2017. Pour la première fois depuis la guerre froide, la Russie développe une politique d'affirmation tous azimuts, qui entraîne ses soldats ou ses agents plus seulement à l'Est mais aussi en Syrie où elle est intervenue militairement en septembre 2015 pour sauver le régime de Bachar el-Assad qui vacillait, en Méditerranée et dans les Balkans où elle pousse son influence chez ses « frères orthodoxes ».

Depuis l'intervention russe en Géorgie en août 2008, les sujets de désaccords entre l'Occident et la Russie se sont accumulés. Mais la dégradation des relations a été fortement accentuée par l'annexion de la Crimée en mars 2014. Le fait qu'un membre permanent du Conseil de sécurité de l'ONU se soit emparé par la force du territoire d'un autre État souverain a remis en cause le système de sécurité européen, hérité de la guerre froide, qui avait depuis garanti la stabilité stratégique entre les deux blocs. Les accords d'Helsinki ont volé en éclats et avec eux, le principe intangible de la stabilité des frontières européennes. En 1975, ils avaient affirmé l'inviolabilité des frontières nées de la Seconde Guerre mondiale, encouragé la coopération entre les pays pour résoudre les conflits et affirmé l'obligation de respecter les Droits de l'homme et les libertés fondamentales. À l'est de l'Europe, on envisage désormais la possibilité d'un grand conflit avec la Russie.

En octobre 1962, pendant la crise des missiles de Cuba, l'Union soviétique et les États-Unis avaient été au bord de la guerre. On n'en est pas encore là. Mais l'annexion de la Crimée et la déstabilisation de l'est de l'Ukraine en 2014, les vetos au Conseil de sécurité pour bloquer toute initiative contre le régime syrien, les tentatives d'influencer les campagnes électorales aux États-Unis et en Europe, les provocations des bombardiers russes dans l'espace aérien de l'OTAN et plus récemment l'empoisonnement d'un ancien agent russe à Londres, l'affaire Skripal, ont eu raison des deux tentatives de *reset* – redémarrage des relations – américaines, celle de Barack Obama et celle de Donald Trump, même si ce dernier fait tout pour maintenir l'amitié avec Vladimir Poutine. Ces différends ont donné lieu à des passes d'armes, des crises diplomatiques, des sanctions, mais jamais l'utilisation de la force n'a été sérieusement évoquée…

Depuis l'intervention des forces russes en septembre 2015 pour sauver le régime de Bachar el-Assad, le face-à-face russo-américain a en revanche été militairement testé à plusieurs reprises en Syrie. Les systèmes de défense anti-aérienne S 300 ou S 400 installés par la Russie pour protéger ses bases au Levant et tenir à distance les Occidentaux ont contraint les forces de la coalition à prendre de nombreuses précautions dans leur lutte contre Daech. Début février 2018, plusieurs dizaines de mercenaires russes ont été tués par une frappe américaine qui visait des combattants pro-régime avançant vers les positions des forces démocratiques syriennes, alliées des Américains. Et personne ne peut exclure à 100 % un conflit ouvert entre Washington et Moscou en Syrie. Les dénis d'accès imposés par les missiles antimissiles russes en Crimée et en Syrie mettent en cause ce que l'Occident tenait pour acquis, la liberté de circulation et la liberté d'action dans le respect du droit international.

La Russie se réarme. Lancés dans les années 2000, accélérés à partir de 2010, les efforts de modernisation des forces militaires russes, qui à la chute de l'Union soviétique avaient perdu toute leur superbe, ont porté leurs fruits. À raison de 3 ou 4 % du PIB, ils ont donné à la Russie des capacités d'intervention très substantielles dans son « proche étranger », qui est aujourd'hui aussi celui de l'Europe. Mais également plus loin, au Levant, où d'un point de vue militaire, l'intervention en Syrie a été un succès. C'était une promesse de Vladimir Poutine : la Russie a aussi retrouvé sa permanence à la mer, qu'elle avait rompue en 1998. C'est-à-dire qu'elle est à nouveau capable de maintenir vingt-quatre heures sur vingt-quatre sous les eaux un SNLE (sous-marin nucléaire lanceur d'engins). Des sous-marins russes s'aventurent désormais jusqu'à la Méditerranée. Quant aux chasseurs bombardiers de l'armée de l'air, ils ont à plusieurs reprises survolé l'espace aérien de pays européens, dont la France, sans y avoir été invités. La puissance militaire russe, mois après mois, déborde de ses frontières. Les choses sont encore parfois faites de bric et de broc. Quand le porte-avions russe l'*Amiral Kouznetsov* est arrivé en Méditerranée, au large de la Syrie, crachant une fumée noire avec un bruit de casseroles, beaucoup, dans les marines occidentales, ont pouffé de rire. Ils ont changé d'avis quand le vieux bâtiment, sûr de lui et de son bon droit, a réussi par sa présence à éloigner les bateaux occidentaux. « La marine russe, à nouveau, elle a de la gueule. Il ne faut surtout pas la sous-estimer », commente un amiral.

La Chine n'est pas en reste, elle qui est en passe de devenir la première puissance économique mondiale. Depuis vingt-cinq ans, son budget de la Défense augmente de manière continue. Il est aujourd'hui plus de quatre fois supérieur à celui de la France. Les efforts de modernisation concernent surtout la marine, qui grossit d'année en année, au rythme, en ce moment, d'un sous-marin par an. Pékin, qui construit son troisième porte-avions, ambitionne d'en avoir quatre ou six. Mais la Chine investit aussi dans le renseignement, le spatial, le cyber. Elle développe ses capacités de projection de forces et de puissance. En mer de Chine méridionale, elle colonise avec sa marine les îlots et les récifs des archipels des Spratleys et des Paracels, qu'elle se dispute avec Taïwan et le Vietnam. Certains ont même été équipés de pistes d'aviation et d'infrastructures portuaires. Pékin veut s'assurer du contrôle de cette mer, qu'elle considère comme son pré carré. Et depuis l'arrivée de Xi Jinping à la présidence, le déploiement de l'armée chinoise au-delà de ses frontières terrestres s'est accéléré. Les îlots bétonnés et militarisés par Pékin sont autant d'avant-postes pour affirmer la toute-puissance de Pékin dans la région. Les bateaux chinois s'aventurent désormais deux fois par an en Méditerranée. Les marins français s'attendent à voir bientôt des sous-marins chinois dans les eaux européennes.

Le chaudron du Moyen-Orient

Sur le terrain, les forces françaises ont conseillé les rebelles des forces démocratiques syriennes engagées contre l'État islamique. Au printemps 2018, les forces spéciales ont été envoyées en renfort, aux côtés des Américains, dans la région de Minjeb, au nord de la Syrie, une zone tenue par les YPG, les forces kurdes syriennes que la Turquie aimerait éradiquer de la région. En Syrie et en Irak, elles traquent les islamistes français partis faire le djihad au Levant pour les neutraliser et les empêcher de revenir. Depuis 2014, les forces françaises, avec l'opération Chammal, participent à la coalition qui lutte contre l'État islamique en Irak et en Syrie. Et, comme en avril 2018, elles frappent les installations du régime avec les Américains et les Anglais pour faire respecter la ligne rouge sur les armes chimiques. Depuis le début de la crise, la France est constamment engagée, même si c'est parfois de manière marginale, dans la guerre en Syrie, l'un de ses anciens protectorats.

Cet engagement n'est pas près de se terminer. Car depuis les printemps arabes qui ont secoué le Moyen-Orient, la Syrie est le principal incubateur de la menace qui vient du sud. En quelques années, elle est devenue le point d'application de ce retour des États puissances et de la rivalité entre chiites et sunnites, qui prend la région en tenaille. Elle est aussi le chaudron où bouillent toutes les guerres actuelles : Arabie saoudite sunnite contre Iran chiite, Russie contre États-Unis, Turquie contre Kurdes, Israël contre Hezbollah. La montée en puissance de l'Iran au Moyen-Orient – Syrie, Irak, Iran, Liban, Yémen – a aussi des effets déstabilisateurs sur toute la région. Le processus de paix est au point mort ; les négociations de Genève sont dans l'impasse et ni le processus lancé par la Russie avec l'Iran et la Turquie à Astana, ni l'initiative française du « small group » (France, États-Unis,

Royaume-Uni, Arabie saoudite et Jordanie) n'ont pour l'instant porté leurs fruits. Les négociations butent toujours sur l'avenir de Bachar el-Assad. Bourreau du peuple syrien sauvé par les interventions de ses alliés russes et iraniens, il est considéré en France par certains hommes politiques, des diplomates et des militaires, comme le meilleur garant de l'islamisme radical. Il est vrai qu'il est en train de gagner la guerre.

En quelques années, face à l'avancée des puissances régionales en Syrie, les pays occidentaux ont perdu les leviers qui leur permettaient d'influencer la situation. À cet égard, le recul de Barack Obama, qui fin août 2013 a fait volte-face au dernier moment, renonçant à faire respecter une ligne rouge qu'il avait lui-même édictée sur les attaques chimiques, porte une lourde responsabilité dans l'affaiblissement de la parole américaine. Après un nouveau massacre chimique dans la Ghouta, la banlieue de Damas, les États-Unis, la France et la Grande-Bretagne s'apprêtaient à mener des frappes punitives contre le régime. Mais le Royaume-Uni s'est retiré du jeu après un vote négatif de la chambre des Communes. Puis c'est au tour de Barack Obama d'avoir fait défaut. Désormais seule, la France, dont les avions, prêts à décoller, avaient déjà allumé leurs moteurs, a dû elle aussi se résigner. Ce recul américain a eu et continue d'avoir des conséquences, non seulement sur la guerre en Syrie mais aussi sur les relations internationales. Avec l'intervention russo-iranienne de 2015, la reculade est l'un des deux grands tournants de la guerre. Elle a d'abord cassé la relation entre François Hollande et Barack Obama. L'équipe de l'ancien président français est encore convaincue aujourd'hui que le destin de la Syrie aurait été différent si les frappes punitives avaient été menées. Barack Obama, lui, en doute. De même que certains militaires français qui soulignent à quel point une telle opération, au-delà de sa faisabilité technique, était porteuse de risques. Depuis le début de la guerre en effet, les acteurs de la crise syrienne sont nombreux et leurs alliances fluctuantes. Et même à l'époque, l'opposition syrienne était déjà divisée, traversée par des courants islamistes.

Quant à la réputation des Américains, que Barack Obama s'était promis de rétablir après les années Bush, elle s'est au contraire à nouveau dégradée. Pas seulement auprès de la France. Les Pays du Golfe et les alliés asiatiques des États-Unis s'interrogent depuis sur l'efficacité du protectorat américain et sur la fiabilité de cet ami qui ne tient pas ses promesses. Il y avait déjà eu une alerte au Moyen-Orient, quand Barack Obama avait appelé au départ de son allié Moubarak, le président égyptien, après le début des printemps arabes en 2011. Les signaux avaient été mal perçus par les partenaires de Washington dont certains, comme le Japon et la Corée du Sud par exemple, dépendent, face aux puissances menaçantes que sont la Chine et la Corée du Nord, du parapluie militaire américain.

Le recul américain sur le dossier syrien a dopé l'influence des puissances montantes que sont dans la région la Russie et l'Iran. L'ancienne équipe de François Hollande pense ainsi que Vladimir Poutine a été encouragé à agir en Ukraine, où il a annexé la Crimée en mars 2014 et déstabilisé l'est du pays. Elle pense aussi que l'Iran et la Corée du Nord ont été confortés dans leurs démarches de provocation nucléaire, balistique ou impérialiste, sachant que les menaces américaines ne sont plus suivies d'effet... Barack Obama pensait que sa décision aurait des conséquences positives sur la relation avec l'Iran et freinerait ses ambitions au Moyen-Orient. Ce ne fut pas le cas.

Enfin, la décision américaine a donné une nouvelle légitimité politique à Bachar el-Assad. Le sentiment d'abandon des opposants a été immense. Il a favorisé la progression des djihadistes. Quant au désarmement chimique que Vladimir Poutine était censé imposer à son allié syrien, il n'est jamais allé jusqu'au bout. Pour les Français, qui se veulent les gardiens de la prolifération, un tabou a sauté. Cet évènement est de nature selon eux à favoriser la prolifération des armes chimiques dans le monde.

Les succès de la coalition internationale et de ses alliés locaux contre Daech ont mis à terre le califat que les combattants islamistes avaient instauré sur les terres du Levant, à cheval entre l'Irak et la Syrie. Mais ils n'ont pas mis fin à la menace djihadiste. Ni à l'idéologie des combattants de l'État islamique. Depuis la chute de leur proto-État, qui levait l'impôt et avait mis la main sur une partie des ressources pétrolières de la région, qui fut leur centre de gravité pendant plusieurs années et d'où ils fomentaient les attentats contre l'Europe, les mouvements djihadistes mutent et s'adaptent. En Syrie et en Irak, certains sont passés à la clandestinité et reconstituent leurs forces dans des poches de résistance. Les autres vont rejoindre les cellules d'autres théâtres : en Afghanistan, en Libye où ils font leur lit dans les zones désertées par l'État, en Asie du Sud-Est, en Afrique subsaharienne, au Mali où Daech grossit avec les mois et même au Maghreb où les combattants arabes rejoignent leur pays, qu'ils avaient quitté pour le djihad au Moyen-Orient. L'acquisition de nouvelles compétences, comme les drones, augmente leur pouvoir de nuisance. « L'État islamique reste une organisation à portée opérationnelle globale », prévient la *Revue stratégique*. Quant à al-Qaïda, après avoir été sonnée par sa défaite en Afghanistan et par la mort de Ben Laden, elle relève elle aussi la tête, essaimant sa marque au cœur des mouvements islamistes régionaux, auxquels elle distribue des franchises, comme Al Sham, en Syrie. « Daech et Al-Qaïda : ces deux mouvements partagent la même matrice idéologique, le salafisme djihadiste. De l'Afrique de l'Ouest à l'Asie du Sud-Est en passant par le Levant, le phénomène djihadiste va être marqué par la prolifération d'enclaves et de guérillas. Depuis vingt ans, cette menace ne faiblit pas mais se déplace et se recompose », explique la *Revue stratégique.*

Le nouveau concept de multipolarité nucléaire

On la croyait enfin contenue, surtout depuis l'accord passé entre la communauté internationale et l'Iran en juillet 2015, qui gelait pour une dizaine d'années le programme nucléaire militaire de la République islamique en échange d'une levée progressive des sanctions. Mais elle ressurgit de toute part. En se retirant de l'accord sur le nucléaire iranien en mai 2018 sans ménager ses alliés européens et sans donner du temps à la diplomatie avant le rétablissement des sanctions, Donald Trump a opté pour une solution radicale. Certes, le compromis signé par les cinq membres du Conseil de sécurité, l'Allemagne et l'Iran, comportait de nombreuses faiblesses. Rien n'était prévu pour l'après 2025. La question du programme balistique, qui constitue l'autre versant d'un programme nucléaire militaire, n'avait pas été incluse dans l'accord. Malgré les pressions de la partie française qui avait tout fait pour en durcir ses termes, Barack Obama, pressé de quitter le Moyen-Orient et de réintégrer l'Iran dans la communauté internationale, avait poussé ses alliés à faire des concessions, tout valant mieux que la guerre.

Les Occidentaux avaient naïvement cru que l'accord de juillet 2015 pousserait l'Iran à la modération et le régime vers une « normalisation ». Il n'en a rien été. Le grand retournement géopolitique anticipé par l'administration Obama – un nouvel Iran en voie de libéralisation qui renoncerait à sa politique agressive – n'a pas eu lieu. L'AIEA, l'Agence internationale de l'énergie atomique, le gendarme mondial du nucléaire, a bien confirmé que l'Iran se conformait à ses obligations et respectait l'accord sur le nucléaire. Mais Téhéran a poussé son influence, que beaucoup jugent déstabilisatrice, dans la région : en Syrie, en Irak, au Yémen, au Liban. La République islamique a aussi donné un coup d'accélérateur à son programme de missiles balistiques. Les *Pasdarans* (les gardiens de la Révolution) ont mis au point des missiles d'une portée de 2 000 kilomètres, qui peuvent atteindre les bases occidentales au Moyen-Orient, Israël et les régimes arabes sunnites.

Téhéran a aussi testé un engin capable d'emporter plusieurs ogives. Ces entorses à « l'esprit » de la résolution 2231 de l'ONU qui avait accompagné l'accord de juillet 2015 et appelait l'Iran à une autolimitation en matière de missiles balistiques et d'ingérence militaire au Moyen-Orient ont poussé Washington mais aussi ses alliés européens, et notamment la France, à vouloir aujourd'hui élargir le compromis. Mais Donald Trump manifeste vis-à-vis de l'Iran une rancœur plus idéologique. Depuis la prise d'otages de l'ambassade des États-Unis – 56 ressortissants américains retenus pendant 444 jours – qui en 1979 fut le véritable acte fondateur de la révolution islamique, l'Iran n'a pas bonne presse aux États-Unis. Le président américain estime en outre qu'il peut reproduire avec ce pays le scénario – loin d'être abouti – appliqué à la Corée du Nord : une « pression maximale » qui conduirait Téhéran à changer radicalement de comportement, à la fois sur le nucléaire et la politique régionale.

Après avoir échoué à convaincre Donald Trump de ne pas se retirer de l'accord, les Européens tentent aujourd'hui de le sauver et de convaincre Téhéran de s'y maintenir. « Ce n'est pas la fin de l'histoire, mais un nouveau chapitre. Nous devons garder cet accord et le compléter », assure une source à l'Élysée. Paris compte sur « la capacité d'Emmanuel Macron à parler à tout le monde » pour limiter les dégâts. Encercler les États-Unis, compenser leur départ. Construire l'unité de l'Europe. Rallier la Chine et la Russie. Continuer à travailler avec l'administration américaine, notamment sur le rythme du rétablissement des sanctions et promouvoir une « approche globale » sur le sujet. La question des « trois piliers » que les Européens aimeraient aborder avec la République islamique bute sur les intérêts stratégiques de l'Iran.

Qu'adviendra-t-il de l'accord en 2025, lorsque les clauses gelant son programme nucléaire tomberont ? Comment museler le programme balistique iranien ? Comment freiner ou réduire l'influence militaire déstabilisante exercée par les milices iraniennes et leurs affidés en Syrie ?

En cas d'échec, les conséquences seraient graves. L'Élysée redoute un affaiblissement de la lutte contre la prolifération nucléaire, qui reste un « objectif majeur pour la France ». Si l'Iran chiite décidait de remettre en marche ses centrifugeuses et de reprendre sa marche vers la bombe, les pays sunnites de la région, Arabie saoudite, Égypte ou Turquie, pourraient être tentés à leur tour d'emprunter le même chemin. L'ouverture de la boîte de Pandore pourrait entraîner ce qu'on appelle une « cascade » de prolifération. Sans compter une intervention militaire de la part des États-Unis ou d'Israël, à laquelle la participation des armées françaises serait forcément questionnée.

Cela s'apparente à une rupture stratégique. Avant son élection, Donald Trump se disait prêt à renouer le dialogue avec Kim Jong un et à « manger avec lui un hamburger » ! En mai 2018, le dictateur nord-coréen lui a répondu par une proposition : ouvrir « une franchise de hamburgers occidentaux » à Pyongyang ! Mais il y a encore loin, pourtant, de la malbouffe à la réconciliation diplomatique !

En septembre 2017 et à la stupéfaction générale, après avoir réussi un sixième essai nucléaire et de nombreux tirs de missiles dont la portée est désormais supérieure à 10 000 kilomètres, la Corée du Nord, le dernier État stalinien de la planète, est entrée de force, par effraction, dans le petit club très fermé des États dotés de la bombe nucléaire. Les raisons qui ont poussé Pyongyang à sacrifier le bien-être de sa population pour obtenir ce résultat sont nombreuses. « Le nucléaire est devenu une arme identitaire. Le programme est passé d'un but défensif à un but offensif », expliquait récemment le spécialiste de la Fondation pour la recherche stratégique (FRS) Antoine Bondaz, à l'occasion d'un colloque organisé sur le sujet à l'École normale supérieure. Inscrit dans la Constitution depuis 2012, il a permis à Kim Jong-un d'achever le rêve de son grand-père : un face-à-face, sur un pied d'« égalité », avec un président américain. Malgré son extrême pauvreté, le nord de la péninsule est devenu une puissance qui compte et avec laquelle le chef de l'État américain accepte de dialoguer. Le pouvoir égalisateur de l'atome a fourni à la Corée du Nord un statut politique et diplomatique. Enfin, parmi toutes ses vertus, la bombe nucléaire a galvanisé la fierté nationale. Elle a donné une légitimité au dictateur nord-coréen, justifié tous les sacrifices imposés à sa population, sanctuarisé son régime et évité une attaque américaine. À Pyongyang, des monuments ont été érigés en l'honneur des essais de missiles balistiques. Les scientifiques liés au programme nucléaire sont considérés comme des héros. Les avantages se lisent à tous les niveaux : intérieur, régional et géopolitique. « S'il s'en débarrasse, Kim perd tout. Il repart en arrière », résume un diplomate.

Dans l'histoire de la bombe nucléaire, quatre pays seulement ont accepté de renoncer à leur arsenal : la Libye, l'Afrique du Sud, l'Ukraine et l'Irak. Les deux premiers l'ont fait à la faveur d'un changement de régime politique, le troisième après la chute de l'URSS et contre des garanties de sécurité des grandes puissances, le quatrième, contraint par la guerre du Golfe en 1991. Hormis ces entorses à la règle, tous les pays déterminés à franchir le seuil nucléaire pour se doter de la bombe sont allés au bout de leur démarche. La Corée du Nord pourrait-elle faire exception à la règle ? Tout porte à répondre par la négative, malgré l'accord politique, le coup de communication et la mise en scène orchestrée par Donald Trump et Kim Jong-un à l'occasion du sommet historique de Singapour en juin 2018. Le communiqué final du sommet demeure en effet très flou sur la « dénucléarisation » de la péninsule. Kim Jong-un a appris des expériences libyenne, irakienne et ukrainienne, dont les régimes et leurs présidents, Kadhafi et Saddam Hussein, ont disparu après avoir renoncé à l'atome, ou dont une partie du territoire, pour l'Ukraine, a été annexée par la Russie, qu'il vaut mieux être en possession de l'arme nucléaire pour assurer sa survie quand on ne bénéficie pas d'une garantie de sécurité crédible de la part d'un puissant allié. « Les proliférateurs ont été punis, pas ceux qui ont joué le jeu de la non-prolifération. C'est un signal catastrophique donné par l'Occident à des pays comme la Corée du Nord », analyse un diplomate. Nul doute que Kim Jong-un, acteur finalement assez rationnel, aura aussi intégré, comme ses voisins, les doutes qui pèsent sur la fiabilité de la parole américaine. Après Barack Obama qui avait rompu sa promesse de faire respecter la ligne rouge sur les armes chimiques en août 2013, Donald Trump a prouvé le peu de cas qu'il faisait des engagements américains de ses prédécesseurs en se retirant de l'accord nucléaire iranien.

Pour rajouter au scepticisme, Donald Trump et Kim Jong-un n'ont pas la même définition de la dénucléarisation de la péninsule. Les précédents historiques incitent enfin à la prudence. En 1992, la Corée du Nord avait déjà signé une déclaration de dénucléarisation de la péninsule. Dans la foulée, les États-Unis avaient promis qu'ils ne menaceraient pas le régime et n'utiliseraient pas contre lui la force militaire. En 1994, Pyongyang avait accepté de geler son programme nucléaire en échange de relations économiques et diplomatiques avec les États-Unis. Avant de le relancer et de se retirer du traité de non-prolifération nucléaire en 2003. En 2007, l'Administration Bush avait vu une « victoire diplomatique » dans une nouvelle promesse de démantèlement des installations nucléaires de

Pyongyang. En 2010, rebelote : George Bush considère que « la pression a marché » avec la Corée du Nord. Or, « Pyongyang n'a rien promis de plus qu'au cours de ces vingt-cinq dernières années », prévient un spécialiste, qui considère l'entente célébrée par les deux capitales au sommet de Singapour en mai 2018 comme « de la poudre aux yeux ». Des images satellites ont révélé en août 2018 que le régime nord-coréen poursuivait le développement de son programme nucléaire, notamment dans des sites clandestins. Et si la Corée du Nord s'est engagée à ne plus effectuer de test balistique, c'est parce qu'elle n'en a plus besoin depuis que ses vecteurs sont capables d'atteindre les États-Unis.

En attendant, et même si la détente reprend entre Washington et Pyongyang, le signal donné au régime de non-prolifération n'est pas si positif que certains veulent bien le dire. En se dotant de la bombe nucléaire et en défiant la communauté internationale, la Corée du Nord peut être considérée comme un modèle pour les pays rêvant d'acquérir un rôle international plus important et de devenir un interlocuteur pour Washington. L'exemple pourrait aussi éveiller des velléités nucléaires au Japon et en Corée du Sud. Si les relations venaient au contraire à se tendre et dégénéraient en un conflit régional, en raison de l'interprétation que les deux leaders font de la « dénucléarisation » de la péninsule, la France serait directement concernée. Elle est en effet l'un des garants de l'armistice de

1953, qui a fait taire les armes entre les deux Corée mais n'a jamais été suivi d'un traité de paix. Si la Corée du Nord reste un État nucléaire, même si les relations s'apaisent entre les deux parties de la péninsule, le défi a changé de nature. Il vient bouleverser les équilibres stratégiques régionaux et à terme globaux.

L'insécurité nucléaire n'émane pas seulement de l'Iran et de la Corée du Nord, même si ces deux crises sont les plus brûlantes. Elle est entretenue par d'autres puissances qui élargissent la gamme de leurs options militaires. La modernisation des doctrines de certains pays, qui développent la miniaturisation des armes nucléaires afin de pouvoir, en cas de besoin, les transformer en armes de théâtres d'opérations, c'est-à-dire en armes d'emploi, produit davantage d'instabilité tout en affaiblissant le cadre juridique international. Vladimir Poutine a renforcé la part de l'arme nucléaire dans la doctrine militaire russe. Il a lui aussi brisé un tabou en affirmant que la Russie aurait été prête à utiliser l'arme nucléaire si l'OTAN avait essayé de s'opposer à l'annexion de la Crimée en mars 2014. Il a également déployé des missiles Iskander capables de porter des têtes nucléaires en Crimée et dans l'enclave russe de Kaliningrad...

Le Pakistan développe de façon soutenue son arsenal nucléaire tactique, contribuant lui aussi à alimenter les fortes incertitudes relatives à l'abaissement du seuil d'emploi. Il entretient dans le même temps un programme d'accroissement de la portée de ses missiles. « Nous vivons dans un monde très instable, avec le risque de voir se transformer l'arme nucléaire en arme d'emploi »* affirme un haut responsable dans le domaine de la dissuasion. C'est ce que l'amiral Pierre Vandier, ex-pacha du porte-avions *Charles-de-Gaulle,* nomme dans un récent livre « le troisième âge nucléaire ». Un âge qui voit toutes les puissances renouveler leur arsenal nucléaire, acquérir, comme la Russie, des capacités de tir en plongée ou envisager, comme les Américains dans leur dernière *Nuclear posture Review,* l'utilisation de mini-nukes, de mini-armes nucléaires. Le projet vise en fait surtout à réassurer les alliés asiatiques des Américains, qui craignent que les États-Unis ne prennent pas le risque d'une attaque nucléaire pour les défendre. Avec les mini-nukes, Washington signifie à ses agresseurs potentiels qu'ils ne gagneront pas une guerre nucléaire limitée dans la région. Ce troisième âge nucléaire se caractérise aussi par un effondrement du système de droit international. Avec lui, tous les espoirs de l'après-guerre froide s'évanouissent. « Le diable nucléaire ne rentrera pas dans sa boîte »* prévient un amiral. Il poursuit : « Nous allons devoir penser notre vie avec les armes nucléaires. Des acteurs vont vouloir, grâce à elles, changer les rapports de force sans prendre le risque d'une grande guerre. »

La *Revue stratégique*, pour la première fois, parle de « multipolarité nucléaire ». Tandis que se multiplient les acteurs qui se dotent de capacités nucléaires, la portée des missiles s'allonge, leurs modes de lancement se diversifient. Nous entrons dans « le monde de l'affirmation du nationalisme nucléaire », estime Philippe Errera, ancien directeur général des relations internationales et de la stratégie du ministère de la Défense (DGRIS), à l'occasion d'une conférence organisée sur le sujet au printemps 2018 à l'IFRI (Institut français des relations internationales). Ce nouveau panorama entraîne des risques accrus d'escalade et de montée aux extrêmes entre États, potentiellement jusqu'au franchissement du seuil nucléaire, en raison des erreurs possibles concernant les seuils de réaction adverses.

La France a-t-elle eu raison de revenir dans l'OTAN ?

Lorsqu'il avait décidé de retirer la France du commandement intégré de l'OTAN en 1966, le général de Gaulle avait avancé plusieurs arguments. Officiellement, il considérait que l'avènement de la bombe atomique soviétique était une situation nouvelle qui remettait en cause l'engagement de l'arme nucléaire américaine en Europe. Il refusait par ailleurs que la dissuasion nucléaire française puisse être placée sous le contrôle des Américains, maîtres incontestés de l'Alliance. De Gaulle pensait en outre que la structure intégrée de l'Alliance engageait la France contre son gré dans les guerres menées par les États-Unis. Depuis, tous les présidents de la République français ont suivi cette ligne gaullienne sans la remettre en cause. Mais certains experts et historiens racontent l'histoire différemment. « De Gaulle a créé le mythe de la différence avec les Américains et ça a pris. Mais en fait, il a quitté l'OTAN parce qu'il voulait en être le numéro 2, il voulait co-diriger l'Alliance avec les Américains. Il en est sorti parce qu'il n'avait pas l'influence qu'il avait espéré avoir. Aujourd'hui, cette influence, on l'a », commente un proche des cercles du pouvoir.

Quarante-trois ans après l'initiative du général de Gaulle, en 2009, Nicolas Sarkozy a mis fin à cette particularité française. Depuis la chute du Mur de Berlin en 1989, l'essence de l'OTAN – garantir la sécurité des pays européens face à la menace soviétique – avait été modifiée par la nouvelle configuration géopolitique. Mais la France, qui depuis 1995 participait à la plupart des opérations de l'Alliance, ne pouvait jamais contribuer à leur élaboration faute d'avoir des généraux au sein des comités suprêmes. En réintégrant l'Alliance, Paris a obtenu deux commandements majeurs de l'OTAN, l'un à Norfolk aux États-Unis et l'autre à Lisbonne. La France, qui n'a jamais renoncé à son rêve de relancer l'Europe de la Défense, a pu ainsi lever le soupçon permanent entretenu par tous les présidents américains sur ce sujet.

La décision a par ailleurs favorisé le rapprochement avec la Grande-Bretagne, le meilleur allié européen de Washington, qui a toujours nourri une méfiance extrême vis-à-vis de la défense européenne. En fait, la décision, si elle a été finalisée par Nicolas Sarkozy, est l'aboutissement d'un long processus. Avant lui, François Mitterrand puis Jacques Chirac avaient envisagé la même chose en échange d'une redistribution des responsabilités politico-militaires qu'ils n'avaient pas obtenue.

Qu'est-ce que cette réintégration a changé pour les armées françaises ? Pas grand-chose, affirment ceux qui se méfient de Washington et considèrent que l'OTAN demeure « le faux nez des Américains ». « Elle a eu de nombreux effets positifs », rétorquent les autres, ainsi que les officiers qui ont été envoyés dans les chaînes de commandement et qui peuvent désormais influencer le processus décisionnel. « C'est un investissement pour l'avenir. L'OTAN est une formidable école, qui nous a donné des compétences supplémentaires »* dit l'un d'eux, après avoir passé plusieurs années à Bruxelles. La machine otanienne a appris selon lui aux officiers français à travailler en coalition, avec des alliés. « L'OTAN est aussi une école de modestie. Pour les Français qui ont souvent le melon, c'est utile. L'Alliance permet de nous ouvrir aux autres, à des mondes différents », poursuit-il. Elle sert aussi aux renvois d'ascenseurs. « Pendant l'opération Serval au Mali, les Français ont eu besoin des avions et des hélicoptères de leurs alliés. Ces derniers les leur auraient-ils prêtés si Paris n'était pas revenu dans le commandement intégré de l'OTAN ? »

Finalement, en réintégrant le commandement militaire de l'Alliance, la France a surtout gagné en influence et en crédibilité. La décision n'a pas empêché Paris de prendre des décisions solitaires, comme le départ précipité des troupes françaises d'Afghanistan décidé par François Hollande en début de mandat. Si l'opposition de la France à la guerre en Irak menée en 2003 par les Américains devait se reproduire, la France pourrait donc encore l'assumer aujourd'hui.

Depuis l'arrivée de Donald Trump à la Maison Blanche, l'OTAN est cependant devenue une organisation incertaine, dont les missions et la fiabilité sont fragilisées par la politique du président américain, qui a d'abord considéré, avant de se raviser, qu'elle était « obsolète ». Aujourd'hui la capacité de réaction de l'OTAN paraît indexée sur les tweets de Donald Trump. L'agressivité de sa politique vis-à-vis de l'Europe a enfoncé un coin dans les relations transatlantiques et dans la famille occidentale. Cette nouveauté fragilise le cœur de la défense européenne. Comme le fragilise le durcissement de la politique étrangère de la Turquie, l'un des principaux pays de l'OTAN, qui s'est par ailleurs rapproché de la Russie.

La fin du modèle occidental ?

De toutes les récentes interventions militaires occidentales, l'opération Serval fait figure de modèle. En intervenant au Mali en janvier 2013, les armées françaises ont évité que la capitale Bamako ne tombe aux mains des djihadistes, qui fonçaient sur elle comme le rapace sur sa proie, au volant de leurs pick-up lancés à pleine vitesse. Serval a été unanimement saluée. En France mais aussi à l'étranger, on a applaudi une décision politique « courageuse » et rendu hommage à une opération militaire dont l'efficacité et la finesse ont bluffé les responsables militaires américains. « Serval ? C'est l'opération militaire occidentale la plus réussie depuis la crise de Suez », s'enthousiasme, encore aujourd'hui, un diplomate très au fait des affaires militaires.

Pourtant, le modèle militaire a lui aussi atteint ses limites, politiques. Depuis 2013 la situation s'est dégradée dans l'ensemble du Mali. Le Nord s'enfuit, le Centre sombre dans le chaos, le Sud vit sur ses rentes. « Quand on n'entend plus le cri des enfants dans les cours d'écoles, quand on voit les petites filles qui vont chercher de l'eau au puits pendant que les garçons vont dans les écoles coraniques, on se dit qu'on a raté quelque chose », commente un officier qui a servi au Mali. Et si les djihadistes ont été tenus éloignés de Bamako, ils prospèrent là où ils peuvent remplir les vides. En 2014, Serval a été remplacée par Barkhane, dont la mission rayonne dans tout le Sahel (Tchad, Niger, Mali, Mauritanie, Burkina Faso). Mais comment contrôler avec seulement 4 000 hommes une zone grande comme l'Europe, là où la KFOR, la force multinationale de l'OTAN au Kosovo, en avait envoyé 50 000 à la fin des années quatre-vingt-dix pour sécuriser un territoire minuscule de 10 000 kilomètres carrés ? Que s'est-il passé ? La France a-t-elle commis des erreurs ?

Le général Ménaouine a été chef d'état-major de la Minusma, la force des Nations unies au Mali. Ce poste stratégique lui a donné à la fois une distance vis-à-vis de l'intervention française et une vision globale de la situation. Il raconte : « Tout l'effort des Français a été porté au nord. Là, grâce à notre supériorité technologique, notamment en termes de renseignements, les frappes et les actions contre les djihadistes ont été efficaces. On espérait que le centre, beaucoup plus peuplé, pourrait être stabilisé plus rapidement. Mais ça ne s'est pas passé comme ça*. » Cinq ans après le déclenchement de l'opération Serval, les islamistes y ont développé leur influence et imposé leurs écoles coraniques. De son expérience malienne, le général Ménaouine a tiré une conviction : « Tant qu'on n'investira pas davantage dans le développement, tous les efforts militaires seront vains. Il nous manque dans le Sahel une approche globale. Ce qu'il faut c'est offrir aux jeunes de Mopti, au centre du Mali, des raisons de ne pas accepter le djihad et les valises de billets des mafieux locaux. »

Après la victoire militaire de Serval, l'Élysée a poussé pour organiser le rétablissement du processus électoral. « La France a organisé des élections trop rapidement, alors que l'État malien n'avait pas recouvré sa souveraineté sur tout le territoire »*, estime le spécialiste Antoine Glaser, fondateur de *La Lettre du continent.* À l'époque, François Hollande a soutenu jusqu'à la tête de l'État son ami Ibrahim Boubacar Keïta, rencontré sur les bancs sacrés de l'Internationale socialiste. Malgré ses méthodes corrompues, son arrogance et son mépris vis-à-vis du nord du Mali, son manque de volonté à développer le pays, Ibrahim Boubacar Keïta a été défendu par les élites politiques françaises, qui apprécient son verbe et sa faconde, la facilité avec laquelle il manie le passé du subjonctif. « C'est là que nous nous trompons ! Nous ne reconnaissons aux Africains de la valeur que quand ils sont comme nous ! Nous avons toujours voulu les transformer en Occidentaux. Mais ça ne marche pas. La France se croit dépositaire du destin du Mali mais il existe au contraire un fossé immense entre nos deux pays. Quant à l'armée française, elle est vue comme une armée d'occupation parce que les Maliens considèrent qu'elle est à la solde du pouvoir corrompu d'Ibrahim Boubacar Keïta »*, commente Laurent Bigot, ancien diplomate français spécialiste du continent africain.

L'ancien diplomate établit volontiers un parallèle entre le Mali d'Ibrahim Boubacar Keïta et l'Afghanistan d'Hamid Karzai. « Comme la communauté internationale compense leurs déficiences et dissimule leurs erreurs, les mauvais leaders restent plus longtemps au pouvoir. Ils touchent, en quelque sorte, une prime à l'incurie ! On devrait au contraire les mettre en face de leurs responsabilités. Au lieu de flatter l'ego d'Ibrahim Boubacar Keïta, on devrait lui tordre le bras ! » C'est aussi l'analyse d'Antoine Glaser. « La seconde erreur, dit-il, fut de déverser des tombereaux d'aide sur Bamako sans contrepartie ni garantie d'efficacité. » Au moment de Serval, les officiers français avaient déjà vu les limites de l'intervention et prévenu que l'action militaire ne suffirait pas à stabiliser le Mali. « Le but de la guerre, c'est de gagner la paix. Mais gagner la paix est souvent la partie la plus difficile. Il n'y a qu'une stratégie pour apporter le bonheur à la population, c'est de coupler la sécurité et le développement. Pour avoir une guerre d'avance, il faut un développement d'avance. Et ce développement n'est pas toujours compatible avec les problèmes budgétaires »*, expliquait récemment le général Pierre de Villiers, l'ancien chef d'état-major.

La crise malienne est quotidiennement nourrie par l'incurie du pouvoir à Bamako, par la corruption des élites locales, par l'ambiguïté des acteurs régionaux, notamment l'Algérie, et par le développement de l'islamisme dont les tentacules enserrent toute la région. Le modèle d'un État unitaire malien a aussi fait long feu. « Le Mali est un empilage d'empires. Le Nord et le Sud se vouent des haines incommensurables. Le wahhabisme progresse à grande vitesse. Nos interlocuteurs, ceux du Nord comme ceux du Sud, nous prennent pour des vaches à lait. Personne n'a de solution miracle », résume un diplomate. Face à ces forces tectoniques qui déstabilisent le Sahel, la marge de manœuvre des militaires français est forcément limitée. « Aujourd'hui, notre principal but est de limiter les dégâts », reconnaît-il. L'opération au Mali est donc un succès militaire mais un échec politique.

Aujourd'hui, Paris mise sur le G5 Sahel, une organisation de coopération régionale entre la Mauritanie, le Mali, le Burkina Faso, le Niger et le Tchad pour stabiliser la situation dans la région. Emmanuel Macron, qui dans le domaine international gère en partie l'héritage de ses prédécesseurs, a tiré les leçons des dernières interventions militaires. Il semble en tout cas convaincu de l'inefficacité relative des opérations militaires quand il s'agit, non de remporter une bataille, mais d'apporter des solutions durables à des crises politiques. Depuis qu'il est arrivé à l'Élysée, il cherche une porte de sortie au Sahel. Il espère que les nouveaux partenaires de la France prendront à terme le relais des 4 000 militaires français. Le G5 Sahel est pourtant une mauvaise solution pour un officier général qui a servi au Mali et le considère comme « un puits sans fond ». « On a fait venir, avec difficulté, plusieurs pays européens dans la Minusma, la mission des Nations unies au Mali et aujourd'hui on leur explique qu'il faut une autre structure ! Le G5 Sahel fait peser un risque d'éviction sur nos partenaires européens. Tout le monde connaît l'aversion des militaires français pour les Nations unies, notamment depuis l'intervention à Sarajevo. Mais la Minusma est déjà dotée de 980 millions par an. Pourquoi demander à l'Arabie saoudite de financer le G5 Sahel ? » Il rappelle en outre que l'actuel patron des casques bleus de l'ONU est un Français et que sous son influence « les règles de tir de la Minusma sont devenues aussi souples que celles de Barkhane ! ».

Si l'on met de côté les interventions dans les Balkans – Bosnie et Kosovo – qui connaissent aujourd'hui une – relative – stabilité, même s'il leur manque encore des solutions politiques durables, la plupart des interventions militaires réalisées par les armées occidentales à l'extérieur de leurs frontières depuis la fin de la guerre froide se sont soldées par des échecs. Au mieux, elles ont permis de juguler la menace pendant un temps, au pire elles l'ont exacerbée. « Si on veut un peu de stabilité, il faut des dizaines de milliers d'hommes pendant très longtemps. Les Balkans sont une victoire militaire que personne ne peut contester. Mais ailleurs, la plupart des conflits internationaux se sont transformés en guerres civiles », constate Frank Ledwidge, du Royal Air Force College, à l'occasion du forum annuel du GMF à Bruxelles au printemps 2018.

L'intervention franco-britannique menée en Libye par la France, la Grande-Bretagne et les États-Unis en 2011 a laissé place au chaos et à l'instabilité. Elle a indirectement encouragé Daech et les mouvements djihadistes, qui ont planté leurs tentes là où l'État, débarrassé de son dictateur, Kadhafi, n'avait plus de prise. En ouvrant la route de la Méditerranée aux migrants, qui ont transformé la Libye en tremplin pour l'Europe, l'instabilité a nourri le développement des courants et des gouvernements populistes en Europe.

En Afghanistan, quinze ans après l'intervention qui a chassé les talibans de Kaboul et malgré la mort de Ben Laden, le pays n'a pas réussi à se débarrasser de ses démons. Al-Qaïda y est toujours présente et les talibans multiplient les attentats meurtriers dans les grandes villes, y compris à Kaboul. « Aujourd'hui, les talibans contrôlent 40 à 50 % du territoire. Nous sommes revenus au point zéro. Et pourtant, on avait mis les moyens ! »* constate Bernard Bajolet, l'ancien patron des services de renseignements extérieurs, la DGSE. La situation se dégrade de manière continue depuis le retrait de la majorité des troupes américaines en 2014. En quelques années, les talibans ont gagné en puissance et en qualité de combat. Soutenus par le régime pakistanais, ils ont créé des unités de forces spéciales dans le sud de l'Afghanistan, avec du matériel sophistiqué qui leur permet de réaliser des attaques de grande ampleur. Ils n'ont jamais contrôlé autant de territoires depuis 2001. Seule la présence américaine restante permet au régime de tenir, en empêchant les talibans de s'emparer des grandes villes. Nul doute, affirment les spécialistes, que si les troupes américaines quittaient le pays, ils reprendraient le pouvoir à Kaboul. Parallèlement, l'État islamique se développe en Afghanistan. La montée du salafisme touche toutes les zones urbaines. Ses racines poussent même dans les universités.

Barack Obama pensait pouvoir s'appuyer, en Irak comme en Afghanistan, sur les armées locales, formées, épaulées, conseillées par les Occidentaux. Mais elles se sont révélées très décevantes, incapables de surmonter leurs divisions et d'éradiquer la corruption. En 2014, quelques mois après que l'ancien président eut annoncé que les troupes américaines ne s'engageraient plus dans des opérations de combat, les troupes afghanes se sont effondrées et les forces spéciales américaines ont dû revenir sur le terrain. Malgré les milliards d'aide investis, elles sont dans un profond état de délitement. Extrêmement corrompue, la police est détestée par la population. Quant à l'armée, elle a rapidement perdu la formation donnée par les Occidentaux. Près d'un tiers des soldats afghans disparaît chaque année, soit en désertant, soit parce qu'ils sont tués ou blessés. L'institution doit se renouveler quasi entièrement tous les trois ans. C'est d'ailleurs à peu près la même histoire au Mali, où les Français comptaient passer le relais à l'armée malienne. Mais ni l'investissement financier, ni la formation n'ont réussi à éradiquer la corruption des forces armées ni à effacer les divisions ethniques qui séparent le nord du sud du pays.

La *Revue stratégique* le dit noir sur blanc : « la période de suprématie occidentale, dans le domaine militaire, est close ». Il n'est pas seulement question des opérations militaires, mais également de l'arrivée sur les théâtres d'intervention de nouveaux acteurs comme la Russie, la Turquie ou l'Iran, qui sécurisent de manière agressive leur périmètre d'influence, en Syrie ou en Crimée par exemple, en installant des systèmes de défense et des missiles. La dissémination des capacités militaires, le mélange fait par les acteurs entre capacités militaires et non militaires, la combinaison de postures classiques et asymétriques, plus ambiguës, posent des défis nouveaux aux systèmes de défense et de sécurité traditionnels. Le nivellement technologique entre adversaires et le durcissement des conflits comme c'est le cas au Sahel, au Levant et en Afghanistan, fragilisent la supériorité occidentale. Elle devient réversible, dans tous les milieux.

Terrestre d'abord. La généralisation des combats en milieu urbain diminue les effets de la supériorité technologique. Aujourd'hui les armées modernes doivent se protéger contre des adversaires asymétriques, qui utilisent des tactiques innovantes durcissant les conditions d'engagement. L'accès, plus facile, aux équipements modernes comme les hélicoptères d'attaque remet en cause le rapport de force jusqu'ici favorable aux forces terrestres européennes. Ces dernières doivent, nous le verrons, reconstruire leur supériorité en rétablissant leur masse critique.

La fragilisation est la même en mer, où le durcissement du spectre et le réarmement naval, l'investissement des acteurs émergents dans des porte-avions et des sous-marins, la prolifération des missiles antinavire et même anti-porte-avions (Chine) modifient les équilibres traditionnels.

Enfin, dans le domaine aérien, la période de suprématie occidentale est sans doute elle aussi close. « La multiplication des dénis d'accès et des interdictions de zones remet en cause la capacité d'entrée en premier et la projection de forces de puissance. Cette sanctuarisation agressive pose problème en cas de montée brusque des tensions, car plus de quarante États possèdent des missiles balistiques et de croisière. Mais elle signifie aussi que l'Occident, dont les valeurs et la supériorité économique et militaire avaient dominé le monde, est en recul », commente un diplomate.

Ainsi, s'ils avaient voulu (ce qui n'était sans doute pas le cas) dépasser le message politique et changer le cours de la guerre en Syrie lorsqu'ils ont mené en avril 2018 des frappes punitives contre le régime qui venait de commettre une nouvelle attaque chimique dans la Ghouta, les Occidentaux – États-Unis, France et Grande-Bretagne – ne l'auraient pas pu. Du moins pas sans risquer une dangereuse escalade militaire avec les puissances militaires engagées en Syrie, et notamment la Russie. Et si Paris a tenu à prévenir Moscou avant les frappes, ce n'est pas seulement pour ménager la susceptibilité politique et diplomatique du Kremlin – qui est grande – mais pour s'assurer que Vladimir Poutine ne mettrait pas en marche sa défense anti-aérienne et éviter tout dégât collatéral au sein des forces russes. Contrer ces postures de déni d'action et conquérir la supériorité aérienne redevient un objectif préalable à toutes les opérations. Cet objectif exige des efforts renouvelés.

La France, cible privilégiée du terrorisme

C'est lui qui a fermé les yeux de Mohamed et Abel, les deux militaires assassinés par le djihadiste Mohammed Merah à Montauban, en 2012. Le père Christian Venard buvait un café juste à côté de la caserne pour réconforter deux veuves dont les maris avaient récemment été tués pendant leur mission en Afghanistan, quand le terroriste a tiré dans le dos et dans la tête des soldats du 17e RGP (Régiment du génie parachutiste) pendant qu'ils retiraient de l'argent à un guichet automatique. Il s'est précipité pour recueillir les derniers soupirs des deux hommes d'origine algérienne, l'un musulman, l'autre catholique, dont les uniformes étaient clairement visés par Mohammed Merah. Les semaines qui suivirent n'ont pas été les plus légères qu'a vécues la caserne de Montauban. « Tous les musulmans du régiment ont dû faire profil bas. Il a fallu être attentif à ce que les choses se passent bien. La question s'est peu à peu apaisée », se félicite le père Christian Venard.

Policiers et militaires sont des cibles privilégiées des terroristes islamistes. Affaire Merah, attaque à la machette près du Louvre en février 2017, prise d'otage et agression à l'aéroport d'Orly en mars 2017, attaque à l'arme blanche devant une synagogue en 2015… En six ans, huit d'entre eux sont morts dans des attentats et dix-huit ont été blessés. Depuis qu'en 2014 un porte-parole de l'État islamique a appelé les djihadistes dans l'un des médias de Daech à viser « les soldats des tyrans, leurs forces de police et de sécurité, leurs services de renseignements et leurs collaborateurs » avec « n'importe quelle arme disponible », les militaires sont régulièrement pris à partie. Ils sont ciblés en tant que représentants de l'État français. Pour favoriser, aussi, la diffusion d'un sentiment d'insécurité dans la population. Mais l'affaire Merah, qui a sonné comme un réveil brutal dans une France épargnée par les attentats depuis ceux du GIA (Groupe islamique armé) algérien en 1995, est symbolique à d'autres égards. Parmi les trois victimes, l'un des soldats, le parachutiste Imad, était musulman. Depuis qu'il est tombé sous les balles de Mohammed Merah, sa mère Latifa Ibn Ziaten, remarquable de courage, de force et d'altruisme, si fière d'avoir élevé ses enfants « dans le respect de la République », consacre son temps et son énergie à lutter contre la radicalisation. Elle a écrit un livre sur son fils : *Mort pour la France.* Depuis l'affaire Merah, la France n'a cessé d'être une cible. Charlie Hebdo et l'Hyper Cacher de la porte de Vincennes en janvier 2015, le Bataclan en novembre 2015, la promenade des Anglais à Nice en juillet 2016 pour ne citer que les attentats les plus spectaculaires.

La guerre à Paris

Avant 2015, le mot « guerre » paraissait déplacé dans une société qui avait perdu l'habitude de souffrir et de mourir dans des combats militaires. À peine entendait-on son murmure, nous l'avons vu, amené par les vents afghans, maliens et levantins. Les Français avaient bien pris conscience que la menace extérieure, qu'ils pensaient assoupie depuis la chute du Mur, s'était réveillée. Les attentats du

11 septembre 2001 contre le World Trade Center avaient sonné comme une alerte, signalant un tournant, un évènement fondateur. Mais c'était de l'autre côté de l'Atlantique. Depuis 2015, les Français savent que leur pays est devenu une cible principale. « Nous avions cru, à force de guerres lointaines, que nous étions invulnérables sur notre sol »* affirme le colonel Michel Goya. Les Français ont compris que la menace émane désormais aussi de chez eux, de l'intérieur du territoire, où depuis des années le monstre grossissait en silence. « Les terroristes sont des islamistes radicaux. Cet islam radical est une idéologie mondiale qui gagne jusqu'à l'Amérique du Sud. Mais certains pays sont plus visés que d'autres. La France notamment », écrit Pierre de Villiers dans *Servir.*

Les responsabilités particulières qu'elle exerce dans le monde, son passé colonial, sa proximité géographique vis-à-vis du Sud, sa grosse proportion d'immigrés issus des pays arabes en font même une cible privilégiée. « Le fondamentalisme musulman a pollué l'espace mental de millions de personnes partout dans le monde depuis des décennies, y compris chez nous. La France est une cible de choix : les djihadistes haïssent ce que nous sommes, nos valeurs, notre démocratie, notre laïcité, les relations entre les hommes et les femmes, notre civilisation judéo-chrétienne », commente l'ancien député socialiste de l'Essonne Malek Boutih, dans *Génération radicale,* une analyse de la radicalité djihadiste parue en juin 2015. Qu'ils frappent des militaires, des policiers, une salle de concert ou un journal, les « terroristes domestiques » se nourrissent, selon lui, « d'une haine profonde de la France ».

Les Français l'ont appris à l'occasion des attentats, l'islamiste radicalisé est désormais caché dans la population. Il a grandi dans ses banlieues, dans ses écoles. Les frères Kouachi et Amedy Coulibaly, responsables des attentats de *Charlie Hebdo* et de l'Hyper Cacher, étaient des enfants de France, élevés dans notre pays. Le terroriste islamiste agit via des réseaux structurés comme au Bataclan ou par l'entremise d'individus isolés comme à l'aéroport d'Orly et sur les Champs-Élysées. Année après année, il consolide son implantation territoriale, qui devient un centre de gravité en Europe. « En France, poursuit Pierre de Villiers, les trois lieux privilégiés de la radicalisation sont la prison, les mosquées radicales et les réseaux sociaux. » Les raisons de l'enracinement de l'idéologie djihadiste sont nombreuses mais elles sont aussi anciennes. « En abandonnant pendant des décennies nos valeurs républicaines et patriotiques, nous avons creusé dans nos pays européens les meurtrières par lesquelles ce courant d'air s'engouffre », dit encore Malek Boutih, l'un des rares à s'être exprimés franchement et tôt sur ce sujet.

Le terrorisme a sonné la fin de l'ordre « westphalien » qui garantissait la sécurité des sociétés à l'intérieur des frontières étatiques. Désormais, l'ennemi peut aussi bien se trouver au cœur de l'Hexagone que très loin de la France, au-delà des mers. Il pratique la guerre asymétrique : les terroristes islamistes utilisent des modes d'action visant à contourner la puissance des Occidentaux. Leurs choix opératoires, qu'il s'agisse d'attaques aux véhicules suicides, d'engins explosifs improvisés ou de drones largueurs d'explosifs, fragilisent les technologies classiques de défense des démocraties occidentales. Et c'est sans compter les actions encore plus extrêmes comme la décapitation d'un chef d'entreprise à Saint-Quentin-Fallavier en 2015, destinées à provoquer la sidération et la terreur dans le pays. L'idéologie mise en avant par le terrorisme islamiste radical est servie par une stratégie globale qui lui permet de porter la violence dans tous les champs : politique, religieux, économique et militaire. Elle a créé des zones grises au cœur du territoire national. Tous les spécialistes le savent : même si les années 2017 et 2018 n'ont pas eu la noirceur des deux précédentes, la guerre intérieure couve toujours. « Notre pays s'est graduellement installé dans une guerre civile larvée », prévient le spécialiste Gilles Kepel dans *La Fracture.* Les années qui viennent s'annoncent sombres. Un responsable militaire redoute carrément « une épidémie de bombes humaines »* dans les grandes villes françaises.

Mais les terroristes islamistes visent aussi la République, son modèle laïc et émancipateur. « Par le choix des cibles, par les discours, les auteurs des attaques ont frappé au cœur de notre modèle républicain, en visant la liberté d'expression, la laïcité, l'unité nationale », écrit Malek Boutih, dans *Génération radicale.* « C'est au cœur de notre pays que se trouve la plus grande adversité, poursuit-il. C'est dans les failles, les déchirures du tissu républicain qu'a grandi et prospéré la haine… Le salafiste a un objectif politique de suprématie religieuse. Il est une cible de choix pour les groupes djihadistes qui cherchent des combattants pour porter le feu au cœur des démocraties. L'histoire de la République l'a démontré : sans cohésion nationale, sans patriotisme, sans volonté de vivre ensemble, nous sommes faibles et exposés. » Cette guerre, prédit-il, va sans doute durer 30 ans. La route sera longue avant que soient terrassés « les nouveaux avatars des totalitarismes du XXe siècle ». « Il faut retrouver le temps long. Et du souffle. » Mais aussi des moyens. En janvier 2015, il avait fallu l'équivalent de deux régiments entre les gendarmes du GIGN et les policiers du RAID pour mettre fin au carnage et maîtriser les terroristes. Ces moyens seront-ils suffisants le jour où les combattants de Daech, français ou francophones, chassés du Levant, rentreront en France s'ils échappent aux radars et aux services de renseignement, pour y porter le feu et entraîner dans leur combat les 15 000 radicalisés – identifiés – que compte le pays ? La Tunisie compte à elle seule 3 500 djihadistes dont on a perdu la trace depuis le recul de Daech en Syrie.

Dans cette guerre nouvelle, la protection de l'armée est indispensable, car le lien est devenu intime entre la sécurité extérieure et la sécurité intérieure. Jusque-là, les armées françaises s'étaient concentrées sur leur première mission, la défense des frontières de la France. Elles doivent aujourd'hui réorienter leur action et se réinvestir sur le territoire national. « Avant, l'armée devait défendre nos frontières. Aujourd'hui, l'ennemi est rentré à l'intérieur de ces frontières. Cette guerre, qu'il faudra gagner, va être longue. Elle se jouera notamment sur le terrain du renseignement. Le but est de déjouer les attentats avant qu'ils n'aient lieu. Et ce n'est pas parce que nous avons pu vaincre Daech au Levant que nous avons détruit l'idéologie de l'islam radical. La question fondamentale est la suivante : Comment empêche-t-on un jeune de basculer dans l'islam radical ? C'est un problème politique »* prévient un officier général.

Des sentinelles contre le terrorisme

En attendant, les militaires français ont investi les rues des grandes villes. « Pendant longtemps notre modèle d'armée n'avait plus l'ambition de défendre le territoire national »* explique le général Daniel Ménaouine, ancien chef d'état-major de la Minusma, l'opération des Nations unies au Mali, chargé par Emmanuel Macron de diriger le groupe de travail sur le « service national universel » (SNU). « Nous avons, et c'était normal, été concentrés sur le Pacte de Varsovie et la peur d'une invasion soviétique. À l'époque le calme régnait en France. Aujourd'hui l'ennemi n'est plus à l'est et nous allons le chercher là où il est, dans cet ailleurs. Nous n'avons plus d'ennemis à nos frontières, mais plus de frontières non plus à opposer à nos ennemis », poursuit-il.

La réponse immédiate de l'institution militaire s'appelle Sentinelle. 7 000 soldats de l'armée de terre qui patrouillent en permanence dans les rues des villes françaises et qui viennent compléter l'action de la police et de la gendarmerie, les forces de sécurité intérieure. En 2015, quand il était chef d'état-major, le général de Villiers avait ainsi résumé la mission de Sentinelle : « Il y a un postulat : les Français veulent être protégés là où ils se trouvent et il est de la mission des militaires d'y contribuer. » Rendue plus mobile après les attentats, elle a gagné en visibilité et en efficacité. Mais au-delà de sa fonction première, rassurer les populations, le rôle opérationnel de Sentinelle est loin de faire l'unanimité. Certains considèrent que les soldats, qui sont régulièrement attaqués, sont devenus des cibles prioritaires et que la mission n'est d'aucune utilité de protection. « Le pouvoir politique est obligé de réagir quand il y a un attentat.

L'armée répond toujours présente. Mais si on additionne Vigipirate et Sentinelle, on s'aperçoit qu'en vingt-deux ans l'institution a dépensé un milliard d'euros et 20 à 25 millions de journées de travail. Or, aucun attentat n'a été évité par cette présence »* constate le colonel Michel Goya. Pendant l'attaque du Bataclan, les soldats de Sentinelle, dont la formation et le matériel ne sont pas adaptés à ce type de risques, ne sont pas intervenus. L'ancien des troupes de marine, également historien des armées, considère que cette somme aurait pu être investie ailleurs pour augmenter la sécurité des Français. « Mais on préfère ce qui se voit », commente-t-il.

Et contre les nouvelles menaces

Les crises migratoires vont-elles faire exploser l'Europe ?

Les nouvelles menaces affluent de toutes parts et bouleversent le tableau classique auquel la France s'était habituée depuis la chute du Mur. Elles avancent parfois masquées et certaines d'entre elles ont été longtemps sous-estimées, pour des raisons idéologiques ou parce que les élites françaises ne les voyaient pas progresser.

Ainsi les flux migratoires, dont les militaires, qui sont plus proches de la réalité, ont pris conscience qu'ils pourraient déstabiliser l'Europe longtemps avant la classe politique. La question a fait l'objet d'un tabou à gauche pendant de longues années. Aujourd'hui le verrou de ce sujet intouchable perd peu à peu ses vis, secoué par les attentats terroristes, par les bouleversements induits par la mondialisation, par le succès du Front national et par le raz-de-marée des courants anti-immigration qui, dans toute l'Europe, professent la colère des peuples. « Une agression du type de celle de l'Allemagne contre la France en 1914 perd en probabilité dans le monde. En revanche, les migrations font peser un grand risque de conflits », s'inquiète le chercheur Philippe Moreau Defarges, dans un colloque à l'École militaire, le 12 février 2018. La question des migrations a fragilisé Angela Merkel, que l'on pensait être le bloc de béton européen, aux élections législatives de 2017, mais qui a payé dans les urnes sa politique de portes ouvertes aux migrants.

Dernière victime en date, l'Italie, qui a porté au pouvoir en mai une alliance entre la Ligue du Nord et le Mouvement Cinq étoiles. Premier pays d'arrivée pour les migrants qui traversent la Méditerranée, l'Italie s'est sentie abandonnée par les autres États de l'Union européenne, qui n'ont fait qu'entrouvrir leurs portes, la laissant seule avec le fardeau. Les électeurs ont manifesté leur frustration dans les urnes. Le ton du gouvernement a été donné tout de suite par Matteo Salvini, le patron des souverainistes italiens devenu ministre de l'Intérieur. « Le bon temps pour les clandestins est fini : préparez-vous à faire les valises », a-t-il prévenu début juin 2018 à Vincenza, dans le Nord. Il a annoncé « un bon coup de ciseaux dans les cinq milliards d'euros » consacrés chaque année à l'accueil des demandeurs d'asile. La question des migrations constitue, de l'aveu de la chancelière Angela Merkel, « un test définitif pour l'avenir de l'Europe ». En fermant ses ports, l'Italie a donné un grand coup de pied dans la table européenne, renversant les couverts soigneusement alignés par les pays dominants de l'Union. Ce coup de théâtre, dont le scénario était pourtant annoncé dans les programmes des partis vainqueurs aux élections italiennes, n'aurait pas dû surprendre à ce point les grands pays européens. Mais comme il avait fallu une crise politique pour convaincre Angela Merkel que sa politique d'ouverture aux migrants était impopulaire, il en a fallu une autre pour rappeler à Paris et à ses alliés que les équilibres sont en train d'évoluer en Europe sur la question de l'immigration. Mois après mois, ils basculent du côté des populistes, des démocraties illibérales, des courants anti-systèmes, des mouvements prônant la fermeture des frontières.

Les premiers à avoir fait front contre les politiques d'ouverture aux immigrants furent les pays de l'est et du centre de l'Union européenne. Ils remettent en cause le modèle multiethnique si longtemps présenté par certaines capitales, notamment Paris, comme un modèle libérateur, enrichissant, que tous se devaient de suivre. La partie orientale du continent, qui a longtemps vécu protégée par les frontières imperméables du bloc communiste, considère en effet les valeurs cosmopolites de l'Union européenne comme une menace, alors que sa partie occidentale, ouverte aux vents chauds de la Méditerranée, estime qu'elles sont au cœur de la nouvelle identité européenne. Les pays de l'Est sont d'autant plus sensibles à la question qu'ils sont eux-mêmes, depuis la chute du Mur, des pays d'émigration. Ainsi la Bulgarie, qui a perdu 20 % de sa population en vingt ans et redoute de voir se dissoudre son identité. En quelques années, les vagues migratoires ont entraîné, de Varsovie à Budapest en passant par Prague et Bratislava – le groupe de Visegrad –, une renationalisation de la politique, mais aussi une résurrection de la ligne de partage entre l'est et l'ouest du continent. Sûre de son modèle, l'Europe occidentale a d'abord multiplié les pressions, parfois de manière indélicate et arrogante, pour faire rentrer dans le rang tous les pays qui le contestent, les menaçant même parfois de sanctions. En vain. Soutenus par les peuples, les nouveaux pouvoirs anti-immigration ont résisté à ce qu'ils nomment les « diktats » de Bruxelles. Ils ont fait échouer la politique des quotas sur laquelle Angela Merkel, qui l'avait imposée de manière autoritaire, avait engagé sa réputation.

La fronde a atteint depuis aussi la partie occidentale de l'Europe. L'Autriche et l'Italie ont basculé. Les mouvements anti-immigration poussent et grossissent partout sur le vieux continent : aux Pays-Bas, en France, en Grande-Bretagne et aussi dans les pays du Nord. Avec l'Italie désormais dans leur camp, ils ont bien l'intention de renverser la vapeur et de dicter à leur tour leur agenda à Bruxelles. Dans ce conflit qui oppose l'Est à l'Ouest, les peuples aux élites, les « démocratures » aux démocraties libérales, la France d'Emmanuel Macron se situe au milieu. À peine élu, le président français s'est rendu dans les pays de l'est de l'Europe. Aujourd'hui l'Élysée voudrait contrôler plus étroitement les frontières extérieures de l'espace européen en renforçant l'agence Frontex et aussi prendre le problème à la racine, dans les pays du Sahel, entraîner l'Europe à trouver des solutions. Mais après avoir laissé l'Italie gérer seule l'afflux des migrants sur son sol et pratiqué trop longtemps la politique de l'autruche sur la question migratoire, l'Union européenne ne paraît pas encore prête à relever ce défi historique.

La plupart des experts considèrent pourtant que le phénomène migratoire n'en est qu'à ses débuts. Selon les projections de l'ONU, la population africaine va passer de 1,3 milliard aujourd'hui à 2,4 milliards en 2050 et plus de 4 milliards à la fin du siècle. L'Organisation des Nations unies prévient aussi que la population mondiale devrait atteindre 8,6 milliards en 2030 et 9,8 milliards en 2050. Après les printemps arabes, la pauvreté et le manque de perspective économique, les conflits au Moyen-Orient et sur le continent africain vont provoquer de nouveaux déplacements de populations dans les années qui viennent. La question du destin de l'Algérie après la mort prochaine de Bouteflika est aussi un sujet d'inquiétude. Ce pays peuplé de quarante millions d'habitants, tournés vers la France et déjà démoralisés par un taux de chômage à 50 %, regardera-t-il lui aussi vers les côtes européennes si la succession du président malade se passe mal ou si Daech profite d'un vide de pouvoir pour se renforcer ?

Dans un livre récent *La Ruée vers l'Europe*, l'ancien journaliste Stephen Smith, devenu professeur d'études africaines à l'université Duke aux États-Unis, donne un avant-goût de ce qui attend le continent européen en matière de migrations dans les décennies qui viennent. L'Europe, dit-il, « va s'africaniser ». C'est la conséquence naturelle du déséquilibre entre les 450 millions d'Européens et les 2,5 milliards d'habitants que les projections annoncent en Afrique pour 2050. « Depuis 1930, la population africaine a été multipliée par huit. 40 % des 1,3 milliard d'Africains aujourd'hui ont moins de quinze ans. 42 % des Africains âgés de quinze à vingt-cinq ans déclarent vouloir partir. L'Afrique, écrit Stephen Smith, est un continent en instance de départ. » Avec les migrants, qui tournent le dos à un continent « en panne », les pays africains se vident de leurs forces vives. « Les

Européens, prévient le spécialiste, ont tort de penser qu'ils rendent service à l'Afrique en ouvrant leurs frontières. »

Sans un plan d'aide au développement de grande ampleur pour retenir les migrants économiques au Sud, l'Europe risque de ne pas pouvoir surmonter la crise. La question migratoire détermine les élections dans les pays européens. Elle fait voler en éclats les consensus dans les partis politiques. Désormais elle pourrait bien déterminer l'avenir de l'Europe, dont elle remet en cause le modèle politique, économique et social. Si l'Union européenne n'est pas capable de défendre sa frontière extérieure commune, l'espace Schengen pourrait s'écrouler. La crise qui s'annonce menace d'emporter avec elle les démocraties libérales et de faire exploser ce qu'a laborieusement construit le vieux continent après la Seconde Guerre mondiale et qui a depuis préservé la paix. Elle est devenue, pour l'Union européenne, une bombe à retardement. Or, qui d'autre que les militaires sera appelé à la rescousse si elle explose ? Déjà, certains en appellent aux armées. « Il faut mettre en place une force d'intervention commune pour frapper militairement les passeurs esclavagistes qui ensanglantent la Méditerranée, déstabilisent l'Europe, et leur imposer un blocus », écrivait sous pseudonyme dans *Le Figaro,* le 13 juin 2018, un haut fonctionnaire français.

La menace est d'autant plus grande qu'elle sera amplifiée dans les prochaines années par le réchauffement climatique, qui augmente la pression sur les disponibilités des ressources critiques, notamment l'eau, nourrit les conflits et pousse sur la route ou sur les mers, aujourd'hui déjà, des migrants de plus en plus nombreux. « Les régions les plus fragiles, notamment la zone Sahel et le Sud-Est asiatique, sont les plus exposées aux aléas climatiques… Ce sont des situations de crises au cours desquelles les forces armées sont naturellement requises en appui des forces de sécurité intérieures »* peut-on lire dans la *Revue stratégique.* L'ancien chef d'état-major Pierre de Villiers ne voit qu'une solution : « Il faut apporter la sécurité et vaincre la pauvreté. Faire du développement et faire disparaître la menace par l'action militaire. Il n'y aura pas de sécurité sans développement et pas de développement sans sécurité. Les deux efforts doivent être simultanés dans l'espace et dans le temps. »

La cyberguerre plus dangereuse que les bombes ?

Imaginez une paralysie des hôpitaux publics parisiens ou des systèmes de communication de l'armée ou de la police. Imaginez que les courriels du président français et de son Premier ministre soient victimes d'un vol massif. Imaginez que les services GPS français, ceux de la météo, les circuits distribuant l'eau et l'électricité en Île-de-France tombent brusquement en panne. Imaginez que les systèmes de sécurité des TGV ou des avions soient victimes d'un sabotage. Ni bombes, ni morts, ni blessés. Mais des dégâts considérables. C'est la nouvelle guerre du XXIe siècle. Une guerre invisible née grâce à la révolution numérique et qui se prépare dans le silence du cyberespace. Cette guerre, en général, ne fait pas de morts et ne provoque pas d'effusion de sang. Mais elle offre un potentiel d'attaques de nature à mettre en péril l'infrastructure globale d'un pays et à paralyser tous les serveurs qui en assurent le fonctionnement. Elle peut porter gravement atteinte aux capacités d'une nation, aussi grande, riche et sophistiquée soit-elle. Comme le terrorisme, elle vise avant tout les civils. Son origine est bien souvent opaque car la diversité des acteurs, des groupes disséminés dans un grand nombre de pays, rend difficile l'identification certaine des responsables et des donneurs d'ordres. Mais elle peut avoir des conséquences stratégiques. Pour la première fois, des acteurs non étatiques comme des hackers peuvent avoir des effets globaux grâce à des piratages informatiques.

Les attaques menées par la Russie pendant les campagnes électorales de plusieurs pays occidentaux en 2016 et en 2017 – États-Unis, France, Allemagne notamment – ont prouvé à quel point cette guerre avait pris de l'ampleur. L'affaire du piratage des courriels du parti démocrate américain en 2016 empoisonne toujours, deux ans après, la relation entre Washington et Moscou. Mais les signaux sont au rouge depuis une dizaine d'années. En 2007, l'Estonie a été victime d'un sabotage informatique, attribué à Moscou par Tallinn et qui a paralysé les activités essentielles du fonctionnement de ce petit État balte, redevenu indépendant en 1991, pendant plusieurs semaines. Depuis, la Géorgie et l'Ukraine ont aussi été ciblées. En 2010, un virus informatique ultra-puissant, baptisé Stuxnet, a été injecté dans les installations nucléaires de l'Iran pour entraver le programme militaire de ce pays, qui voulait se doter de la bombe. Certains ont attribué cette attaque d'un genre nouveau, qui a fait prendre du retard au programme iranien en endommageant ses centrifugeuses, aux États-Unis et à Israël. Mais ce sont WannaCry et NotPetya qui ont servi de signal d'alarme en Occident. La première, une cyberattaque mondiale et massive lancée en mai 2017, a atteint plus de 300 000 ordinateurs dans 150 pays. Elle est à l'origine du blocage, pendant quarante-huit heures, du système de santé britannique. La seconde, NotPetya, attribuée à la Russie, a visé les infrastructures critiques de l'Ukraine en juin 2017. La France, qui en 2015 déjà avait été marquée par une attaque assez spectaculaire contre TV5 Monde, en a ressenti les effets. C'est une particularité des cyberattaques : elles ignorent les frontières et débordent souvent du cadre qui leur était imparti. NotPetya a perturbé le fonctionnement de plusieurs grandes entreprises françaises, comme Saint-Gobain, qui a déploré une perte de chiffre d'affaires de 250 millions d'euros. Quand la bonne marche des hôpitaux est menacée ou que des acteurs économiques de premier plan sont touchés, la stabilité nationale et la sécurité internationale sont affectées.

Les cyberaffrontements augmentent chaque année en nombre, en intensité et en sophistication. La plupart des crises, qu'elles soient intérieures ou extérieures, ont désormais une dimension cyber. Ils deviennent aussi de plus en plus complexes, les auteurs des attaques pouvant être des États ou des acteurs privés. Les cyberattaques peuvent avoir pour but l'espionnage informatique via le vol de données, l'organisation de dénis de service et la paralysie des serveurs visés. Elles peuvent prendre la forme d'un virus destiné à saboter, à détruire ou à extorquer des données et de l'argent. Destinées à déstabiliser leur cible, les offensives servent aussi une logique de propagande politique et de propagation d'idéologies. Grâce aux « fake news », la manipulation de l'information, les intox à grande échelle et la propagande vivent une nouvelle jeunesse. Elles portent atteinte aux cœurs des démocraties. Les attaques informatiques visent également les entreprises, dont elles extirpent les données ou neutralisent les systèmes. Les dégâts sont potentiellement tellement importants qu'on peut dans certains cas les comparer à ceux qui seraient causés par des pilonnages d'armes conventionnelles. Il viendra sans doute un jour, prédisent les experts, où un État répliquera à une attaque informatique par une guerre conventionnelle. Certaines attaques informatiques, en raison de leur ampleur et de leur gravité, pourraient en effet relever de la qualification d'une agression armée et justifier l'invocation de la légitime défense, inscrite dans l'article 51 des Nations unies.

Sur la scène internationale, une dizaine d'acteurs dominent le domaine de la cyberdéfense. Les *Five eyes* (Cinq yeux), qui désignent l'alliance des services de renseignements des pays anglo-saxons : les États-Unis qui accaparent le marché, suivis du Royaume-Uni, du Canada, de l'Australie et de la Nouvelle-Zélande. Mais aussi la Russie, la Chine, Israël, l'Allemagne. La Russie, régulièrement mise en cause dans les campagnes électorales occidentales, a créé sur son territoire des « usines à trolls », c'est-à-dire des fabriques renfermant une multitude de cybersoldats au service de la propagande du Kremlin, qui s'affairent sur les réseaux sociaux et les sites de la presse étrangère pour diffuser des fausses nouvelles, inonder les discussions en ligne de commentaires dénigrant l'Occident et célébrant Vladimir Poutine. La Chine a intégré « l'unité 61398 », une division de hackers, au sein de l'Armée populaire. Cette armée dans l'armée s'est spécialisée dans le piratage à grande échelle des secrets industriels des entreprises américaines et européennes. Certains pays émergents ont aussi acquis des capacités, notamment la Corée du Nord, le Pakistan et l'Iran. Car il est moins cher d'investir dans une cyberattaque que d'acquérir un bombardier !

Le numérique possède un pouvoir égalisateur inédit en politique internationale. Accessible à tous les acteurs bienveillants ou non, il place les groupes criminels sur un pied de quasi-égalité avec des entreprises mondiales ou des grandes puissances. Les acteurs de la cyberguerre profitent en outre, pour l'instant, de la zone de non-droit dans laquelle évolue le secteur. Et pas seulement parce qu'il est parfois très difficile de remonter à la source de l'attaque. Alors que le statut des armes conventionnelles, chimiques, bactériologiques ou nucléaires est régi – plus ou moins bien il est vrai – par les conventions internationales, les cyberarmes, qui pourtant prolifèrent, ne sont pas encore encadrées et régulées par des textes.

Le 4 octobre 2018, les Occidentaux ont désigné la Russie comme étant le principal responsable des cyberattaques de grande envergure qui déstabilisent l'ordre international depuis plusieurs années. Ils ont dénoncé, à l'occasion d'une réunion de l'OTAN, les campagnes de désinformation destinées à « saper les démocraties occidentales ». Ils ont accusé le GRU, les services de renseignements militaires russes, d'avoir mené les principales cyberattaques mondiales de ces dernières années. Et de tenter de saboter les institutions internationales, comme en avril 2018, quand des hackers russes ont essayé de pénétrer l'OIAC, l'Organisation pour l'interdiction des armes chimiques de La Haye, qui participe aux enquêtes sur l'utilisation d'armes chimiques en Syrie et dans l'affaire Skripal (du nom de cet ancien agent double russe empoisonné au Novitchok en Grande-Bretagne au printemps 2018).

La France, qui développe depuis une quinzaine d'années son département cyberdéfense, aimerait aujourd'hui combler le retard qu'elle accuse dans ce secteur. Elle s'est dotée en janvier 2018 de sa première revue stratégique de cyberdéfense, placée sous l'égide du Secrétariat général de la défense et de la sécurité nationale (SGDSN). Elle possède désormais elle aussi des capacités offensives et le bunker du ministère de la Défense à Balard intègre un centre de conduite des opérations informatiques. La France, qui a décidé de consacrer un milliard d'euros à la cyberdéfense d'ici 2019, a dédié à la guerre électronique une force de 3 200 personnes, dont 2 600 cybersoldats, qui seront sous les ordres d'un commandement distinct. Cette nouvelle cyberarmée a trois missions : le renseignement, la protection des réseaux et la lutte informatique offensive. Elle doit permettre au pays de riposter en cas d'attaque cyber qui s'apparenterait à un acte de guerre. C'est une nouvelle composante au sein des armées, dont le statut est comparable à la Direction du renseignement militaire et qui doit permettre à la France de rester maître de son destin.

Quelles seront les prochaines guerres ?

En 2009, la pandémie de grippe avait déclenché une panique en France, où l'on redoutait de ne pas pouvoir contrôler la propagation du virus H5N8. À l'époque, l'armée avait été chargée par la ministre de la Santé de protéger les stocks de vaccins, insuffisants pour traiter toute la population. Recrudescence de la tuberculose, de la syphilis, de la diphtérie, apparition de nouvelles maladies comme Ebola ou le chikungunya : le réchauffement climatique et les déplacements de populations étendent les aires de diffusion de certaines maladies, augmentent et transforment les risques sanitaires. Le service de santé des armées et ses capacités de recherche sont régulièrement mobilisés pour faire face à ce type de situation.

La *Revue stratégique* pointe aussi du doigt les risques d'actions « agro-terroristes » et d'attaques biologiques sophistiquées. Car la multiplication des acteurs non étatiques et des mouvements terroristes n'a pas seulement facilité la diffusion d'armes de plus en plus sophistiquées comme les missiles balistiques ou les missiles sol-air, elle suggère également de nouveaux moyens de faire la guerre contre un ennemi plus fort au niveau conventionnel. En 1995, la secte Aum avait lancé une attaque au gaz sarin dans le métro de Tokyo, qui, même si elle ne fit que douze morts, avait fortement secoué le Japon. Ce type d'attaque terroriste est aujourd'hui l'un des cauchemars des spécialistes des armes chimiques en France.

Paris considère que la guerre en Syrie, en levant le tabou sur l'emploi des armes chimiques dans la guerre, a fait ressurgir un risque que l'on croyait jugulé depuis la Première Guerre mondiale. Le tournant, pour de nombreux experts et responsables français, remonte à août 2013, quand la France, les États-Unis et la Grande-Bretagne ont renoncé au dernier moment à mener des frappes punitives contre le régime syrien pour faire respecter la « ligne rouge » fixée par Barack Obama sur les armes chimiques. Alors que les forces de Bachar el-Assad venaient de commettre un massacre chimique dans la Goutha, la banlieue de Damas, le président américain a fait volte-face au dernier moment après la défection du Parlement britannique, laissant la France, seule en piste et donc obligée de renoncer à son tour. Pour les responsables qui étaient aux commandes à l'époque, ce recul n'a pas seulement affaibli durablement la parole de l'Occident, disqualifié définitivement l'opposition non islamiste à Bachar el-Assad et renforcé Daech, mais il a désacralisé, banalisé l'emploi de l'arme chimique, qu'il s'agisse du sarin, de l'ypérite ou du chlore. « La sanction n'a pas été à la hauteur du tabou que les autorités syriennes ont brisé », regrette un responsable de ces questions au ministère de la Défense.

Depuis, le trio de 2013 a racheté sa parole et tenté de rétablir la dissuasion en lançant des frappes punitives contre des installations chimiques du régime en avril 2018. Mais certains considèrent qu'il est peut-être trop tard pour faire rentrer le génie dans sa boîte. Les groupes djihadistes se sont intéressés à lui. « On n'a plus qu'à serrer les fesses », dit un haut fonctionnaire du ministère de la Défense, qui redoute une attaque terroriste chimique à Paris.

L'armée est donc sur tous les fronts. Pour protéger les Français, elle veut défendre les valeurs du pays, annihiler Daech, rassurer les voisins d'Europe de l'Est, prévenir le développement des armes de destruction massive, réaliser les opérations extérieures que lui confie le président. Elle répond toujours présente. Elle participe à des opérations humanitaires. Elle ramasse les ordures quand les éboueurs font grève, elle nettoie les plages en cas de marée noire comme en 1999 en Bretagne après le naufrage du pétrolier *Erika*. Elle est un recours pendant les inondations : le 24 janvier 2018, des militaires ont à nouveau été envoyés à Villeneuve-Saint-Georges sur Marne pour évacuer des habitants. Certains hommes politiques aimeraient même l'envoyer dans les quartiers nord de Marseille, oubliant à quel point une telle décision serait un écho négatif à la guerre d'Algérie…

Les militaires le savent : on ferait sans doute aussi appel à eux demain en cas d'accident nucléaire ou chimique. « C'est normal : quand tout s'arrête, les seuls capables de se déployer et de fonctionner, ce sont les militaires », confirme le général Ménaouine, ancien chef d'état-major de la Minusma au Mali. « À Kidal au Mali, ils savent où trouver de l'eau et comment installer l'électricité. Ils ont leurs propres réseaux de transmission. Ils peuvent les faire fonctionner même quand il n'y a rien, comme dans la forêt en Guyane par exemple, grâce à d'antiques systèmes à pédales. » Pourtant, il prévient : « Traiter les affaires au loin, c'est bien. Mais il va falloir les traiter aussi chez nous. La menace terroriste est également présente en France. Il faut réinvestir dans la défense du territoire. » Quand le général Ménaouine s'est engagé, l'armée possédait encore 200 régiments. « Chacun d'entre eux, se souvient-il, pouvait décontaminer l'autre en cas de pépin chimique. Tous possédaient cette compétence. » Aujourd'hui, elle a disparu. « Les Japonais, au moment de la catastrophe nucléaire de Fukushima, ont déployé 100 000 hommes pendant quatre mois. Nous ne pourrions pas faire la même chose, car nous n'avons pas assez d'effectifs militaires. Alors, en cas de problème en France, on fait comment ? Tel est l'intérêt du Service national universel qui en préparant nos jeunes participera à l'augmentation de nos capacités de résilience. » L'armée française, selon lui, a trop longtemps fait passer les opérations extérieures avant la défense du territoire national.

Un autre officier se souvient d'une anecdote qui l'a marqué au Sahel. « On a construit un pont Bailey, métallique, à Tassiga, au Mali. Au même moment, les inondations près de Lourdes avaient emporté le pont d'un village. Eh bien, les habitants de la région de Lourdes sont restés trois mois sans pont car la priorité de l'armée, c'était le pont au Mali. Et vous savez pourquoi ? Parce que les militaires français sont mal payés quand ils travaillent en métropole et très bien quand ils sont en opérations extérieures. Le différentiel est si important qu'il mène à ce type de choix. Ce n'est pas pareil aux États-Unis et en Grande-Bretagne, où la différence entre une mission sur le territoire national et une intervention à l'extérieur est beaucoup moins importante. »

Chapitre III
Les politiques et les militaires : une histoire française

De la professionnalisation aux opérations extérieures

La professionnalisation est décidée par Jacques Chirac, qui considère que le service militaire obligatoire ne répond plus aux attentes des armées et du pays. En 1995 en effet, 30 % d'une classe d'âge échappait à l'armée. Le service national était devenu inégalitaire. La dissuasion rendait la nécessité d'avoir des effectifs importants moins indispensable. Et surtout, il était devenu de plus en plus difficile de gérer les appelés au niveau opérationnel. La France l'a vraiment réalisé pendant la première guerre du Golfe, en 1990-1991. François Mitterrand avait chargé l'armée d'intervenir aux côtés des Américains pour chasser les Irakiens du

Koweit. Mais Paris ayant décidé de ne pas envoyer les appelés, l'armée de terre, qui à l'époque pourtant comptait 290 000 hommes, n'a pu fournir que la division Daguet, composée d'environ 13 500 hommes. La conclusion en fut vite tirée : dans les crises, la conscription perdait ses avantages. « La décision de professionnaliser l'armée fut aussi une volonté de serrer la vis. Chirac pensait que la récession guettait la France. L'armée en a fait les frais », se souvient un observateur de cette période.

Les années quatre-vingt-dix furent également celles des Opex, les opérations extérieures. Pendant longtemps, les interventions à l'étranger avaient été destinées à sauver les régimes africains amis de la France. Après les indépendances, Paris avait signé une vingtaine d'accords de défense et de coopération avec ses anciennes colonies africaines. En vertu de ces accords, l'armée française est intervenue à près de quarante reprises sur le sol africain en l'espace d'un demi-siècle. Du sauvetage de Léopold Sédar Senghor en 1962 à Dakar, en passant par celui du pouvoir tchadien en 1969 menacé par le Frolinat, et l'opération Barracuda visant à protéger le régime centrafricain en 1979, les armées françaises ont longtemps été le gendarme de l'Afrique. Depuis que l'ancien président Nicolas Sarkozy a revu à la baisse les accords de défense pour, disait-il, mettre fin à la « Françafrique », le rythme des interventions a été freiné. Il a aussi, parfois, changé d'objectif. Mais il reste une règle : tous les présidents de la République ou presque se sont fait les dents sur l'Afrique, qu'il s'agisse de Valéry Giscard d'Estaing à Kolwezi, au Congo, de François Mitterrand au Tchad, de Sarkozy en Libye ou de François Hollande au Mali.

C'est sous François Mitterrand que les opérations extérieures explosent, notamment avec la guerre du Golfe. À cette occasion, les armées découvrent qu'elles doivent désormais travailler au sein de coalitions, souvent dominées par les Américains. En 1983, pendant la guerre du Liban, deux attentats suicides avaient frappé les contingents américain et français de la force multinationale de sécurité à Beyrouth. Revendiqués par l'organisation du Jihad islamique, les attentats du Drakkar avaient fait 241 morts parmi les soldats américains et 58 chez les parachutistes français. « Cet épisode traumatisant a convaincu les Français qu'il n'était pas toujours judicieux de s'engager dans des opérations multinationales aux côtés des Américains », explique le colonel Michel Goya, spécialiste des interventions militaires. Mais en même temps les armées n'ont guère le choix. Pendant la guerre du Golfe, elles prennent conscience de leurs faiblesses, notamment dans les domaines du renseignement et des moyens de transport. La fin du Pacte de Varsovie augmente par ailleurs la liberté d'action des États-Unis et celle du Conseil de sécurité de l'ONU. « À partir du début des années quatre-vingt-dix, on ne veut plus intervenir directement et seuls. On privilégie les actions indirectes, en appui, comme l'opération Épervier au Tchad ou la participation à l'opération de l'ONU au Liban, la Finul », explique Michel Goya. En 1989, avec la chute du Mur de Berlin, le philosophe américain Fukuyama annonce la « fin de l'Histoire ». « L'idée est alors de remplacer les combats par la négociation. C'est la disparition progressive des guerres traditionnelles », explique l'historien Jean-Pierre Bois. Tous les pays d'Europe renoncent au service militaire. « Tout a changé. La guerre ne se fait plus entre États mais entre petits groupes. »

Commence alors la période des gestions de crise, celle des Casques bleus. Le nouvel ordre mondial appelle un besoin d'ordre nouveau, qui favorise les « opérations de police interventionnistes ». Du Cambodge à la Somalie en passant par la Bosnie, 10 000 soldats français sont en permanence sous les couleurs de l'ONU. Les engagements, et avec eux les coûts, explosent. Mais pour les armées françaises, habituées à travailler de manière libre et indépendante, rappelle Michel Goya, ce fut une période « frustrante », faite de contraintes que beaucoup trouvaient insupportables. Les militaires français gardent un mauvais souvenir de leur période casques bleus à Sarajevo, qui leur liait les mains et les empêchait de combattre. « Quand on est passés sous commandement de l'OTAN, ce fut un soulagement »* commente un officier ayant servi à Sarajevo. Dans les Balkans, en Bosnie puis au Kosovo, l'armée française découvre la guerre urbaine, le combat au milieu des populations. Elle se forge une nouvelle identité. Et elle n'aime pas que sa marge de manœuvre soit contrainte ou limitée par les règles des autres.

C'est aussi la période du droit d'ingérence, porté et poussé par Bernard Kouchner, co-fondateur de Médecins sans Frontières et de Médecins du Monde. L'effondrement de l'URSS donne naissance à l'interventionnisme à l'étranger. Avant, le monde était divisé en deux blocs, dont les frontières, qui paraissaient immuables, empêchaient tout mouvement. Avec la chute du Mur de Berlin, les lignes bougent, des vides se créent, laissant une place, pour la première fois depuis longtemps, à la possibilité d'intervenir militairement, au nom de principes humanitaires. La Russie laissant faire, la France s'engouffre dans la brèche. Mais ce choix politique et diplomatique implique une réorganisation de l'armée. La France agit parfois seule. Son opération Turquoise au Rwanda visait à mettre fin aux massacres, mais elle fut une défaite médiatique. Elle a terni la réputation de l'armée française, qui a trop longtemps soutenu le régime des génocidaires Hutus. « Aujourd'hui encore, regrette Michel Goya, les militaires français paient l'opération Turquoise dont le bilan n'a pas toujours été très glorieux, à cause des décisions prises par les hommes politiques. »

Après les épisodes du Drakkar à Beyrouth et de l'opération Turquoise au Rwanda, les militaires français adoptent une nouvelle posture et « restent en arrière », comme le dit un officier. Ils privilégient les opérations menées au sein de l'Europe. Sauf, bien sûr, quand il faut agir vite, comme en Côte d'Ivoire, où la France, au début des années 2000, monte une force d'interposition pour séparer les belligérants à la demande du gouvernement ivoirien. « Peu de pays sont en effet capables d'agir aussi vite dans le monde, surtout en Afrique », rappelle Michel Goya. Mais à son tour, la force d'interposition Licorne s'enlise en raison de l'indécision des hommes politiques, divisés sur le camp à soutenir. « La crise a été résolue quand on a choisi un camp », explique Michel Goya. En l'occurrence, ce fut celui d'Alassane Ouattara, qui avait gagné les élections en 2010 mais à qui le président Gbagbo refusait de laisser le pouvoir.

En 2001, l'intervention en Afghanistan est d'abord mue par des considérations diplomatiques. Il s'agit de montrer la solidarité de la France avec les États-Unis, après les attentats du World Trade Center, le 11 septembre 2001. Mais les Américains peinent à définir une stratégie. Ou plutôt, ils mènent en Afghanistan deux politiques, donc deux guerres différentes, celle du ministère de la Défense et celle du Département d'État. Lorsque la France s'engage vraiment en Afghanistan en 2008, sous l'impulsion de Nicolas Sarkozy, elle renoue avec la guerre, dans un contexte nouveau de contre-insurrection. « L'Afghanistan a structuré l'armée française. C'est là-bas qu'elle redécouvre la guerre, les opérations de combat »* commente le colonel Michel Goya.

Quand François Hollande arrive à l'Élysée « On s'est d'abord dit qu'on allait s'emmerder », se souvient-il. Le contexte budgétaire est celui de la crise depuis les années quatre-vingt-dix. Le nouveau président français ne connaît pas les sujets internationaux. Le président du Conseil général de Corrèze n'a a priori aucune appétence pour les interventions militaires. « Mais en fait, il s'est jeté sur les conflits et sur l'armée comme la vérole sur le bas clergé breton »* commente un parachutiste. Il revêt tout de suite ses habits de chef de guerre, qui sont finalement ceux qui lui siéront le mieux, et déclenche l'opération Serval au Mali moins d'un an après son arrivée au pouvoir, en janvier 2013. « Serval a inauguré un nouveau cycle d'intervention que nous, les militaires, n'avions pas anticipé », se souvient Michel Goya. Le quinquennat de François Hollande renoue avec les opérations africaines, notamment en République centrafricaine. Les militaires français sont à nouveau en première ligne. Ils sont d'autant plus volontaires que les solutions alternatives, comme l'Eufor, la Force de l'Union européenne, ont montré leurs limites. En Europe seule l'armée française a encore l'énergie de se projeter à l'extérieur de ses frontières. Les forces britanniques ont été victimes d'un burn-out après avoir enchaîné l'Irak et l'Afghanistan, où elles ont perdu plusieurs centaines d'hommes.

En RCA, l'opération de stabilisation traîne en longueur « car elle n'est pas dotée de suffisamment de moyens ». Les objectifs de Serval, beaucoup plus clairs, sont vite remplis par les armées françaises. Mais aucun sas de sortie n'a été prévu par les responsables politiques et les pays de la région. Enfin, la France s'engage en Irak, puis en Syrie contre l'État islamique. La contribution française est marginale, puisqu'elle ne représente que 5 % des frappes aériennes. Mais elle est symboliquement très forte. Les pouvoirs politique et militaire se rapprochent. « La multiplication des Opex depuis les années quatre-vingt-dix et les spécificités des institutions de la Vᵉ République ont favorisé une "contiguïté" des relations au sommet de l'État entre le pouvoir politique et la haute hiérarchie militaire comme jamais dans l'histoire et comme jamais dans un autre pays »* commente Louis Gautier, l'ancien secrétaire général de la défense et de la sécurité nationale.

Des querelles de grands hommes

« Clemenceau aurait dit : "La guerre est une affaire trop sérieuse pour la laisser aux militaires." Certes. Encore faut-il que les civils s'y intéressent »* dit le général Michel Yakovleff, officier de Légion et ancien représentant du Commandant suprême des forces alliées en Europe (SACEUR) auprès du Comité militaire de l'OTAN.

Depuis le général de Gaulle, les officiers se sont toujours tenus éloignés du pouvoir politique. À tel point qu'un ancien chef d'état-major avait tracé une frontière entre les quelques centaines de mètres qui séparaient ses bureaux boulevard Saint-Germain de ceux du ministre de la Défense. « Quand j'allais à l'Hôtel de Brienne, j'allais chez l'ennemi »* se souvient-il. Les choses sont bien différentes aux États-Unis, où Donald Trump a ouvert grandes les portes du pouvoir aux généraux, s'entourant de militaires. Ils ont formé jusqu'à un tiers de son cabinet, soit 8 membres sur 24, dont deux personnages clés de la sécurité du pays, les généraux Jim Mattis (Défense) et McMaster (Sécurité nationale), ce dernier ayant été limogé au printemps 2018. « De la relation sacralisée qui existe entre la vie de la nation et l'existence des armées, procède également une complète *dépolitisation de l'institution,* le lien entretenu avec la France transcendant la fidélité à un régime particulier. Cet apolitisme militaire s'ajoute à la forte soumission au politique déjà évoquée. Il n'est cependant pas exclusif d'une interrogation récurrente sur la *légitimité des missions* et des ordres donnés par l'autorité politique », note le chef d'état-major François Lecointre dans un article sur la culture de l'armée paru dans la revue *Inflexions.*

La formation du chef des armées est ce qui installe un président de la République dans la fonction.

L'acte fondateur, très solennel, c'est la transmission des codes nucléaires et de la dissuasion. Un acte quasi sacré effectué par le chef d'état-major particulier de l'Élysée, au PC Jupiter, le poste de commandement impénétrable, dans les sous-sols de l'Élysée. « C'est le moment où le nouveau président de la République prend conscience qu'il a le pouvoir de décider de la vie ou de la mort. Un énorme poids s'abat brusquement sur ses épaules »* commente un officier général aujourd'hui à la retraite.

Le général Jean-Louis Georgelin, qui occupa ce poste auprès de Jacques Chirac, résume avec sa verve habituelle et sa grosse voix ce que ressent à ce moment précis de la transmission le nouveau chef de l'État. « Un militaire arrive, qui n'est pas de votre monde. Il ne parle pas comme les autres. Il vous raconte qu'en tant que président de la République, vous êtes le seul à pouvoir donner l'ordre de tirer les seize missiles nucléaires embarqués par des sous-marins lanceurs d'engins. Et voilà les dégâts qu'ils peuvent faire. Cette responsabilité distingue le chef d'état-major des autres personnalités de la République. Il est en charge de l'essentiel », explique-t-il.

La prise de conscience de cette responsabilité particulière qui incombe au président, qui est aussi le chef des armées, est l'un des moments les plus importants de sa vie politique. Elle modifie son rapport à la chose militaire pour tout son quinquennat. « Ce jour-là, le chef de l'État tout juste élu comprend qu'un chef d'état-major des armées est un fonctionnaire différent des autres. Cela explique pourquoi on ne doit pas le traiter comme les autres »* ajoute un officier général. Cela explique aussi pourquoi il ne peut y avoir, à l'Élysée, aucun président « normal » ou ordinaire. Souvent, les présidents élus arrivent à l'Élysée remplis de scepticisme vis-à-vis de la dissuasion nucléaire. Ce fut le cas de François Mitterrand et de Nicolas Sarkozy. « Mais à partir du moment où on leur présente ses enjeux et qu'ils ont entre les mains les codes nucléaires qui garantissent la puissance de la France, ils changent d'avis »* raconte un amiral. Emmanuel Macron, raconte une source qui a assisté à cette scène presque sacrée, « n'a été ni surpris ni choqué par la transmission des codes nucléaires. En fait, il s'était préparé à ce moment et la chose militaire depuis longtemps. On n'a pas besoin d'être militaire pour comprendre les affaires de la guerre. »

Lui qui avait tant de mal à inspirer le respect dans son pays a été salué, le 3 février 2013, comme un héros, celui de Tombouctou libéré, trois semaines seulement après le début de l'intervention française au Mali, déclenchée pour faire barrage aux islamistes. Les armées françaises, leur expérience, leur savoir-faire, le sacrifice de leurs soldats avaient permis à François Hollande de devenir un chef de guerre. « C'est le plus beau jour de ma vie... politique », dira-t-il en conclusion d'un discours prononcé aux côtés du président malien.

C'est la puissance de l'armée qui garantit la grandeur de la France. Les présidents français doivent beaucoup aux militaires mais ils ne s'en rendent pas toujours compte. Même quand les relations sont exemptes de conflits, il est parfois difficile de faire se rencontrer deux mondes qui se rejettent comme des aimants. Les hommes politiques, qui raisonnent à court terme, sont plus intéressés, plus froids et plus intellectuels mais aussi plus libres et indépendants et les militaires, qui doivent obéissance à leur chef et qui, parce qu'ils ont accepté de mourir pour la France, privilégient la cohésion, la confiance, la solidarité, l'efficacité et le temps long…

De Gaulle et les généraux

« *Cedant arma togae* », « Que les armes cèdent à la toge ». Depuis Cicéron, cette sentence s'emploie pour signifier la supériorité du pouvoir civil sur celui des armes. Dans l'histoire militaire, de Gaulle restera comme celui qui a désactivé le rôle politique de l'armée, fait rentrer de force les généraux dans leurs casernes. Il est le dernier chef d'État français à sortir des rangs des officiers supérieurs. « Après une entrée en matière tumultueuse (mai 1958, avril 1961), la Ve République a permis aux relations politico-militaires de prendre un tour nouveau. Mais 1968, puis mai 1981, ont confirmé cette nouvelle donne, les cohabitations aussi à leur manière. La France est devenue une démocratie apaisée, comparable aux États-Unis ou au Royaume-Uni. Aujourd'hui, plus personne ne redoute ou n'espère un coup de force militaire. Il n'est plus d'officiers généraux pour incarner un possible homme providentiel »* explique l'historien Philippe Vial, maître de conférences en histoire contemporaine à l'Université Paris 1 Panthéon Sorbonne, détaché auprès de la Direction de l'enseignement militaire supérieur. Il n'en reste pas moins que la France est le seul grand pays occidental à avoir fait l'expérience de deux coups d'États militaires. Un « coup d'État démocratique » ou « coup d'État de velours » réussi, magnifique opération politique qui aboutit au retour au pouvoir du général de Gaulle, le 29 mai 1958, qui après avoir forcé le passage est appelé par le président René Coty pour constituer un « Gouvernement de salut national », alors que l'Algérie brûle. Et un coup d'État raté en 1961. L'Europe avait connu la Révolution des œillets qui avait porté les militaires au pouvoir en 1974 au Portugal et la dictature des colonels en Grèce en 1967, mais jamais un pays fondateur de l'Europe n'avait été emporté par de tels élans putschistes.

La tentative de putsch d'avril 1961, conséquence de l'impulsion majeure donnée à la politique algérienne de la France par de Gaulle, a laissé des traces indélébiles dans les rapports entre le politique et le militaire. Elle eut des répercussions importantes et durables au sein de l'armée. La reprise en main des armées fut rapide, violente, intégrale. « Une vraie castration », se souvient un officier général. Du jour au lendemain, une véritable chape de plomb a été imposée par de Gaulle sur les forces armées, qu'il s'agissait de remettre au pas. « Taisez-vous dans les rangs et fermez vos cerveaux ! Quand je suis entré dans l'armée en 1965, l'ambiance était glaciale. La reprise en main visait à empêcher toute nouvelle tentation des armées à refaire de la politique. Elle a été radicale et a duré très longtemps »* se souvient un général de l'armée de terre, aujourd'hui à la retraite. De Gaulle interdit même aux militaires de défiler, en France, « à la para », c'est-à-dire en levant les bras à angle droit.

220 officiers furent relevés de leur commandement et 114 traduits en justice. Le groupement des commandos de l'air et trois des régiments qui avaient pris part à la tentative de coup d'État furent dissous par de Gaulle. Environ un millier d'officiers hostiles à la politique du gouvernement ou solidaires des putschistes démissionnèrent dans les mois qui suivirent, soit environ 3 % des officiers d'active de l'armée française. Aujourd'hui encore, les militaires français ne s'expriment guère sur l'Algérie.

De Gaulle fut le dernier militaire à avoir assumé le rôle d'homme providentiel, en se dressant contre le « quarteron » en avril 1961. Quand il sera contesté dans la rue par les manifestants en 1968, il renoncera à reprendre l'initiative en s'appuyant sur l'armée. Il considère que l'armée ne peut plus et ne doit plus constituer une part de l'équation politique. « Un an plus tard, en avril 1969, il quittera volontairement le pouvoir après un référendum perdu, enterrant définitivement les suspicions césaristes qui avaient accompagné son itinéraire depuis juin 1940 »* commente l'historien Philippe Vial. En une dizaine d'années, la France a donc rompu avec cette politisation latente de l'armée, redoutée ou espérée, qui avait caractérisé la vie nationale depuis la Révolution. « Ce fut un changement de culture politique, affirme l'historien Philippe Vial. Désormais, le recours à l'armée n'est plus considéré comme un possible. »

L'Algérie aura servi de leçon et d'exemple. « Pour s'y être brûlé les doigts, les militaires sont devenus très républicains. Ils ont trinqué à la place des politiques, qui pourtant avaient couvert l'usage de la torture. Ils ont intériorisé le fait que l'armée ne devait plus avoir de rôle politique. Je n'en dirais pas autant de certains hommes politiques, issus de courants minoritaires, qui pensent encore, de manière bien imprudente, qu'un militaire, homme providentiel, peut diriger la nation », commente un observateur de la scène militaire.

VGE et les appelés

Le 16 mai 1974, entre les deux tours de l'élection présidentielle qui opposait François Mitterrand à Valéry Giscard d'Estaing, « l'Appel des

Cent » est publié simultanément dans *Libération* et dans *Rouge*, l'hebdomadaire de la Ligue communiste révolutionnaire. Signé par cent appelés, il revendique des hausses de salaires et la liberté d'expression politique. Il prend peu à peu de l'ampleur : en août, le cap des 2 000 signataires est franchi. En 1976, 5 à 6 000 soldats l'auront signé. La répression menée par la hiérarchie militaire, qui multiplie les arrêts de rigueur et les mutations disciplinaires, ne fait qu'attiser le mouvement. Encouragés par des groupuscules d'extrême gauche, des comités de soldats se mettent en place. À l'époque, l'armée était impopulaire. Le général Bentégeat s'en souvient. Il était jeune commandant et 103 de ses appelés sur 104 avaient signé l'appel. « L'Appel des Cent a bien secoué les armées. Les Français n'aimaient plus l'institution. On ne se promenait plus en uniforme dans la rue car on risquait d'être agressé. Les armées conventionnelles étaient misérables parce que tout l'effort était consacré à la dissuasion nucléaire. Elles s'équipaient dans les surplus de l'armée américaine, qui dataient de la Seconde Guerre mondiale*. » C'est l'arrivée du général Marcel Bigeard, nommé par VGE en 1975 pour calmer le malaise au sein des troupes, qui remettra l'armée en ordre de marche en revalorisant la condition militaire. Bigeard réorganise les commandements et obtient une augmentation conséquente du budget de la Défense. Henri Bentégeat s'en souvient. « L'effort financier consenti pour les forces conventionnelles leur a redonné une vraie fierté. »

Mitterrand et les anticommunistes

En 1981, les équilibres militaro-politiques sont à nouveau testés. La gauche arrive au pouvoir et des ministres communistes entrent au gouvernement. Pour la première fois depuis l'épisode algérien, l'hypothèse d'un putsch ressurgit dans certains esprits. Cet évènement politique majeur a provoqué « plus de craintes et de tensions qu'on ne l'a dit »* se souvient un officier général. L'inquiétude des civils et des politiques est basée sur les déclarations de nombreux officiers, dont le patron de Navale, qui assuraient qu'ils démissionneraient en cas de victoire de François Mitterrand, même si finalement peu joindront le geste à la parole. La peur est aussi nourrie par l'actualité latino-américaine. Dans les années soixante-dix, une série de coups d'État militaires a porté au sommet de l'État des gouvernements déterminés à éradiquer les forces de gauche. La Grèce des Colonels est un autre contre-modèle.

François Mitterrand, qui s'est investi dans la dissuasion nucléaire dès son arrivée à l'Élysée, réussira finalement, sans trop prendre de risques, à maintenir les équilibres au sein des armées. Il n'a jamais vraiment fait confiance aux militaires, dont il considérait qu'ils avaient deux loyautés, leur corps et les institutions. « Mais il a assez vite trouvé ses marques avec l'armée. Il n'avait guère d'intérêt pour les considérations techniques, mais en 1987 il a quand même réalisé quinze déplacements consacrés à la défense ! »* explique le sociologue et philosophe Jean-Pierre Le Goff. C'est lui, poursuit-il, qui a fait installer la tribune du 14 juillet à la Concorde, « un trône royal où dominait son profil romain sculpté, magnifique ». Cette enceinte, se félicite le général Georgelin, « où même Nicolas Hulot met une cravate ! »* « Le président de la République, poursuit-il, ne se sent jamais autant président que quand il est assis sur ce trône. » C'est finalement avec un civil, le ministre de la Défense Jean-Pierre Chevènement, que la corde fut rompue, quand il démissionna pour protester contre la participation de la France à la première guerre du Golfe en 1991. Huit ans plus tôt, il avait eu ces mots passés depuis à la postérité : « Un ministre, ça ferme sa gueule. Si ça veut l'ouvrir, ça démissionne. »

Sarkozy et Surcouff

« Un épiphénomène qui n'a laissé aucune trace ! Ce fut une piqûre de moustique qui n'a pas provoqué de tensions dans les armées. Si la tribune était parue avant la publication du Livre blanc, oui, cela aurait pu relancer le débat. Mais là, les jeux étaient faits, la bataille était terminée*. » C'est ainsi qu'en parle le général Jean-Louis Georgelin, qui à l'époque était le chef d'état-major des armées françaises. Et pourtant... Quand des officiers anonymes ont publié une tribune critique dans *Le Figaro* pour protester contre le rabot financier appliqué par Nicolas Sarkozy à la Défense, qui faisait dangereusement baisser les crédits des armées et réduisait considérablement leur format, la tension, à l'été 2008, était palpable à l'École militaire comme elle l'était d'ailleurs dans certaines rédactions. Dans leur texte baptisé « Surcouf », comme le corsaire, dont la statue en bronze trône toujours sur les remparts de Saint-Malo, des officiers généraux attaquaient violemment la cure d'austérité imposée aux armées par le nouveau Livre blanc. Ils dénonçaient ses incohérences : la baisse des efforts de défense alors que les crises internationales se multipliaient, que les budgets militaires augmentaient partout dans le monde et que le chef de l'État prétendait faire de l'Europe de la Défense une priorité de la présidence française de l'Union européenne. Ils redoutaient un « déclassement militaire ».

Le climat de défiance entre l'Élysée et les armées n'avait pas été si détérioré depuis longtemps. Si Jacques Chirac était considéré dans le milieu comme un « fana mili », qui aimait la musique militaire, Nicolas Sarkozy avait la réputation de préférer les policiers. Il fut le premier chef d'État français à ne pas avoir connu la guerre. « C'était une vraie rupture »* se souvient un officier général. La défiance était d'ailleurs réciproque. Face à ce président étranger à la culture militaire, qui fit un service jugé « médiocre », les militaires étaient sceptiques. Les 54 000 postes supprimés dans les armées ainsi que l'effort financier énorme qui leur était demandé ne passaient ni chez les gradés, ni chez les soldats du rang. « La réforme de l'armée et la baisse considérable des effectifs ont failli casser complètement nos forces conventionnelles, de manière définitive »* commente l'ancien chef d'état-major Henri Bentégeat.

Mais c'est aussi le style et la méthode qui les hérissaient. « Nicolas Sarkozy s'ennuyait dans les prises d'armes et le montrait. Il demandait souvent de raccourcir les cérémonies. Il prenait trop de libertés avec la manière dont doit se tenir un chef d'État sous les ors de la République »* se souvient un responsable militaire en poste sous le mandat de Nicolas Sarkozy. Il se remémore aussi une étape à Douchanbé, la capitale du Tadjikistan, sur le chemin de l'Afghanistan. « Il avait mal dormi dans l'avion. Il a refusé de serrer les mains et d'honorer les troupes. Nous étions extrêmement choqués. En fait, il n'a jamais aimé les militaires. » Henri Bentégeat était le chef d'état-major particulier de François Mitterrand quand Nicolas Sarkozy était ministre du Budget : « Certains ministres ignoraient les chefs militaires, les traitant comme s'ils étaient des gardes républicains, présents seulement pour le décorum », se souvient-il. Les responsables militaires reprochaient aussi au président son « émotivité », qui dictait trop souvent ses décisions.

Ainsi raconte-t-on dans les états-majors que le retrait français d'Afghanistan en 2012 aurait été motivé par un fait divers, la mort par balle, suite à un tir accidentel, du garde du corps de son fils. Fait rarissime dans les armées, le général Bruno Cuche, chef d'état-major de l'armée de terre, a démissionné en juillet 2008, suite à une fusillade accidentelle ayant fait 17 blessés à Carcassonne, au 3e régiment de parachutistes d'infanterie de marine (RPIMa), le mois précédent. Nicolas Sarkozy avait eu une phrase impossible à digérer pour les militaires, qui se dévouent à la patrie et meurent pour la France et ses valeurs républicaines : « Vous n'êtes que des amateurs ! », avait-il lancé.

Le lendemain de la publication de la tribune de Surcouff dans *Le Figaro*, la Direction de la protection et de la sécurité de la défense (DPSD) a été saisie. Très vite convaincu que le service de renseignements des armées ne ferait que le « minimum syndical », l'Élysée a demandé à l'ancienne Direction de la surveillance du territoire (DST), qui dépendait du ministère de l'Intérieur, de démasquer les officiers frondeurs. Les ordinateurs des stagiaires du Centre des hautes études militaires, le Chem, ont été fouillés. Un climat de suspicion et de défiance a régné pendant plusieurs semaines à l'École Militaire. La suite, c'est le général Georgelin qui la raconte : « L'affaire a été close quand j'ai demandé qu'on arrête de fouiller dans les ordinateurs du Chem. »

La tension fut selon lui plus forte entre l'Élysée et les armées un an plus tôt, en 2007, lorsque Nicolas Sarkozy avait invité le colonel Kadhafi, le président libyen, au défilé du 14 juillet, pour tenter de donner corps à ce que beaucoup considéraient déjà comme un « gadget », l'Union pour la Méditerranée (UPM). De nombreux officiers, notamment au sein de l'EMIA, l'École militaire interarmes, n'avaient guère apprécié et le bruit courait que des militaires s'apprêtaient à refuser de saluer le président de la République pendant le défilé militaire du 14 juillet sur les Champs-Élysées. « Nicolas Sarkozy était inquiet. Claude Guéant (secrétaire général de l'Élysée) m'a téléphoné le 13 juillet pour prendre la température. Je lui ai répondu qu'il ne se passerait rien ! Comment peut-on imaginer une telle attitude dans les armées ? »* Il ajoute : « Les armées sont insensibles à ceux qui détiennent le pouvoir. Elles sont loyales et elles défilent toujours devant celui qui est désigné par le suffrage universel ! »

Hollande, les généraux et les CEMA

Preuve s'il en était besoin que l'armée française est apolitique et areligieuse, le maintien du général Benoît Puga au poste de chef d'état-major particulier du président. Il avait été nommé par Nicolas Sarkozy, mais son ancrage personnel dans les milieux catholiques traditionnels avait fait penser à certains qu'il serait incompatible avec l'arrivée d'une équipe de gauche à l'Élysée. « Est-il possible d'imaginer deux hommes plus opposés ? Un ancien trotskiste et un officier tradi tendance intégriste ? A-t-on déjà vu pareille inversion des valeurs ? »* s'amuse un officier. Non seulement le général Benoît Puga a été maintenu à son poste par le nouveau chef de l'État, mais son expérience et sa connaissance des dossiers en ont fait l'une des pièces maîtresses de l'Élysée, qui a multiplié les interventions militaires à l'extérieur des frontières.

Le Mariage pour tous est sans doute l'initiative du quinquennat de François Hollande qui a le plus heurté l'institution militaire, restée de droite et socialement conservatrice. Comme elle a d'ailleurs heurté, dans le civil, la droite conservatrice et les catholiques. Il n'était pas rare à l'époque de croiser des officiers généraux à la Manif pour tous, certains d'entre eux se dissimulant même sous la capuche de leur sweat-shirt. De là à considérer que ce choc de cultures et ce différend puissent donner l'idée à quelques-uns de fomenter un coup d'État contre la République, il y avait un pas de géant que certains ont néanmoins allègrement franchi. « Ceux qui évacuent d'un revers de la main toute possibilité d'un coup d'État militaire en France feraient bien de réviser leurs classiques. Un coup de force est à nouveau imaginable. » C'est ce qu'on pouvait lire à l'époque dans le magazine *Arsenal*, diffusé sur Internet par un groupe maurrassien baptisé Lys Noir.

L'appel intervient alors que les esprits s'échauffent dans les milieux militaires sur fond de rumeurs faisant état d'un fichage, par les francs-maçons, des officiers engagés dans la Manif pour tous et de leurs enfants. Il s'adresse aux officiers « cathos-tradis » choqués par la rupture « civilisationnelle » que constitue selon eux le mariage gay et sont énervés par le poids des francs-maçons dans l'entourage du ministre de la Défense Jean-Yves Le Drian. Le Lys Noir appelait de ses vœux une « révolution des œillets à la française », en référence au coup d'État de l'armée portugaise en 1974. Le mouvement d'extrême droite aurait aimé que « l'armée sorte des casernes pour imposer une solution politique, qui ne viendra ni des urnes ni de la rue ». *Arsenal* désigne même à l'époque ses héros : les généraux Benoît Puga (chef d'état-major particulier du président), Pierre de Villiers (à l'époque numéro deux des armées) et Bruno Dary (ancien gouverneur militaire de Paris). Le top de la hiérarchie militaire, donc, qui tout en représentant la sensibilité « catho-tradi », n'a absolument rien à voir avec le groupuscule d'extrême droite du Lys Noir. Le fantasme, qui n'avait germé que dans l'esprit d'une minorité d'excités, a été enterré aussi rapidement qu'il avait surgi sur internet. L'épisode a néanmoins révélé à quel point l'ambiance, à l'époque de la Manif pour tous, était tendue et clivée dans les armées et dans la société française.

Contrairement à Nicolas Sarkozy, François Hollande manifeste un réel intérêt pour les armées. Officier de réserve pendant son service, il s'est glissé naturellement, dès son arrivée à l'Élysée, dans le costume de chef des armées et aussi dans celui de chef de guerre. Mali, République centrafricaine, Syrie : jamais il n'a paru aussi à l'aise et sûr de lui qu'en envoyant les forces françaises défendre les intérêts du pays à l'étranger. « Il fut un président calamiteux mais il y a un seul domaine où il a réussi à avoir de la hauteur, c'est le militaire »* commente un officier général.

Le quinquennat de François Hollande fut pourtant celui de la reprise en main des prérogatives du numéro un des armées. Une reprise en main violente, qui a laissé des traces. Les décrets de 2005 avaient accordé une certaine autonomie au chef d'état-major par rapport à son ministre de tutelle. Dans l'organisation du pouvoir militaire, le président de la République est le chef des armées. Le chef d'état-major particulier, qui a un bureau à l'Élysée, sert d'interface entre le président et les forces armées. Sous l'autorité du président de la République et du gouvernement, le chef d'état-major des armées (Cema) est responsable de l'emploi des forces et assure le commandement des opérations militaires. Quant au ministère de la Défense, renommé par Emmanuel Macron le ministère des Armées, il prépare et met en œuvre la politique de défense de la France.

À l'époque, il s'agissait donc de faire du Cema une figure centrale. En 2005, la droite avait voulu donner au plus haut gradé les moyens d'exercer pleinement son rôle de « conseiller militaire du gouvernement ». Nicolas Sarkozy n'était pas à l'aise avec la chose militaire. Et pour mettre un terme aux luttes intestines des services, qui défendaient leurs chapelles, il accentue encore les pouvoirs du chef d'état-major des armées. Outre ses responsabilités sur les opérations, celui-ci s'est vu confier autorité sur toutes les politiques touchant aux armées, la programmation des équipements et l'organisation interarmées notamment. Sous Nicolas Sarkozy, le général Georgelin en a bien profité, déployant ses ailes, occupant tout l'espace laissé par la réforme de Jacques Chirac. Il a rempli la fonction jusqu'à devenir l'interlocuteur « privilégié » du président de la République « sur tous les sujets ». Alors que jusqu'à François Mitterrand, dans les années quatre-vingt-dix, les Cema ne voyaient jamais le chef de l'État, les conseils restreints étant réservés aux ministres, le fonctionnement change radicalement. « Dans les conseils de Défense, se félicite le général Georgelin, le président s'adressait au Cema, pas au ministre de la Défense. » « Le Cema, poursuit-il, a pris une place de plus en plus importante. Comme il a souvent été auparavant EMPP (état-major particulier du président), les responsables politiques et l'administration le connaissaient. Il est devenu un personnage très puissant. »

Un personnage qui dérange. « Son influence est apparue insupportable aux grands corps de l'État et aux ministres. On va donc essayer de le gêner », ajoute l'ancien chef d'état-major. Ses successeurs en feront les frais.

Nicolas Sarkozy commence à neutraliser la fonction en nommant boulevard Saint-Germain l'amiral Guillaud, réputé pour son effacement. « Jean-Louis Georgelin a profité au maximum de toutes les attributions nouvelles de 2005. Mais il est sans doute allé un peu trop loin. Il a monté trop haut la fonction. Il a humilié le ministre de la Défense Hervé Morin, disant qu'il n'était qu'un technicien »* se souvient un officier général qui travaillait avec lui. Chef puissant et efficace, dont la grosse voix dissimulait parfois sa grande finesse intellectuelle, le général Georgelin a poussé son influence si fort « que la seule consigne de passage entre la droite et la gauche dans le secteur fut celle-ci : recadrez le Cema ! »* confie un officier général qui exerçait à l'époque un poste de responsabilité. L'équipe de François Hollande signe le retour de bâton. Pour saper l'autorité du chef d'état-major des armées, elle coupe la logique qui consistait à envoyer boulevard Saint-Germain (à l'époque encore siège de l'état-major) l'officier qui avait fait ses armes au cabinet militaire du président.

Sous l'impulsion de Cédric Lewandowski, le très puissant directeur de cabinet du nouveau ministre de la Défense Jean-Yves Le Drian, une chape de plomb s'abat sur les états-majors. Le retour en arrière s'effectue en quelques mois. En 2013, un nouveau décret confie la responsabilité de l'emploi des forces au ministre de la Défense, le chef d'état-major des armées devant se concentrer sur l'emploi des forces opérationnelles. L'année suivante, l'organigramme accompagnant une interview de Cédric Lewandowski choque les états-majors. On y voyait le ministre Jean-Yves Le Drian entouré de sept responsables de la Défense. Parmi eux, un seul militaire, Pierre de Villiers, présenté comme le directeur des opérations. Son grade de général et son titre de chef d'état-major des armées avaient été gommés… Le diable, dit-on, se cache souvent dans les détails.

Le directeur de cabinet de Jean-Yves Le Drian, également très proche des réseaux francs-maçons, n'a eu de cesse de tenter d'écarter les responsables militaires des affaires et de les soumettre à nouveau au ministre. Il l'a fait d'autant plus facilement que Jean-Yves Le Drian est arrivé à l'Hôtel de Brienne avec un poids politique et régional ainsi qu'avec la légitimité d'une longue amitié avec François Hollande. « C'était le seul qui pouvait redonner de la force au ministère, exister sans être un danger politique pour l'Élysée »* assure un observateur. « Lewandowski s'est substitué au Cema, y compris parfois dans le domaine des opérations »* regrette un officier général. Il se souvient aussi avec agacement des réunions opérationnelles organisées sans le Cema, ou des réunions de crise convoquées plusieurs fois par jour par le directeur de cabinet de Jean-Yves Le Drian. « Il fallait toujours être aux ordres. Cesser nos activités toutes affaires cessantes pour obéir à M. Lewandowski. »

Derrière cette confrontation, l'époque a cependant tissé des liens solides entre le ministre de la Défense, qui a su se rendre très populaire dans les armées, et le nouveau chef d'état-major Pierre de Villiers. Ensemble, ils ont résisté avec succès aux assauts de Bercy, le ministère des Finances, toujours à l'affût pour attaquer l'armée. En mai 2014, le ministre, le chef d'état-major et les trois chefs d'état-major des armées ont même menacé tous ensemble de démissionner pour obtenir gain de cause.

Tout au long de son quinquennat, François Hollande, dont le bilan international et surtout guerrier a contrasté avec la médiocrité du bilan de politique intérieure, a toujours su se tenir à l'écart des coups portés contre l'armée par les fortes personnalités de la Défense. Il a renouvelé deux fois de suite à l'état-major particulier le général Benoît Puga. Finalement, la gauche au pouvoir, celle de François Mitterrand avec ses ministres communistes ou celle de François Hollande, davantage tournée vers la social-démocratie, a cohabité sans heurts avec les militaires et les gendarmes.

Macron et de Villiers

Les premiers pas du président de la République ont été ponctués de gestes témoignant de sa volonté d'incarner rapidement son rôle de chef des armées : il a remonté les Champs-Élysées dans un véhicule militaire le jour de son investiture, il a rendu visite aux forces françaises déployées au Mali moins d'une semaine après le second tour de l'élection. Deux mois après son arrivée à l'Élysée, il avait déjà visité les deux composantes de la dissuasion nucléaire, à Brest et à Istres. Pourtant, une crise violente va rapidement éclater avec le chef d'état-major des armées. Elle se terminera par la démission du général Pierre de Villiers le 19 juillet 2017.

C'est la première fois qu'une telle chose se produit dans la Ve République. Certes, l'amiral Patou avait rendu son tablier en mars 1970 pour protester contre la réduction des crédits octroyés à la Marine orchestrée par le ministre de la Défense de l'époque Michel Debré. Trois chefs d'état-major de l'armée de terre ont aussi claqué la porte : les généraux Lagarde en 1980, Delanay en 1983 et Cuche en 2008, les deux premiers pour les mêmes raisons budgétaires. Mais jamais un chef d'état-major des armées n'était arrivé à cette extrémité.

Dans son livre *Servir*, le général de Villiers explique que son geste s'est appuyé sur deux raisons. La première tient au fond. « Je considérais, à l'issue des arbitrages budgétaires, ne plus être en mesure d'assurer la pérennité du modèle d'armée auquel je croyais pour garantir la protection de la France et des Français. Ce modèle reposait sur l'exacte cohérence entre les menaces qui pèsent sur la France et sur l'Europe, les missions de nos armées qui ne cessent de s'accroître et les moyens de les remplir. » Cette cohérence était selon lui menacée par les coupes budgétaires supplémentaires, dont la dernière à laquelle il ne s'attendait pas. Il venait d'être prolongé d'un an quand, lors d'un conseil de défense à l'Élysée, le Premier ministre Édouard Philippe a officialisé une coupe budgétaire inattendue de 850 millions pour 2018, qui rompait avec les engagements préalables du président. Confronté à une contrainte budgétaire qu'il n'avait pas anticipée, le gouvernement a imposé à la Défense de prendre en charge le surcoût des opérations extérieures, grevant ainsi le budget d'équipement des forces pour l'année, reproduisant ainsi le réflexe des quinquennats précédents, que l'on espérait révolu.

La seconde raison tient à la forme. Les mots prononcés par Emmanuel Macron le 13 juillet puis le 14 à la garden-party de l'Élysée ont été particulièrement blessants. « Je suis votre chef. Les engagements que je prends devant nos concitoyens et devant les armées, je sais les tenir et je n'ai à cet égard besoin de nulle pression et de nul commentaire… J'aime le sens de la réserve qui a tenu nos armées où elles sont aujourd'hui… » Pour le Cema, l'humiliation se rajoute à la trahison.

D'autant que le porte-parole du gouvernement, Christophe Castaner, rajoute de l'huile sur le feu en comparant Pierre de Villiers à un « poète revendicatif ». « Depuis le discours du 13 juillet, le lien de confiance entre nous s'était trop dégradé », dit-il pour expliquer son geste. Critiqué publiquement et explicitement devant les représentations étrangères, dont le chef d'état-major américain, et devant les familles des soldats morts au combat, le général de Villiers a considéré qu'il lui était désormais impossible de poursuivre sa mission. Si la pilule est aussi difficile à avaler, c'est peut-être aussi parce que c'est la deuxième fois qu'il se sent trahi par un président de la République. En 2010 déjà, il avait été humilié par Nicolas Sarkozy, qui après l'avoir nommé à son état-major particulier, lui avait au dernier moment préféré le général Puga. Pierre de Villiers avait déjà rangé ses affaires à Matignon où il dirigeait le cabinet militaire de François Fillon. Il avait envoyé ses cartons d'invitation pour sa fête de départ. Il avait mis plusieurs mois à digérer l'affront.

Pierre de Villiers s'était exprimé à plusieurs reprises pour expliquer la situation difficile dans laquelle se trouvent les armées françaises. Il en avait fait souvent l'expérience sous le précédent quinquennat : il sait qu'un rapport de force est le meilleur moyen de faire pencher un pouvoir politique. Il avait toujours dit qu'il refuserait d'être « le fossoyeur des armées ». Or, le modèle était en surchauffe. « Avec 30 000 soldats, marins et aviateurs en posture opérationnelle vingt-quatre heures sur vingt-quatre, nous sommes de facto à plus de 30 % au-dessus de nos capacités opérationnelles. Le modèle permet d'affronter la multiplication des menaces s'il est régénéré maintenant et modernisé entre 2019 et 2025 »* affirme-t-il. Il réclamait des équipements nouveaux, des solutions pour les « grains de sable » qui s'ils ne sont pas retirés peuvent altérer l'efficacité des armées et qui ont souvent « provoqué », dans l'histoire, les défaites françaises. « J'avais une différence de fond avec le président de la République : pour protéger la France et les Français, il fallait une augmentation de notre budget de deux milliards par an dès 2018. » Ce sont deux formules qu'il utilise souvent : « On ne gagne pas une guerre sans effort de guerre » et « Il est impératif d'avoir une paix d'avance ».

Mais le contexte avait changé et c'est cette évolution et ses conséquences qu'il avait sans doute mal évaluées. « Emmanuel Macron a été un candidat malmené pendant la campagne. Quand il est arrivé, il a ressenti le besoin d'avoir une équipe relais, une équipe capable de faire écran. Il ne voulait pas que quelqu'un lui fasse de l'ombre et lui ravisse sa place militaire »* commente un officier qui a vécu la crise de l'intérieur. À peine élu, Emmanuel Macron a voulu briser, déconstruire cette sorte d'État dans l'État qu'était devenu le ministère de la Défense sous la houlette d'un ministre à la fois très compétent, très politique et très proche de l'ancien président mais aussi de son puissant directeur de cabinet à l'Hôtel de Brienne. Le Drian a été muté au Quai d'Orsay. Cédric Lewandowski, chassé de la rue Saint-Dominique. Quant au cabinet, ses effectifs ont fondu comme neige au soleil. Le dispositif sur lequel s'était longtemps appuyé le général de Villiers pour faire barrage aux coupes budgétaires ne fonctionnait plus. Une fois Le Drian et Lewandowski écartés, le Cema s'est retrouvé seul en ligne. Bercy s'est engouffré dans la brèche d'autant plus facilement que l'ancien directeur de cabinet d'Emmanuel Macron quand il était ministre de l'Économie, Alexis Kohler, venait d'être nommé secrétaire général de l'Élysée. « Pendant cinq ans, à Bercy, Alexis Kohler s'était opposé à Jean-Yves Le Drian sur le budget. Ses équipes ont voulu casser les réseaux »* commente un fin connaisseur du dossier. L'assaut a été mené très vite, plaçant le président de la République devant un choix qu'il n'avait sans doute pas anticipé : trahir le chef d'état-major ou arbitrer en sa faveur. Au passage, le chef d'état-major particulier (CEMP) du président avait aussi été rétrogradé dans l'ordre protocolaire, passant de la deuxième à la troisième place, même si ce changement n'a pas entraîné de déclassement fonctionnel, le CEMP ayant au contraire conservé l'importance accrue dans la hiérarchie politico-militaire acquise au cours des dernières années. Le président français voulait cependant faire table rase du passé dans le secteur, se séparant l'un après l'autre « de tous ceux qui n'approuvaient pas son action à 100 % : l'ex-patron de la DGSE Bernard Bajolet, l'ancien directeur de la sécurité intérieure Patrick Calvar, l'ancien délégué général pour l'armement Laurent Collet-Billon ». « La nouvelle équipe voulait avoir les mains libres », commente un observateur de la scène politique.

Pierre de Villiers a cru qu'il pourrait abattre à nouveau le jeu de cartes qui lui avait si bien réussi avec François Hollande, qu'il avait fait plier à plusieurs reprises, y compris en menaçant de démissionner. Mais Emmanuel Macron n'est pas François Hollande. À peine installé à l'Élysée, il a voulu imposer son autorité, que son prédécesseur avait laissé bafouer. Pour le nouvel hôte de l'Élysée, François Hollande a toujours été un contre-modèle. La rupture de génération a aussi joué un rôle. « Ils ne se sont pas compris. Pierre de Villiers était habitué aux fonctionnaires. Et puis soudain surgissent des responsables très jeunes et très dynamiques, qui sont les rois du pétrole et veulent agir vite. De Villiers se fâche avec François Fillon puis, tel saint Paul sur le chemin de Damas, il découvre Emmanuel Macron et pense l'avoir mis dans sa poche. Ça ne s'est pas passé comme ça »* analyse un civil du ministère de la Défense qui a suivi l'histoire en direct et de très près.

Il poursuit : « Pierre de Villiers n'a pas compris, en juillet 2017, que c'est le redressement de la France et non pas la politique des armées qui était la priorité du gouvernement. Il a aussi commis quelques erreurs psychologiques. » Auditionné devant l'Assemblée nationale, le général cinq étoiles a utilisé un langage de troupes courant dans l'armée de terre – « Je me laisserai pas baiser comme ça » – mais qui n'aurait pas dû sortir de l'enceinte du huis clos et qui n'a guère été apprécié en haut lieu. « Il n'a pas vu les signaux qui étaient pourtant visibles pour tout le monde. Il n'a pas pris les portes de sortie qui s'offraient à lui. C'est absurde. Une mécompréhension totale entre les deux hommes », regrette le civil du ministère de la Défense. Car loin d'être prémédité, le malentendu est né autour d'un rapport de la Cour des comptes commandé par Emmanuel Macron quand il est arrivé à l'Élysée, qui décrivait une situation plus dégradée que prévu. À l'époque, le nouveau président a une obsession : faire passer la France en dessous du déficit des 3 % du PIB avant les élections allemandes à l'automne. Il veut convaincre Angela Merkel de relancer avec lui l'Union européenne et sait que la chancelière est avant tout sensible aux chiffres. Il demande donc au Premier ministre et à Bercy de trouver de nouvelles économies. La Défense fait partie des ministères touchés.

Les équipes de Bercy, face à la virginité d'Emmanuel Macron en matière de défense, imposent leur vision financière des choses, l'esprit froid et décidé. Elles ont gardé la vision d'un ministère dépensier et mal contrôlé. Elles se souviennent avoir dû avaler à plusieurs reprises leur chapeau sur les arbitrages à l'époque de François Hollande. « Les autres ministères ont un budget de fonctionnement. Nous avons un budget d'investissement. La croyance de Bercy en un lobby militaro-industriel est fausse. L'approche d'Emmanuel Macron est intellectuelle et réfléchie. Mais elle a été influencée par tous les préjugés de Bercy. Le président a aussi gravement sous-estimé la popularité des armées »* regrette le général Henri Bentégeat, qui fut un Cema particulièrement respecté par les armées. Car la communauté militaire se targue de toujours tenir la parole donnée. « Oui c'est oui. Non c'est non », rappelle le général de Villiers. « Quand un Saint-Cyrien dit et annonce quelque chose, il le fait. Si j'étais resté, je n'aurais pas pu regarder les gens dans les yeux », dit-il encore. Il n'avait pas encore compris qu'Emmanuel Macron, justement, met un point d'honneur à respecter ses promesses.

L'attitude du chef de l'État face au général de Villiers a été longuement et fermement critiquée, pas seulement dans les milieux de la Défense. Le chef de l'État a vu, pour la première fois depuis son arrivée à l'Élysée, sa popularité perdre plusieurs points pendant l'été. Le panache du geste de Pierre de Villiers a été salué. Pour beaucoup, il est devenu pendant l'été la statue du commandeur. « Pierre de Villiers fut la seule erreur de Macron »* commente un responsable militaire.

Certains ont dénoncé un gâchis entre deux personnalités qui auraient pu s'entendre sur de nombreuses choses et qui finalement s'accordaient sur la nécessité de restaurer l'autorité du chef de l'État et sur celle de rehausser la fonction présidentielle, dévalorisée par François Hollande. Depuis, l'erreur a été en partie réparée et oubliée, sauf, bien sûr, pour l'intéressé lui-même. « Comme disait Cocteau, il n'y a pas d'amour, il n'y a que des preuves d'amour. Or, cette preuve d'amour, Emmanuel Macron l'a donnée avec le budget. Jamais les arbitrages n'ont été aussi favorables à la défense. Ce n'était pas la peine de faire un procès d'intention au nouveau président. Il fallait quelqu'un au-dessus de la muraille pour arbitrer »* résume un officier général. Il poursuit : « Au cours des dernières années, on avait pris la mauvaise habitude d'essayer de forcer la décision politique en passant par des pressions publiques. Mais l'époque, et le pouvoir, ont changé ! Il reste un paradoxe : le chef d'état-major des armées a démissionné quand le budget de la Défense n'a jamais été aussi haut ! » Il existe une autre manière de voir les choses : le budget aurait-il été aussi favorable si Pierre de Villiers n'avait pas claqué la porte ? Et surtout, le restera-t-il ?

Comme un militaire, Emmanuel Macron a tenu la plupart de ses promesses au début de son quinquennat. Il a en outre restauré l'autorité de l'État. « Pierre de Villiers a sans doute été une victime sacrificielle de cette restauration. Mais aujourd'hui, les militaires considèrent Emmanuel Macron comme un vrai chef. Et c'est ça le plus important. Les larmes qui coulaient pour le général de Villiers en juillet 2017 ont séché », dit un observateur de la communauté militaire. C'est aussi grâce au rôle apaisant joué par le général de Villiers après sa démission. « Malgré la douche froide, il a évité, par sa retenue, une crise, un traumatisme dans les armées. Il n'a pas cherché à envenimer l'affaire. Il n'a pas voulu donner à sa démission, au-delà du désaccord budgétaire qui l'a provoquée, un caractère politique et symbolique qui aurait pu être dévastateur dans l'institution militaire »* constate Louis Gautier, qui était à l'époque secrétaire général de la Défense et de la Sécurité nationales. En juillet 2017, on pensait qu'elle pourrait être un tournant, le premier du quinquennat. L'affaire de Villiers n'a-t-elle finalement été qu'« une tempête dans un verre d'eau ? », une « belle occasion gâchée » ? « L'institution militaire est très résiliente et cette caractéristique a permis une normalisation des relations »* explique un officier. Cette normalisation s'est faite d'autant plus facilement que les pouvoirs de l'état-major des armées, qui avaient été rabotés par l'équipe de Le Drian, ont été fortement récupérés depuis l'arrivée d'Emmanuel Macron. Mais la plaie n'a pas complètement cicatrisé. Depuis la fin de l'été 2018, elle se réveille, gratte et rougit, comme si on la saupoudrait de sel. Le malaise initial, passé l'état de grâce de la première année du quinquennat Macron, ressurgit depuis que la popularité du président s'effrite. « Avant, Macron était intouchable, il était crédible. L'affaire Hulot, finalement, c'est la même partie de poker menteur qu'avec de Villiers. Depuis l'été, l'affaire de Villiers ressurgit dans l'inconscient des militaires. En fait, la base n'avait pas oublié », reconnaît un officier, qui pensait pourtant, jusqu'à la rentrée 2018, que l'affaire avait été classée.

Les grands thèmes des querelles

L'argent, le nerf de la guerre ?

C'est le nerf de la guerre et la principale raison des tensions qui altèrent parfois les relations entre responsables politiques et militaires. C'est aussi l'origine des démissions de chefs militaires. « Qui a fait le plus de mal aux armées depuis la fin de la guerre froide ? Les talibans ? Al-Qaïda ? L'État islamique ? Non. C'est Bercy. Les autres ne sont que de petits joueurs*. » Le colonel à la retraite Michel Goya, un ancien des Troupes de marine, historien des conflits militaires, n'a pas la réputation d'avoir sa langue dans sa poche. Il y a un siècle, le cœur du budget de l'État était consacré aux armées et à la défense du pays. Aujourd'hui, il est dédié « à l'État providence ». Le lien quasi religieux qui unissait jadis l'individu à la patrie a disparu, et avec lui les financements. « Depuis que je suis rentré dans l'armée, au milieu des années quatre-vingt, je l'ai toujours connue en crise. Le cœur de son problème, c'est le budget. En moyenne, il est toujours le même depuis trente ans. » Michel Goya poursuit : « À force de "dividendes de la paix", de commandes repoussées ou allégées, de coupes budgétaires... on fait fondre les armées bien plus vite que n'importe quel ennemi, voire que tous nos ennemis réunis. » Résultat : « L'armée de Terre a été ramenée au niveau de l'armée d'armistice en 1940 sans avoir eu à déployer un Panzer ! »

De 1990 à 2002, les crédits de la défense ont rétréci, passant de 39 à 30,2 milliards d'euros, si l'on excepte une brève remontée en 1999. Dans cette période, l'armée de terre a perdu davantage de formations qu'il ne lui en reste aujourd'hui. Quant aux trois armées, elles pèsent désormais ce que pesait la seule armée de terre au milieu des années quatre-vingt-dix. « Les fantassins de 1914 auraient pu construire une chaîne humaine reliant Nice à Marseille. Ceux d'aujourd'hui pourraient relever le défi entre la Porte Maillot et celle de la Villette », écrit le colonel Hervé Pierre dans un texte – « La grande invisible » – publié dans l'ouvrage collectif *Le Soldat – XXe-XXIe siècle,* au printemps 2018. Les crédits militaires ont ensuite augmenté jusqu'en 2009 pour atteindre 35,4 milliards. Avant de chuter à nouveau pour atteindre 31,4 milliards en 2014, année précédant une légère remontée due aux attentats.

Depuis la chute du Mur de Berlin, depuis l'effondrement du communisme et la disparition du Pacte de Varsovie, le ministère des Finances s'acharne sur les armées françaises. Elles ont pourtant, depuis la professionnalisation de 1996, joué le jeu des restrictions budgétaires, de la modernisation et de la rationalisation. L'armée est l'institution qui s'est le plus réformée dans la fonction publique ces vingt dernières années. Mais en silence, sans syndicats, sans manifestations, et avec un devoir de réserve qui l'empêche de constituer un contre-pouvoir. Après la professionnalisation de 1996, elle a encore été le contributeur le plus important de la RGPP, la révision générale des politiques publiques, destinée à diminuer la dépense publique. Pour les armées, elle fut l'équivalent d'une véritable purge entre 2007 et 2009 : moins 54 000 hommes, 80 000 postes supprimés, des fermetures de casernes. C'était avant la réforme de la SNCF, mais voilà le commentaire de l'ancien député de l'Essonne Malek Boutih, ex-membre de la Commission de la Défense de l'Assemblée : « Il y a plus de fonctionnaires de la SNCF aujourd'hui que de militaires dans l'armée de Terre (140 000). » Nouveau coup de rabot sous François Hollande, quand le budget fut ramené au niveau de celui des années soixante-dix. Premier budget de l'État dans les années quatre-vingt – plus de 4 % du PIB – la Défense a depuis cédé cette place à l'Éducation. Ce sont les attentats terroristes menés par les frères Kouachi à Charlie Hebdo et Amedy Coulibaly à l'Hyper Cacher de Vincennes, davantage que les menaces de démission des quatre chefs d'état-major et du ministre de la Défense, qui ont provoqué un léger sursaut en 2015. Ils ont motivé la décision de faire de nouveau monter en puissance la force opérationnelle terrestre (FOT), dont les effectifs sont passés de 66 000 à 77 000 hommes.

La décision a été insuffisante cependant pour arrêter l'hémorragie des matériels. Ainsi, l'armée de terre possède aujourd'hui six fois moins de chars et deux fois moins d'hélicoptères qu'à la fin de la guerre froide. En 2016, le taux de disponibilité de ses hélicoptères ne dépassait pas 50 %. En 2017 il a, selon certaines études, chuté jusqu'à 37 %. Et parfois jusqu'à 25 % pour le Tigre, le plus moderne d'entre eux. « Il n'est pas sûr qu'on puisse refaire aujourd'hui l'Opération Daguet dans le Golfe », déclenchée en 1990 à la suite de l'invasion du Koweit par l'Irak, prévient Michel Goya. Sous les effets de la crise de financement, l'armée se rétracte à vue d'œil. En 2014, 450 VAV (véhicules blindés de l'avant) sont partis à la casse. À la place, l'armée n'a acquis que 50 VBCI (véhicule blindés de combat de l'infanterie). Et comme le matériel est gardé plus longtemps qu'avant, les coûts de maintenance explosent. Ils s'ajoutent à ceux de la professionnalisation et des opex, les opérations extérieures, qui se multiplient. « La conjonction des contraintes de la RGPP – révision générale des politiques publiques – et de l'augmentation des engagements a été terrible pour les armées »* commente le général François Lecointre, actuel chef d'état-major des armées.

Alors que les « contrats opérationnels », qui traduisent en moyens les engagements de la Nation en matière de défense, ont été divisés par trois, « le nombre d'adversaires que la France peut vaincre seule a diminué » poursuit le spécialiste de l'histoire militaire Michel Goya, qui anime aussi un blog de référence dans les milieux de la Défense, « La voie de l'Épée ». Ce sont les Américains qui viennent régulièrement combler les trous capacitaires de la France dans les domaines du renseignement, du transport stratégique, des drones ou du ravitaillement en vol. Même au Mali, où la France est pourtant partie seule à l'assaut des djihadistes. « Nous sommes régulièrement obligés de faire appel aux Américains pour compenser ce que nous ne pouvons plus faire à grande échelle ou dans la durée » explique Michel Goya. Il prévient : « Il y a un effet collatéral à cette situation, c'est la perte d'indépendance de la France. Le budget de la Défense est un objectif stratégique non comptable. Il est contradictoire de vouloir continuer à toucher les dividendes de la paix alors que nous sommes en guerre. »

Les équipements font aussi défaut. En 2015, pendant l'opération Serval, quand ils traquaient les djihadistes dans l'Adrar des Ifoghas, au nord-est du Mali, les militaires français manquaient de chaussures adaptées. Les leurs fondaient littéralement sous la chaleur du sable et du soleil. Ils étaient aussi à court de moustiquaires. Nombre d'entre eux ont dû acheter du matériel à leurs frais.

L'interventionnisme français, l'une des marques des forces armées nationales, a continué à être mené avec des moyens réduits : au Sahel, en République centrafricaine, en Syrie et sur le territoire national avec Sentinelle. Le nombre de missions qui incombent aux armées en France et à l'étranger n'a jamais été aussi élevé depuis la fin de la guerre d'Algérie. Face aux faibles capacités militaires de l'Europe, la Grande-Bretagne et la France sont les deux seules puissances du continent à être encore capables d'exercer des responsabilités internationales. Les engagements sont non seulement plus nombreux, mais ils sont aussi plus durables.

Face à cet alourdissement des tâches, l'armée, qui doit mener plus de missions avec des moyens limités, est en surchauffe. « Notre outil militaire n'est plus adapté à nos ambitions. Les forces armées sont passées de 320 000 hommes à 237 000 en onze ans malgré la multiplication de nos interventions. La situation était similaire sous la IIIe République, dans les années trente : notre outil militaire n'était en rien adapté à nos engagements internationaux. Les Polonais s'en souviennent ! »* prévient le général Vincent Desportes, ancien directeur de l'École de guerre. Depuis plusieurs années, les officiers tirent la sonnette d'alarme. « La crise était annoncée, car cela fait trop longtemps qu'on sait que la France ne possède pas les armées de sa politique. Il est logique que les militaires disent : Si vous nous en demandez plus, il faut nous accorder davantage de moyens », explique le général Pierre de Villiers. Faute de quoi le grand écart permanent entre les engagements opérationnels qui augmentent et le budget qui se réduit risque de porter un coup fatal à la cohérence du modèle français.

Tous les officiers généraux ont les yeux rivés sur un contre-modèle, qu'ils veulent à tout prix éviter, celui des armées britanniques. Épuisées et asséchées par les guerres en Irak et en Afghanistan, sujettes elles aussi à des coupes budgétaires, elles ont été confrontées à un brusque décrochage dont elles peinent à se remettre. À trop tirer sur l'élastique, il a rompu. Il faut parfois longtemps pour sortir d'un burn-out. Faute d'une remontée en puissance, le modèle d'armée français devrait être revu à la baisse. Le coût du renoncement se traduirait par un désengagement de certaines missions. Ce serait raboter les ambitions de la France au moment où de nombreux pays, y compris des États déraisonnables, aspirent à faire entendre leur voix dans le concert des nations. Les officiers sont unanimes à déplorer que le budget de la Défense soit considéré comme une « variable d'ajustement ». « Pour Bercy, écrit Michel Goya dans son blog, le ministère de la Défense est un poulet rôti ! »

Les dégâts sont aussi visibles dans l'organisation. Les coupes budgétaires des années 2000 se sont accompagnées d'une politique d'externalisation de certaines compétences. Le bilan est jugé sévèrement par Michel Goya. « Pour gagner de l'argent, on nous a forcés à tout changer. Notre armée était bien gérée, administrée. Elle ne l'est plus. Elle est devenue bordélique et rigide. » Même pour remplacer une ampoule, les militaires sont contraints de faire appel à une société privée. Résultat : certains halls de bâtiments prestigieux de l'École militaire sont plongés dans la pénombre pendant plusieurs semaines. Quant au nouveau logiciel de l'armée, Louvois, il a tellement bugé que des dizaines de milliers de soldats ont été payés avec des retards, ou des salaires qui ne correspondaient pas à leur traitement, pendant plusieurs années. « La conjonction des contraintes de la RGPP, la révision générale des politiques publiques, et l'augmentation des engagements a été terrible pour les armées », juge le général Lecointre.

À Bercy et à l'Élysée, on voit bien sûr le problème différemment. La priorité du ministère des Finances, c'est l'endettement de la France, qui après avoir été creusé par les derniers gouvernements, constitue aujourd'hui un frein à la réussite du pays au sein de l'Europe. En période d'austérité, tous les ministères doivent faire des économies et la Défense ne déroge pas à ce principe. Les coupes sont d'autant plus facilement appliquées que les militaires ne sont pas syndiqués et qu'ils protestent peu. Emmanuel Macron a signifié au général de Villiers que les chefs d'état-major n'avaient pas à s'occuper des questions budgétaires. « Mais on ne peut évidemment pas voir les choses ainsi. Le Cema est responsable des moyens que l'on donne aux armées pour accomplir les missions. Son rôle dans les questions budgétaires est donc central et essentiel. Car il parle au nom d'un corps de l'État qui risque sa vie dans des opérations de guerre, un corps différent des autres »* commente le général Jean-Louis Georgelin, ancien chef d'état-major. Si la déclaration de recadrage politique du 13 juillet est selon lui « inadmissible » sur la forme, celle du 15 juillet, sur le budget, est « inadmissible » sur le fond. « Elle est même ahurissante car le chef d'état-major est en première ligne pour le combat budgétaire des armées. »

Entre les raisons des finances et celles de la défense, le fossé est immense et l'incompréhension parfois totale. « Tous les militaires rêvent d'avoir l'armée des États-Unis. Mais ce n'est pas notre objectif stratégique », commente l'amiral Bernard Rogel, chef d'état-major particulier du président, qui comptabilise 27 000 heures de plongée comme sous-marinier ! Il n'est pas le seul à penser ainsi. Un autre amiral, François Dupont, commente : « Il y a toujours eu et il y aura toujours une opposition entre Bercy et Brienne. Le discours sur les moyens, je l'entends depuis cinquante ans. Les armées y arrivent toujours*... » Et pourtant, la communauté militaire est bien un corps particulier, comme le rappelle l'eurodéputé Arnaud Danjean, ancien responsable de la sous-commission Sécurité Défense de la Commission européenne : « Il existe une singularité de la défense, qui ne peut se réduire à un domaine économique et comptable. Les forces armées sont des communautés humaines totalement dévouées au sein desquelles la possibilité du sacrifice suprême, celui de sa propre vie, est acceptée et assumée*. »

Le hiatus, c'est bien souvent celui du temps. Celui des hommes politiques n'est pas celui des militaires. « Leur finalité les vouant à la nécessité éventuelle de l'engagement le plus extrême pour la survie du pays, les armées entretiennent un lien consubstantiel avec la nation. De ce lien découle un *rapport au temps* très singulier. Pas de nation, en effet, sans continuité historique passée et à venir ; continuité dont les armées se sentent pour partie les garantes. Les militaires s'inscrivent donc, consciemment ou non, dans le temps long de l'histoire et mettent toujours leurs actions et leurs propres évolutions en perspective. Sans doute cette forte historisation, ajoutée au principe selon lequel les armées ne trouvent leur pleine utilité qu'au moment où il faut faire la guerre, conduit-elle les militaires à se soucier assez peu de rentabilité immédiate, celle-ci ne pouvant être réellement mesurée qu'en de rares et tragiques occasions », écrit le général François Lecointre dans un article intitulé « Pour une culture armée », paru dans le magazine *Inflexions*.

Les mondes civil et politique sont pris, eux, dans le tourbillon du court terme. La fin de la guerre froide, la mondialisation, les chaînes d'information continue, internet qui impose sa dictature de l'immédiateté et le passage, en France, du septennat au quinquennat, tout concourt au court-termisme du politique. « Tout nous tire vers la tactique et l'action immédiate au détriment d'une vision stratégique et d'un effet à obtenir dans la durée. C'est pour cette raison que, ces dernières années, nous avons gagné les guerres mais perdu les paix »* prévient le général de Villiers.

Si vis pacem, para bellum. « Si tu veux la paix, prépare la guerre. » C'est la devise de tous les chefs militaires français. Car la paix ne va pas de soi. Il faut toujours la conquérir puis la préserver. L'histoire de France, à cet égard, est riche d'enseignements. La plupart des grandes défaites militaires ont conjugué trois conditions : une situation économique difficile dans le pays, la myopie des hommes politiques qui ont minimisé le danger et refusé de prendre des mesures pour y faire face, l'incapacité des chefs militaires à prendre les bonnes décisions. Le syndrome historique de la « guerre de retard » a été dénoncé par Marc Bloch dans *L'Étrange Défaite.* Pour éviter que ne se répète la défaite de 1940, il faut, dit-il, toujours conserver une « paix d'avance » par une vigilance redoublée vis-à-vis de tout ce qui mine les équilibres chèrement acquis. « L'armée a été fragilisée, délabrée, ébranlée par les réformes successives. L'urgence, aujourd'hui, c'est la reconstruction », affirme le général Lecointre. L'armée doit aussi redevenir l'armée. « Ce fut la tentation de la démocratie de la banaliser après la professionnalisation, car le pouvoir politique avait peur qu'elle se détache de la nation et finisse par la menacer. La culture militaire, pour ancienne qu'elle soit, est de plus en plus menacée au sein des démocraties occidentales par un mouvement récurrent de banalisation que le sociologue américain Morris Janowitz a décrit au début des années soixante sous le terme de "civilianisation". L'armée ne peut pas s'accommoder des trente-cinq heures. La multiplication des déplacements et des engagements, quand elle s'accompagne d'une "normalisation" visant à faire des militaires des citoyens comme les autres, fait voler en éclats les familles. Aujourd'hui, il faut réaffirmer la spécificité de l'institution militaire », poursuit le chef d'état-major.

Sans en avoir peur. « Les opérations n'obéissent à aucune règle de limitation du temps de travail et la mort au combat n'est pas un accident professionnel... La spécificité militaire n'est ni un repli identitaire, ni une menace. C'est une singularité profonde dont l'origine et la justification sont à chercher dans la finalité première de l'armée, le combat », rappelle Jean-Pierre Bosser, le chef d'état-major de l'armée de terre, dans *Le Figaro* en février 2018.

La parole

La grande muette aimerait pouvoir parler, s'exprimer, donner son avis, participer au débat public, comme tout le monde. C'est un autre sujet qui fâche, une autre ligne de fracture, une équation dont ni les hommes politiques ni les chefs militaires n'arrivent à trouver le juste milieu. L'expression grande muette date de la IIIe République, lorsque les militaires ont été privés du droit de vote, parce qu'on ne leur faisait pas confiance. Le silence imposé aux militaires a perduré après la Seconde Guerre mondiale. Le traumatisme de la guerre de 1940 avait provoqué un effacement de la parole du soldat dans le débat national. La guerre d'Algérie a enfoncé le clou. La chape de plomb abattue sur les armées après le putsch des généraux a tenu longtemps sans se fissurer. Henri Bentégeat a vécu personnellement cette période où aucun mot, aucune réflexion de la part d'un militaire n'était censé franchir les enceintes surveillées et sécurisées de l'École militaire. Cette époque où les visages se fermaient, où les regards se tournaient face aux civils. Il se souvient avoir été convoqué à plusieurs reprises par sa hiérarchie pour avoir mené des réflexions « iconoclastes » sur la dissuasion. À l'École de guerre en 1983, il a dû renoncer à publier un article sur la sélection. « À l'époque, dit-il, c'était silence dans les rangs*. » Le précédent algérien n'est pas le seul responsable. L'émergence du nucléaire et les institutions de la Ve République ont favorisé la mainmise du politique sur la réflexion concernant la défense.

L'étau s'est un peu desserré en 1991 quand, à la veille du déclenchement de la première guerre du Golfe à laquelle allait participer la France, François

Mitterrand a laissé son chef d'état-major particulier, l'amiral Lanxade, s'exprimer sur un plateau télévisé, dans l'émission *7 sur 7* d'Anne Sinclair... Un haut gradé en uniforme à la télé ! L'évènement était suffisamment rare. « On n'avait plus vu ça depuis 1961. Ce fut un tournant. Le retour de la dimension politique des armées », se souvient le sociologue Jean-Pierre Le Goff. Mais le silence naturel a vite repris ses droits. « Jacques Chirac, poursuit Henri Bentégeat, aurait pu changer les choses. Mais le Premier ministre Lionel Jospin n'était pas d'accord. MAM (Michèle Alliot-Marie, ministre de la Défense) non plus. » Il le raconte aujourd'hui en souriant : « Quand j'étais chef d'état-major, elle refusait que je participe à des émissions de télévision ou de radio. Je me souviens avoir accepté un jour d'aller à un programme d'RTL/*Le Monde*. Trois heures avant, elle m'a donné l'ordre d'y renoncer. « Ce n'est pas votre place », m'a-t-elle dit. Bien sûr, je ne devais pas non plus dire que c'était elle qui m'avait contraint d'annuler ma participation ! » Sa carrière à lui n'a pas pâti des libertés qu'il a régulièrement tenté de prendre avec la règle.

D'autres, qui n'ont pas eu son sens de la mesure et sa méfiance, ont vu leur carrière s'arrêter brusquement, bloquée par des responsables politiques et militaires qui n'ont pas apprécié leur franc-parler. Le général Vincent Desportes, ancien directeur de l'École de guerre, est de ceux-là. Son impertinence, la volonté qu'il avait et qu'il conserve de dire la vérité quoi qu'il en coûte, a été désavouée, en 2008, au moment de la publication du Livre blanc, par l'amiral Guillaud, chef d'état-major lisse et docile et par Claude Guéant, l'influent secrétaire général de l'Élysée sous Nicolas Sarkozy, que certains surnommaient « le cardinal ». « Depuis 1961, dès qu'un militaire parle, il est considéré comme un félon, poursuit le général. À chaque fois qu'un officier s'exprime, on croit qu'il le fait contre le pouvoir politique. Alors qu'il ne fait qu'être fidèle à son engagement envers la nation. » Dans une tribune écrite pour *Le Figaro* en janvier 2018, le général Lecointre dénonce ce « silence des esprits ». « Les questions se rapportant au fait guerrier, écrit-il, se sont retrouvées hors du champ de la réflexion et de l'étude, sans qu'en soient mesurées les conséquences à long terme. Quant aux militaires eux-mêmes, résignés à la pratique d'un mutisme auquel ils avaient fini par s'accommoder avec d'autant plus de facilité qu'il comportait une part de confort, ils avaient renoncé à l'écriture, cantonnant leurs talents littéraires à la rédaction de fiches d'état-major très formatées. »

Le sparadrap collé sur la bouche des officiers dès leurs premières années militaires n'est pourtant pas imposé à toutes les armées. Aux États-Unis, la pensée libre et critique est au contraire encouragée chez les officiers. La diversité de la pensée y est même considérée comme une qualité et une manière de s'améliorer. Ancien commandant de la coalition militaire en Irak, ex-commandant de la force internationale en Afghanistan, le général David Petraeus, spécialiste de la contre-insurrection, avait l'habitude d'ouvrir ses réunions d'état-major à des représentants de la société civile comme des philosophes et des ethnologues pour enrichir et ouvrir le débat. Il estimait que la guerre se pensait mieux si on la replaçait au croisement des idées et des réalités, si on appréhendait sa complexité en la confrontant à des non-militaires. Là où les Français sont tenus à la plus grande discrétion, les chefs militaires américains sont invités à s'exprimer dans le débat public, encouragés à parler, y compris et surtout pour critiquer. « La critique enrichit », affirmait récemment le général Petraeus dans une table ronde internationale.

Les formules américaines, d'ailleurs, disent tout. « *Think different* », « *think out of the box* » : on encourage les officiers à penser différemment, « en rupture », à laisser libre cours à la pensée critique. « La culture américaine est beaucoup plus égalitaire que la nôtre qui est d'essence monarchiste : le chef a raison car c'est le chef »* regrette le général Desportes. Les responsables militaires britanniques ont aussi cette possibilité de s'exprimer. « Se soumettre ou se démettre, c'est trop souvent le dilemme dans lequel les autorités militaires françaises se laissent enfermer vis-à-vis du politique ; les chefs britanniques, compte tenu de la culture de leur pays et de leur positionnement en son sein, disent réussir, en cas de différend avec leurs politiques, à ouvrir une troisième voie plus efficace pour faire bouger les lignes : ils prennent leur opinion publique à témoin et appellent cela "*to publicize a problem*" »* explique le général Vincent Lafontaine, ancien officier général de la zone de défense et sécurité Ouest.

De nombreux officiers considèrent que l'expression des militaires n'est pas seulement légitime, mais qu'elle est nécessaire. « Au-delà de son rapport particulier à la mort, le militaire doit penser la défense pour l'immédiat et le temps long », rappelle Vincent Desportes. « Les restrictions qui sont portées à l'expression sont les meilleures ennemies de la France. Bien plus qu'un devoir de réserve, les militaires ont un devoir d'expression. » Y compris vis-à-vis de l'histoire. « Après la remarquable victoire napoléonienne d'Iéna, poursuit-il, c'est par la liberté donnée à ses officiers d'apporter des idées nouvelles que la Prusse transforme l'armée prussienne puis allemande. Ce nouvel outil redoutable participe à la chute de Napoléon puis nous impose, en un siècle, trois défaites dramatiques. » Notamment celle de Sedan en 1870, menée par le maréchal Mac Mahon, qui avait eu ces mots : « Je rayerai du tableau d'avancement tout officier dont je verrai le nom sur une couverture de livre. » Idem avec le général Gamelin, qui a commandé l'armée française de 1935 à 1940. « Il provoque un nouveau Sedan alors qu'il était évident depuis septembre 1939 et la campagne de Pologne que notre posture militaire était celle de la défaite. Mais la doxa n'était pas discutable. Le fait d'avoir écarté toute pensée critique a précipité la défaite... Il n'y a pas d'armée victorieuse qui n'ait d'abord su créer les conditions de l'expression de la pensée libre des cerveaux qu'elle avait su rassembler », poursuit Vincent Desportes.

Il n'est ni le premier ni le dernier à penser ainsi. Le général André Beaufre, qui devient dans les années soixante le grand théoricien français de la stratégie après avoir servi en Indochine et en Algérie puis dirigé le corps expéditionnaire français à Suez en 1956, le disait régulièrement : « Dans les armées, la discipline doit être stricte mais la pensée doit être libre. »

Depuis une quinzaine d'années, les officiers ont cependant repris la plume. L'autorisation préalable à l'expression publique des militaires a été supprimée au milieu des années 2000. Le code de discipline générale impose par ailleurs aux militaires de « rendre compte immédiatement » quand ils constatent que la France n'a pas les moyens d'accomplir une mission. Les réseaux sociaux offrent un espace de plus en plus large à ceux qui veulent échapper à la censure des chefs politiques et militaires. Récemment, les plus hauts responsables militaires, notamment le général François Lecointre avec son slogan « Oser dire », ont encouragé l'écriture et la prise de parole de leurs subordonnés. « L'avertissement de Liddell Hart doit, plus que jamais, nous interpeller, par-delà les murs d'enceinte des casernes et des bases : une armée et une société succombent plus rapidement à une paralysie du cerveau qu'à toute autre crise », écrit-il dans une tribune au *Figaro*. Pour le chef d'état-major, l'écriture « est une obligation autant qu'une nécessité ». Elle « éveille la conscience, et le métier des armes ne peut être exercé sans conscience ». Il conclut : « L'action et la pensée ont définitivement partie liée. Lorsqu'elle se porte sur le fait militaire, la pensée n'a pas pour unique vocation d'explorer la conduite de la guerre. Elle permet également – et c'est peut-être la première de ses vertus – d'explorer les pistes qui permettent de l'éviter ou de la prévenir. »

Les lignes bougent, mais encore lentement. « Les officiers ont la pleine conscience d'être au service de l'État sous l'autorité du pouvoir politique. Le fait que le président de la République soit le chef des armées est l'objet d'une légitime fierté. Au plus haut niveau, dans les négociations interministérielles, et notamment pour les questions budgétaires, ils sont confrontés à de puissantes administrations – en premier lieu le ministère des Finances – dont il leur faut acquérir la compréhension des codes et des modes de fonctionnement. C'est la mission de l'Institut des Hautes Études de la Défense nationale qui offre aux futurs officiers généraux une ouverture très appréciée – autant par les militaires que par les civils – sur les réalités les plus diverses de la société contemporaine. L'IHEDN leur permet en effet pendant une année complète de côtoyer et de tisser des liens avec des hauts fonctionnaires, des industriels, des financiers, des juristes, des parlementaires, des journalistes, une fertilisation croisée particulièrement féconde »* commente Antoine de Romanet, le nouvel évêque aux armées.

Les officiers osant s'exprimer sur le fond dans des médias grand public restent pourtant minoritaires. Ceux qui évoquent l'état réel des forces risquent d'être sanctionnés. C'est, rappelons-le, autour de la parole que s'est noué le conflit entre Pierre de Villiers et Emmanuel Macron. « Pierre de Villiers voulait faire sortir l'armée de l'obéissance débile et stérile, parce qu'il était persuadé qu'avec des sons différents, on avance plus vite. Il était plus ouvert que ses prédécesseurs. Il n'avait pas de problème avec les journalistes. Mais depuis son clash avec Macron, l'étau s'est refermé. Emmanuel Macron a voulu rompre avec la période d'ouverture de François Hollande, qui avait donné lieu à de nombreux dérapages. Aujourd'hui tout le monde a peur de tout le monde »* reconnaît un colonel qui préfère, comme souvent, rester anonyme. En pleine révolution de l'information, le porte-parole du gouvernement Christophe Castaner avait critiqué l'ancien chef d'état-major pour avoir utilisé les réseaux sociaux ! Un an plus tard, l'Élysée maintient son jugement : « La place des responsables militaires n'est pas dans la presse », affirme une source élyséenne. Le débat est éternel, malgré la révolution de l'information, qui pourtant a fait exploser tous les cadres, même les plus rigides. « Il existe une tension permanente entre la liberté d'expression et le devoir de réserve. La tension entre ces deux polarités est inéluctable, et la posture qu'il convient d'adopter – hors cas extrêmes faciles à trancher (secret des opérations par exemple) – dépend beaucoup du contexte et donc d'une appréciation qui reste souvent très personnelle », conclut le colonel, ancien commandant du 3e RIMA, qui fut aussi le directeur adjoint de la revue *Inflexions*, l'une des seules qui autorise ses plumes à « sortir de la doxa »*.

La guerre des valeurs

La République contre l'islamisme. C'est sans doute la guerre la plus difficile à combattre. D'une part parce que la France a laissé se répandre son virus sans mot dire jusqu'aux attentats de 2015, qui ont provoqué un réveil brutal. D'autre part parce que s'y opposer et même parfois nommer cette menace a longtemps heurté le credo politiquement correct de certaines élites. Le projet est pourtant à l'œuvre depuis de longues années.

Voilà ce que racontait, en février 2003, à la veille de l'intervention américaine en Irak, l'imam en chef de la mosquée sunnite de Bagdad. Dans l'Irak laïc de Saddam Hussein, qui autorisait les femmes à se promener publiquement jambes et bras nus, j'avais dû pour interviewer le grand imam revêtir, par une température de quarante degrés, une abaya et un voile noir couvrant la tête et le visage. L'imam avait perçu mon profond agacement à sa remarque concernant une mèche de cheveux qui dépassait. Voilà la réponse qu'il me fit : « Si je vous dis ça, c'est pour votre bien. Quand nous aurons reconquis les villes d'Europe qui nous appartiennent, quand nous serons majoritaires en France, en Italie et en Espagne et que nous imposerons notre loi, il faudra que les femmes soient voilées. Autant l'apprendre tout de suite à vos filles… » Le responsable religieux sunnite a poursuivi : « Et vous savez comment nous ferons pour prendre le pouvoir en Europe ? C'est très simple. La démographie jouera pour nous : les femmes musulmanes font beaucoup d'enfants et nous les encouragerons à poursuivre. Un jour nous serons majoritaires. Et en attendant, nous utilisons les failles de votre démocratie. Nous prenons le pouvoir partout où vous le laissez. Par exemple, dans les organisations étudiantes. »

À l'époque, Ben Laden avait déjà attaqué les tours du World Trade Center, mais la France n'était pas encore la cible des terroristes, Al-Qaïda était sur le déclin et Daech n'existait pas. Persuadée que les propos extrêmes de l'imam ne reflétaient que son opinion personnelle, qu'ils ne pouvaient qu'être l'écho d'un esprit minoritaire et dérangé, j'avais décidé, par souci d'objectivité, de ne pas citer ses propos dans mes articles. Ce n'est que quelques années plus tard que j'ai compris qu'ils étaient au contraire ceux d'un des courants dominants de l'islam radical. Comment aurait-il d'ailleurs pu en être autrement, puisque le religieux qui s'exprimait était le plus haut responsable de la plus grande mosquée de Bagdad ?

Depuis de longues années, le salafisme politico-religieux tente d'imposer progressivement sa philosophie totalitaire au cœur de nos sociétés démocratiques occidentales. En France, les offensives destinées à faire plier les principes de laïcité se multiplient. Refus des cours de sport et des séances de natation mixtes, prières de rues, exigence de menus hallal dans certaines cantines, refus de sorties scolaires, pressions contre les « mauvaises » musulmanes refusant de porter le voile, contestation des programmes scolaires surtout quand ils concernent les juifs et la Shoah… Il n'est plus un jour sans que les offensives religieuses se heurtent, de plus en plus violemment, aux principes défendus par la République et la démocratie françaises.

Jusqu'en novembre 2015, la République a surtout répondu par des renoncements et un certain aveuglement, refusant généralement de nommer les responsables et les actes. Ainsi, lorsque 21 chrétiens égyptiens sont décapités par Daech en 2015, l'Élysée évoque des Égyptiens assassinés, taisant leur appartenance religieuse qui était pourtant la raison pour laquelle ils avaient été tués. La plupart des institutions françaises insistent sur le « respect de la différence », qui pourtant fait le lit du communautarisme. En 2002, le livre *Les Territoires perdus de la République* paru chez Fayard sous la direction d'Emmanuel Brenner, qui fait un état des lieux catastrophique et inquiétant de la francophobie, de l'antisémitisme et du sexisme dans les banlieues et raconte le délitement culturel et politique de la nation, a été marginalisé par les élites de gauche. La gauche politique, même au gouvernement, obsédée par la repentance et la culpabilité liée à l'époque coloniale, a sous-estimé la progression des revendications communautaires, comme la montée de l'insécurité, parlant à son propos de « sentiment », de « ressenti », jamais de réalité. Elle a laissé les islamistes grignoter les quartiers et les banlieues, refusé que la liberté d'expression ne s'exerce à l'encontre de la religion musulmane, l'interdiction des statistiques ethniques permettant de toujours rester dans le flou et l'ambiguïté. Il est vrai que les pouvoirs de droite qui lui ont succédé n'ont guère fait mieux. Et que le problème, en partie lié à la mondialisation, se rencontre aussi dans d'autres pays européens. « On ne voit que la partie visible d'un travail sous terrain mené notamment par des imams étrangers. Le virus a été inoculé », prévient Pierre Régent dans son livre *Les présidents et la guerre,* paru aux éditions Perrin. Quant au voile, qui affirme le primat du religieux sur la République et dont l'interdiction dans certains lieux publics est assez peu respectée, il révèle à quel point les autorités françaises ont pris leurs distances avec un principe qui est pourtant ailleurs, par exemple aux États-Unis, un postulat garant d'efficacité et de justice : ce n'est pas au groupe de s'adapter au nouveau venu mais au nouveau venu de s'adapter au groupe. Cette omerta de la bien-pensance, qui cataloguait tous ceux qui évoquaient le sujet de suppôts du Front national, a laissé un espace libre et facile à investir pour les idéologues salafistes. Car on ne peut lutter que contre ce que l'on nomme.

Ce n'est qu'après les attentats de 2015 que la France a redécouvert les valeurs patriotiques et compris qu'il lui fallait agir si elle voulait remporter la guerre des valeurs. Après des années d'abandon, la République française est à nouveau placée au cœur du débat. Et dans ce combat, de nombreux militaires, eux qui sont aux prises avec la réalité et avec le terrain, observent et regrettent le fossé grandissant entre les États et leurs ennemis, pour qui le respect du droit et les valeurs humanistes sont une vulnérabilité qu'il s'agit d'exploiter en poussant à la faute éthique. Le député Malek Boutih, l'un des seuls, à gauche, à avoir non seulement tiré la sonnette d'alarme mais dénoncé les compromis et concessions faits par la République française aux islamistes, donne la conclusion suivante d'un sujet sur lequel il a longtemps travaillé : « Le corpus de valeurs et l'ordre social très peu contraignant de nos sociétés démocratiques occidentales ne fournissent pas un cadre suffisamment englobant et sécurisant pour s'y ancrer et s'y attacher. La notion de République est inintelligible, comme diluée dans le libéralisme et la modernité, et le sentiment d'appartenir à une communauté nationale est très affaibli. Or une partie de la jeunesse refuse ces valeurs trop “molles” et cherche à se distinguer. Elle opte parfois pour la radicalité absolue : le djihad. » Il énumère les valeurs qui fâchent et donnent lieu à une « guerre idéologique » qui n'épargne pas les armées : islam, identité nationale, République, engagement, citoyenneté. « Nous devons, dit-il, nous interroger sur nos valeurs et sur ce pour quoi nous serions prêts à nous engager, ou même à mourir. »

Pour les militaires, la guerre des valeurs concerne aussi l'évolution de la société. L'institution, qui penche plutôt à droite, réfléchit sans tabou à la question. Restée catholique et traditionnelle, elle n'est pas à l'aise avec ceux, y compris au sein de l'État, qui manifestent une volonté d'effacer la marque chrétienne au nom d'une certaine laïcité. Comme le mariage pour tous, la décision du Conseil d'État ayant ordonné à la commune de Ploërmel, dans le Morbihan, d'enlever la croix de la statue de Jean-Paul II en 2017, est mal passée. De même que l'interdiction des crèches dans les lieux publics au moment de Noël. « Nous vivons dans un monde de fous. Un monde qui n'est pas celui dans lequel nous avons été éduqués et pour la défense duquel nous avons accepté de donner notre vie s'il le faut »* commente un officier.

La question est liée au principe de vérité, cher au cœur des militaires. « Chez les milis, pas de blabla », résume un observateur civil. Parce qu'ils sont confrontés, en opérations, à la question de la vie et de la mort, parce qu'ils ont en charge la défense de la nation et des Français, les militaires sont davantage attachés à la vérité que ne le sont les civils. « Le plus gros problème, c'est l'incapacité des hommes politiques à accepter de dire que nous sommes en guerre. Ils ont peur de la réaction de la population et peur des conséquences »* explique le père Christian Venard, parachutiste et aumônier militaire, qui a participé à de nombreuses opérations extérieures, notamment en Afghanistan. Il pointe du doigt l'opposition entre une « société émolliente, dans laquelle tout est toujours plus facile », louer un City scoot sur son portable, commander un Uber ou un dîner en un clic sur internet, « et la communauté des soldats en opérations, leur vie rugueuse et difficile ». De nombreux officiers critiquent l'angélisme de certaines « élites », en décalage avec les réalités sécuritaires avant le 13 novembre 2015. Pierre de Villiers, dans son livre *Servir*, le dit autrement : « Les gens veulent un regard indépendant et nouveau, celui de quelqu'un digne de confiance, d'un expert, pour comprendre le danger. Ils veulent savoir à quelles menaces ils sont confrontés, quels sont nos moyens pour les contrer, quelles sont les missions de nos soldats. »

Le sujet rencontre aussi l'histoire nationale, qui fait partie du quotidien des militaires. Ils regrettent qu'elle soit parfois niée ou réécrite par l'État et les hommes politiques. Le général Bentégeat y voit une conséquence de mai 68. « Il y avait toujours eu une gloire pour la culture militaire de la France. Mais elle a disparu avec 1968 »* regrette l'ancien chef d'état-major des armées. La révolution estudiantine a chassé du discours public mais aussi des manuels d'histoire un grand nombre de chefs militaires français, ceux qui étaient du mauvais côté de l'histoire. Ils n'ont jamais réussi à refaire surface. « Pendant les commémorations de la guerre de 14/18, on ne parle que de Clemenceau, des poilus et des mutins. Jamais on ne parle des chefs militaires ou des disparus. Pourquoi ? À cause du général Pétain, le vainqueur de Verdun. Avant Vichy, c'était pourtant un chef militaire. Comme on refuse de parler de lui, on fait passer à la trappe d'autres grands chefs militaires, comme Joffre et Foch. Pourtant, les paroles de Foch comptaient plus à l'époque que celles du chef de gouvernement. Plus de cent chefs d'État et Premiers ministres ont assisté à ses obsèques quand il est mort ! » rappelle Henri Bentégeat.

CHAPITRE IV
LES RÉSEAUX MILITAIRES ET LEURS FRUSTRATIONS

Les réflexions

L'armée, un think tank moderne ?

L'armée est une formation continue. Concours, évaluations, écoles, retours d'expérience : « Pensées et réflexions accompagnent les militaires tout au long de leur carrière. De fait, ils passent leur vie à apprendre », constate Monseigneur Antoine de Romanet, l'évêque aux armées*. Tout commence avec les lycées militaires, notamment Saint-Cyr-l'École, près de Versailles. Puis se poursuit, pour les futurs officiers, à l'École spéciale militaire de Saint-Cyr Coëtquidan, en Bretagne. Saint-Cyr a été créé après la Révolution, avec l'objectif, rappelle le père Christian Venard, « de mettre tout le monde au service de la France, les républicains et les nobles ». Ces établissements ont une devise : « Ils s'instruisent pour vaincre » et sont le creuset des valeurs qui font la force et le renom des armées. Considérées comme des formations d'exception, les écoles militaires sont parfois critiquées pour leur résistance à s'ouvrir et à s'adapter à la société française en pleine mutation.

Le dernier scandale en date a été livré par le quotidien *Libération* en avril 2018. Il s'est fait l'écho du mal-être ressenti par certaines jeunes filles, mal acceptées par le groupe des « tradis » de Saint-Cyr qui chaque année, bien qu'étant minoritaires, tentent parfois d'imposer leur vision de l'enseignement militaire. Interviewé par le même journal, le sociologue Claude Weber, qui a longtemps travaillé sur la question, livre une explication. Il est vrai, dit-il, que certains individus « élevés au pied du drapeau », issus de familles conservatrices et catholiques revendiquant des lignées familiales d'officiers et passés par le même cursus scolaire (écoles privées, lycée militaire, classe préparatoire militaire), « pensent faire partie d'une communauté qui défend des valeurs que beaucoup considèrent comme appartenant au passé ». Ils se voient, poursuit-il, « comme le dernier rempart quand tout s'effondrera ». Mais s'ils essaient parfois de « donner le ton », ils restent tout à fait minoritaires. Et surtout, ils ne rendent pas compte des changements rapides et importants qui traversent les armées françaises. « Nous savons tous qu'il existe cette tentation à Saint-Cyr, à Coëtquidan, à Navale, au Prytanée. Mais ce n'est pas à ces institutions militaires, ni à l'École de guerre, de se considérer comme les gardiens d'un ordre immuable que la société aurait abandonné. Que les armées soient dépositaires de certaines valeurs, sans d'ailleurs le rechercher, oui. Mais elles ne doivent pas s'en considérer comme les seules dépositaires, ou elles favoriseront la montée de l'intégrisme »* prévient un ancien responsable militaire. Si l'armée résiste à l'évolution ultrarapide de la société française, c'est en grande partie car elle veut préserver ses valeurs, que les mouvements de mode écartent souvent d'un revers de la main. C'est pour ça qu'elle est parfois critiquée, mais c'est grâce à cela qu'elle est l'une des institutions les plus solides et les plus fiables du pays.

« La véritable école du commandement est la culture générale », disait de Gaulle. Les armées françaises ont toujours appliqué cette devise. Mais plus encore aujourd'hui. Après Saint-Cyr, l'École de l'air ou l'École navale, les officiers français sont formés à l'École de guerre. Ils font le CHEM, le Centre des Hautes Études militaires. Eux qui vivent en milieu clos, parfois même, pour certains, en autarcie, se frottent pour la première fois aux civils à l'IHEDN, l'Institut des Hautes Études de Défense nationale, fondé en 1936 pour promouvoir « l'esprit de défense », en mélangeant sur les mêmes bancs et dans les mêmes missions des officiers supérieurs, des hauts fonctionnaires et des responsables issus de la société civile, des milieux économiques ou de défense. Mais l'armée, même dans ses résistances, change. Depuis une dizaine d'années, c'est un phénomène nouveau, les officiers sont de plus en plus nombreux à mener parallèlement des cursus dans de grandes écoles civiles, comme HEC et Sciences Po. « Les colonels d'aujourd'hui sont plus ouverts à la société civile et intellectuellement plus costauds qu'avant »* se félicite un responsable dans le secteur de la Défense. Pas au point cependant de créer le lien étroit entre civils et militaires qui permet aux Américains et aux Britanniques de passer d'un monde à l'autre sans gêne et sans honte.

La révolution numérique et l'émergence des réseaux sociaux mais aussi le caractère protéiforme et complexe des nouvelles menaces ont également bouleversé la tradition. « Jusqu'à récemment, les militaires concevaient trop souvent l'obéissance comme l'adhésion totale à la pensée du chef. Il fallait que l'armée n'ait qu'une seule tête et que tout le monde pense de manière identique. Mais aujourd'hui, une certaine intelligence militaire renaît. Ils ne veulent plus être à la remorque de la société civile. Il n'est plus interdit de penser différemment du chef. Au contraire, on comprend que de la confrontation peut naître le succès des armes, du moment qu'après, on obéit à l'ordre reçu du chef légitime », commente le père Christian Venard.

Le principal changement est pourtant encore ailleurs, c'est le recentrage sur le territoire national après les attentats terroristes de 2015. Le mouvement n'est pas forcément naturel pour les armées. « Le rapport des militaires à l'espace est sans doute notablement différent de celui des autres corps de l'État ou de la société française en général. Les armées sont en effet naturellement tournées vers l'extérieur et l'étranger bien plus que vers l'intérieur. Ne vaut-il pas mieux que la guerre et les ravages qu'elle induit aient lieu ailleurs que sur le territoire national ? Et n'a-t-on pas intérêt à aller contrer la menace au plus loin, chez elle si possible avant qu'elle ne prenne de l'ampleur ? Ce tropisme international est renforcé par l'existence d'une séparation bien nette entre les forces de l'ordre chargées de la mise en œuvre quotidienne de la force sur le territoire national et les armées. Il engendre une relative désaffection des militaires pour les problématiques de sécurité intérieure auxquelles leurs concitoyens sont pourtant bien plus sensibles qu'à l'état du monde », écrit le général Lecointre dans un article paru dans la revue *Inflexions*.

L'impulsion avait d'abord été donnée par le Livre blanc de 2008, qui, tenant compte de l'évolution du monde et de l'imbrication de plus en plus importante, sous l'effet du terrorisme, entre la menace intérieure et la menace extérieure, avait institué un « continuum » entre la défense et la sécurité. Un an plus tard, le Secrétariat général à la défense nationale (SGDN), organisme chargé d'assister le chef du gouvernement dans l'exercice de ses responsabilités en matière de défense, accolait un S, pour sécurité, à son acronyme, se transformant en SGDSN. Mais la tendance s'est amplifiée après 2015. Depuis la mise en place de Sentinelle, les relations entre la Défense et le ministère de l'Intérieur se sont approfondies et améliorées. Le fonctionnement interministériel se renforce chaque année. Même le Centre de planification et de conduite des opérations (CPCO), véritable chaudron des opérations militaires françaises, a gonflé sa compétence « nationale ». « La connaissance du territoire national est devenue une véritable spécialité, au même titre que l'Afghanistan ou l'Afrique »* confirme le général Pierre de Villiers. C'est aussi le sens de la Garde nationale créée en 2016 après les attentats de Daech. Elle regroupe les réserves opérationnelles des armées, de la police et de la gendarmerie, soit 72 000 personnes prévues en 2017.

La doctrine évolue également. Elle est en partie élaborée par le Centre de doctrine et d'enseignement du commandement (CDEC), qui a pour finalité l'efficacité opérationnelle et l'animation de la pensée militaire. Elle est aussi alimentée par la revue *Inflexions*, qui se targue de résister à la pensée unique en croisant les approches de praticiens et de théoriciens français et étrangers. Lancée en 2005 et éditée par l'armée de terre, elle veut sortir l'institution du long mutisme où l'avaient successivement plongée la défaite de 1940, les traumatismes de l'Indochine et de l'Algérie, le putsch de 1961 compris, l'adoption d'une force de dissuasion nucléaire valorisant les marins et les aviateurs, la fin de la guerre froide et le génocide rwandais en 1994. Elle ambitionne de participer au débat intellectuel dans le domaine militaire en ouvrant ses colonnes à la contradiction ainsi qu'aux avis divergents. Avec un but : promouvoir une réflexion libre et féconde, hors de tout esprit polémique mais aussi pallier le désengagement chronique des intellectuels et des opinions publiques sur les questions de défense. En quelques années, elle est devenue l'une des principales boîtes à idées de l'armée de terre. Elle est dirigée par le général Benoît Durieux, considéré comme l'un des esprits les plus affûtés de l'armée aujourd'hui, légionnaire, docteur en histoire et ancien directeur du Centre des Hautes Études militaires, le CHEM. Directeur adjoint, le colonel Hervé Pierre participe activement au renouveau du débat d'idées, qui consiste à ancrer les armées françaises dans le XXe siècle.

« L'histoire d'une défense englobant progressivement la notion de sécurité jusqu'à la dissoudre en une défense nationale se confondant avec la politique générale de la Nation est une tendance notable, en France, de 1870 à 1962 », écrit-il dans un ouvrage paru chez Colin : *Notre monde est-il plus dangereux ?* Il poursuit : « La résistance à l'envahisseur prussien marque en effet les débuts d'une IIIe République qui trouve ensuite dans l'existence d'un ennemi essentiel les raisons d'une union sacrée de la Nation. Cette dernière ayant les yeux fixés sur la ligne bleue des Vosges jusqu'en 1914, puis sur un possible réarmement allemand, le mot "défense" se comprend jusqu'en 1939 comme désignant exclusivement la fonction militaire, toutes tendances confondues. Après la Seconde Guerre mondiale, l'élargissement devient réalité. Avec la création, en 1948, du "ministère de la Défense", la défense est conçue comme permanente et impliquant toutes les fonctions de l'État. »

Cet infléchissement est mis entre parenthèses en 1962. La personnalité de De Gaulle et le niveau de décision nucléaire redonnent un rôle de premier plan à l'Élysée. « Le poids de l'institution militaire en matière de défense, poursuit le spécialiste, est consacré au ministère de la Défense. » Le Premier ministre est donc dépossédé, par le haut et par le bas, et ce malgré la création du SGDN, le Secrétariat général de la défense nationale. La rupture stratégique du début des années quatre-vingt-dix, avec la disparition de la menace à l'Est et l'apparition de risques omnidirectionnels, consacre l'extension du domaine de la sécurité aux dépens de celui de la défense. « Au moment de la professionnalisation, l'armée était tournée entièrement vers la projection. Mais l'ennemi qui servait de référence à l'organisation militaire a disparu. Jusque-là, c'était commode pour les équipements et pour l'exercice tactique. Notre seul souci était d'être supérieur à cet ennemi. Puis l'ordre du monde s'est imposé au politique. Les armées se sont rapidement adaptées. Elles ont notamment adopté le principe, vertueux, de modularité, qui consiste à engager dans les crises non plus une division complète, mais des forces organisées brique par brique, comme des legos. Ce principe a rendu les armées plus adaptables, plus souples, plus économes. Avant, tous les régiments devaient pouvoir être au complet face à un ennemi qui pouvait nous envahir. Aujourd'hui, alors qu'il n'y a plus de péril évident pour la nation, le responsable politique choisit son engagement », explique le général Lecointre, le chef d'état-major des armées.

Évoluer avec la guerre

Un autre « recentrage », explique le colonel Hervé Pierre, « a accompagné l'intervention française en Afghanistan »*. À l'époque, les armées françaises ne juraient que par la contre-insurrection (COIN en anglais). Après les opérations d'interposition, de maintien ou de rétablissement de la paix dans les années quatre-vingt-dix (ex-Yougoslavie), les années 2000 ont été marquées au plan militaire par les engagements en Irak et en Afghanistan au cours desquels les armées occidentales ont été directement et brutalement confrontées à des adversaires irréguliers très combatifs, voire fanatiques.

Ce retour des conflits de type insurrectionnel a entraîné la redécouverte des doctrines américaine et française de contre-insurrection. Aux États-Unis, sous l'impulsion du général Petraeus, l'armée a opéré une véritable mue pour s'adapter à la « guerre au sein des populations » en abandonnant progressivement le fantasme de l'écrasement de l'ennemi par la puissance matérielle, même servie par le « tout technologique ». La nouvelle école de pensée, qui consistait à gagner la confiance des populations locales, a été également appliquée par la France, qui combattait les mêmes ennemis que les Américains en Afghanistan, bien qu'à la marge. « Puis on a commencé à considérer que tous les conflits n'étaient pas forcément asymétriques. On a songé au retour possible d'affrontements plus classiquement symétriques. Dans un autre registre, on s'est interrogé sur la place des armées sur le territoire national en une forme de rééquilibrage entre les fonctions stratégiques "intervention" et "protection", en des formes qui ne sont pas sans rappeler des formules déjà expérimentées (la DOT ou défense opérationnelle du territoire par exemple) », explique le colonel Hervé Pierre. Jusque-là, l'armée était surtout une force expéditionnaire. On l'appelait « La grande invisible », parce qu'ayant disparu du champ public, le citoyen n'ayant plus de contact avec elle. Aujourd'hui elle revient vers le territoire national, entraînée par la menace terroriste. L'irruption, dans les années 2000, d'un nouveau type d'adversaire, « non conventionnel », « hybride » ou « asymétrique » et brouillant les lignes de partage classique entre guerre et paix suscite un renversement de tendance. « Face au renouveau d'une menace clairement désignée – l'islamisme radical, Al-Qaïda, Aqmi ou Daech – la défense comme résistance armée reprend du service, son articulation avec la sécurité comme police générale sur le territoire national fait naturellement (et heureusement) débat », poursuit Hervé Pierre. « Une grande partie de la sécurité se joue en amont, chez nous, avant même qu'il s'agisse stricto sensu de "sécuritaire" : éducation, intégration, brassage social... sont des conditions à développer pour éviter l'émergence d'un terreau fertile à toutes les radicalités de rupture avec notre modèle de société. Si on ne trouve pas de solution en amont même de la bascule dans la revendication violente de nature terroriste, on ne fera que canaliser les effets de cette violence en espérant la laisser à un niveau le plus "acceptable" possible – si tant est qu'il y ait un niveau "acceptable" – mais il sera bien difficile d'agir sur les racines du mal avec des outils qui ne seraient que "sécuritaires". La menace pousse sur les ressentiments et il est indispensable qu'on s'intéresse toujours davantage au fonctionnement des mécanismes à produire de la frustration. » Si le réinvestissement des armées sur le territoire national est aujourd'hui très visible, notamment celui de l'armée de terre avec l'opération Sentinelle, il n'a rien non plus d'exceptionnel. Il y a toujours eu, dans l'histoire de France, un mouvement de balancier dans les armées françaises entre la protection du sol et l'intervention extérieure, les deux postures n'étant pas exclusives l'une de l'autre. Le pays a toujours alterné des périodes expéditionnaires avec des périodes plus centrées sur le territoire national. Aujourd'hui la guerre est de retour et il faut réapprendre à la penser, car elle a changé de visage. « La guerre est un caméléon dont les formes évoluent sans cesse, mais sa nature profonde est immuable », commentait le général Jean-Pierre Bosser, chef de l'armée de terre, dans *Le Figaro,* en février 2018.

En soulignant l'existence d'une continuité entre les actions militaires conduites hors des frontières et les opérations de police engendrées par les attaques terroristes de grande ampleur, s'efface peu à peu la distinction fondamentale entre interne et externe, consubstantielle de l'État moderne. Le concept de continuum sécurité défense permet de concentrer utilement les moyens. Mais il contient, selon le colonel Hervé Pierre, un « risque de confusion ». « La fusion horizontale des deux dimensions pourrait dissoudre la membrane qui sépare l'État de son environnement extérieur et, paradoxalement, porter la guerre au cœur du pays, en une forme civile qu'appelle de ses vœux notre adversaire du moment. » Il souligne la nécessité d'élaborer une architecture qui permette de préserver les rôles spécifiques de chacune des deux forces armées.

La réflexion porte aussi sur les inflexions à apporter aux modèles. « Ils changent très vite et nous devons nous adapter beaucoup plus rapidement qu'avant », résume un haut responsable militaire. Il cite en exemple l'explosion de la menace cyber, qui s'est produite en à peine dix ans. « Le maître mot, aujourd'hui dans les armées, c'est qu'on n'a plus le temps ! »

La tendance du repli sur la sphère nationale est partagée par toutes les armées occidentales. Après Barack Obama qui disait avoir été élu pour mettre fin aux guerres d'Irak et d'Afghanistan, Donald Trump manifeste la même intention d'alléger l'empreinte militaire des États-Unis dans le monde. Il a dit son intention de retirer les troupes américaines du Moyen-Orient. Quant à la Grande-Bretagne, dont l'énergie stratégique est accaparée par le Brexit, elle a dû se faire prier par Paris pour se joindre à l'opération militaire de frappes menées par Washington et Paris contre des installations militaires du régime syrien en avril 2018, dans la Ghouta. La tendance occidentale est en théorie à moins d'interventions. Mais un pays comme la France ne peut conserver sa posture internationale s'il n'agit pas au-delà de ses frontières. Dans le domaine militaire, la réalité se rappelle toujours assez vite aux responsables politiques.

L'armée et l'Europe

Le serpent de mer de la défense européenne

Les chiffres

La défense européenne ? Depuis la fin de la Seconde Guerre mondiale, c'est un serpent de mer, qui grossit ou maigrit en fonction de l'actualité stratégique. Espérée par les uns, redoutée par les autres, elle tente depuis bientôt soixante-dix ans de s'imposer à un continent divisé sur sa relation aux États-Unis et sur la perception des menaces. Pendant la guerre froide, la sécurité collective s'est organisée autour de l'Alliance Atlantique et de sa structure militaire intégrée. L'échec de la Communauté européenne de défense (CED), projet d'inspiration française rejeté en 1954 par l'Assemblée nationale, a enterré pour longtemps l'idée de constituer une armée européenne. Les guerres en ex-Yougoslavie ont cependant convaincu les dirigeants européens de créer une Politique européenne de sécurité et de défense (PESD), puis une Politique de sécurité et de défense commune. Malgré la rugosité des acronymes, l'Union européenne s'est ainsi dotée de la possibilité d'utiliser des moyens militaires ou civils pour prévenir les conflits ou gérer les crises internationales.

Mais en dépit de l'insistance de la France, qui en a toujours fait une priorité, les opérations militaires de l'Union européenne sont restées limitées, de même que la volonté de ses membres de fournir les efforts budgétaires et capacitaires nécessaires pour donner naissance à une vraie défense européenne. Si l'Europe de la Défense a tant de mal à exister, c'est parce que l'Europe politique n'existe pas non plus. Et parce que depuis le début des années quatre-vingt-dix, le changement de donne stratégique consécutif à la chute de l'Union soviétique a poussé les pays européens à réduire drastiquement leurs budgets de défense : de 503 milliards de dollars en 1990, ils sont passés à 285 milliards en 2000, soit une baisse de près de 47,3 % en dix ans, selon une étude publiée par l'Institut Thomas More (Laboratoire d'idées, think tank basé à Bruxelles et Paris, qui se veut influent pour les décisions liées au territoire européen), en mai 2017. Le 11 septembre 2001 et ses conséquences avaient certes provoqué une légère hausse pendant quelques années. Mais la crise financière de 2008 y a mis fin, faisant repartir la tendance à la baisse.

Le réveil date du milieu des années 2010. Il signe enfin l'émergence d'intérêts de sécurité européens. Les Allemands, qui ont fait évoluer leur doctrine militaire, s'impliquent dans le Sahel, des Européens de l'Ouest participent aux mesures de « réassurance » dans les Pays Baltes et en Pologne, certaines capitales augmentent leur budget et rétablissent leur service militaire. La Suède a pris l'engagement d'accroître ses dépenses de défense de 11 % entre

2015 et 2019. La Pologne a augmenté son budget militaire de 75 % entre 2005 et 2015, avec un vaste programme d'investissements de 35 milliards d'euros sur dix ans, selon une étude de l'Institut Thomas More publiée en mai 2017. La nécessité de réaliser des efforts convergents et durables dans la défense est aujourd'hui reconnue par les institutions européennes. Voilà que soudain les pays du vieux continent, qui faisaient la sourde oreille aux demandes de Washington, se réveillent sous l'effet de la dégradation de leur environnement stratégique. À l'est, le réveil de l'ours russe. Au sud, le terrorisme islamiste et le chaos au Moyen-Orient. Sans compter la prolifération des armes de destruction massive, la compétition militaire entre puissances, les risques environnementaux, la nouvelle guerre du cyber…

Dans ce monde plus instable et dangereux qu'avant, les États-Unis ne sont plus un allié aussi fidèle qu'ils l'étaient après la Seconde Guerre mondiale. Depuis des années, ils demandent à leurs alliés Européens, qui ont pris l'habitude de vivre en sécurité sous leur parapluie militaire et nucléaire, un plus juste « partage du fardeau », tandis que l'OTAN leur rappelle constamment la règle qui oblige les États membres à consacrer au moins 2 % de leur PIB à leur défense. Aujourd'hui, Donald Trump prévient les Européens que les États-Unis ne paieront pas éternellement pour leur défense. Le président américain les considère comme des free riders, des passagers clandestins voyageant gratuitement sur l'effort militaire américain. Ses attaques régulières contre l'OTAN ont creusé des trous dans le parapluie de l'Alliance Atlantique et convaincu davantage de pays européens de la nécessité d'investir dans la défense du continent. Comme le disait le député américain Michael Turner au dernier forum du German Marshall Fund (GMF), à Bruxelles, en mars 2018 : « L'OTAN n'est pas une garantie américaine mais une alliance dans laquelle les États-Unis offrent des garanties. » Dans la même réunion internationale, la secrétaire générale déléguée de l'OTAN, Rose Gottemoeller, se félicitait des piques trumpiennes : « Merci à Donald Trump d'avoir affirmé que l'OTAN était obsolète, car même si ce n'est pas vrai, ça a accéléré le processus de la défense européenne. Enfin, ils y viennent ! » Même les Allemands, pourtant pacifistes, semblent désormais trouver des avantages à la chose militaire « Les 2 %, ce n'est pas seulement une question de sécurité. Tant que nous n'investirons pas davantage dans la défense, nous ne serons pas pris au sérieux à Washington et à Moscou. Nous avons franchi quelques étapes. Il faut désormais adapter notre mentalité », affirme un député membre du comité des forces armées du Bundestag, à la réunion de Bruxelles.

Pour la première fois, l'Europe s'investit dans des réalisations concrètes, notamment un Fonds européen de défense et une coopération structurée permanente. Le premier, qui sera doté de 13 milliards d'euros sur la période 2021-2027, vise à réduire la dépendance du vieux continent vis-à-vis des équipements américains. « Dans le domaine militaire, nous sommes très dépendants des Américains. En Irak et en Syrie, j'ai parfois eu l'impression que nous étions des supplétifs des États-Unis »* regrette Bernard Bajolet, l'ancien patron des services de renseignements extérieurs (DGSE). Après une décennie d'apathie, les partisans d'une défense européenne se laissent même aller à un inhabituel sentiment d'optimisme. « Une opération comme Barkhane, dans le Sahel, ne pourrait pas obtenir les mêmes résultats sans l'aide de nos partenaires européens », constate le député européen Arnaud Danjean, ancien président de la sous-commission sécurité et défense du Parlement. Il s'en félicite au cours d'une réunion d'Euro Défense le 10 avril 2018 : « La coopération est devenue une chose logique pour les armées européennes aujourd'hui. » Comme avant lui François Hollande et Nicolas Sarkozy, mais aussi Jacques Chirac, Emmanuel Macron a promis de relancer la défense européenne. « Vis-à-vis de l'Union européenne, l'appétit vient en mangeant »* commente Alexis Kohler, le secrétaire général de l'Élysée à propos de l'Initiative française d'intervention lancée par le président.

On est pourtant encore loin du compte. Certes, 46 milliards d'euros supplémentaires ont été dépensés pour la défense en Europe en 2017. Et certains pays de l'Est, comme la Pologne ou la Roumanie, ont atteint les 2 % du PIB cette même année. Mais avec 1,2 % en moyenne du PIB consacré à leur Défense, les pays européens sont loin des 3,5 % américains ou des 5,4 % russes. La différence entre les pays qui ont la capacité de mener une opération et les autres reste fondamentale. Si l'Europe est sortie de la stagnation, la remontée reste précaire. Elle est surtout insuffisante pour compenser vingt ans de coupes budgétaires et presque autant d'opérations extérieures difficiles et ultra-consommatrices en hommes, en équipement et en énergie. « La plupart des armées européennes sont fragiles, vulnérables et peu déployables. Ce sont des armées bonsaï »* commente un responsable de l'Alliance Atlantique. Celle du Luxembourg, par exemple, ne compte que 850 hommes ! Certains pays ont carrément décroché du domaine militaire : les Pays-Bas qui n'ont plus de chars, l'Espagne et l'Italie qui vivent sur des niches, la Belgique qui n'a que quelques avions de combat. Ce « désarmement relatif » des Européens augure mal de la préparation de l'avenir. Alors que l'heure de la fin de l'insouciance devrait avoir sonné, l'avance technologique dont disposaient l'Europe et l'Occident est en train de fondre.

Les augmentations des budgets européens restent en effet bien modestes par rapport à celles d'autres puissances. En onze ans, la Chine a plus que quadruplé son budget de défense, passant de 29,5 à 145 milliards de dollars. « Elle met à l'eau tous les quatre ans l'équivalent de la marine française », prévient un amiral. Quant à la Russie, elle est passée de 18,9 milliards de dollars en 2005 à 46,6 milliards en 2016, selon les chiffres d'une étude de l'Institut Thomas More publiée en mai 2017. « La Chine et la Russie vendent à l'exportation des armes que la France ne possède même pas, comme des missile antinavires supersoniques », poursuit l'amiral. L'Inde a vu sa courbe évoluer de 22 milliards à 51,1 milliards de dollars dans la même période. Enfin les États-Unis dominent toujours avec un budget augmenté de 505,8 à 604 milliards de dollars. La dépense de défense du continent est en outre très concentrée. Cinq pays – le Royaume-Uni, la France, l'Allemagne, l'Italie et l'Espagne – représentent plus de 75 % des dépenses de l'Europe. À eux seuls, le Royaume-Uni et la France en assument près de 45 %. La baisse de l'effort militaire concerne aussi les effectifs, qui en dix ans ont fondu de 451 000 hommes, soit une baisse de 23 %, toujours selon l'Institut Thomas More. Les principaux contributeurs à cette baisse sont les armées allemande (107 700 postes supprimés), britannique (64 540 postes en moins), française (54 000 postes supprimés) et polonaise (42 200 postes supprimés). À eux seuls, ces quatre pays représentent 50 % du total des suppressions de postes.

Les faiblesses concernent aussi les équipements. En dix ans, les armées européennes ont perdu 61 % de leurs chars de combat, 52 % de leurs hélicoptères d'attaque, 30 % de leurs avions de combat,

15 % de leurs frégates ou de leurs destroyers, 16 % de leurs sous-marins à propulsion nucléaire. Bien sûr, certaines de ces baisses sont à mettre en relation avec le changement de la nature des conflits auxquels nos pays sont confrontés. Ainsi le tarissement des chars de combat s'explique par la disparition, après 1991, de la menace soviétique qui pesait sur les territoires des pays alliés. L'Allemagne qui possédait encore 2 200 chars de combat en 2005 n'en a plus que 306. La France est passée de 926 à 200 unités. Mais si l'on se penche sur les équipements indispensables pour affronter les nouveaux types de conflit, y compris, bientôt peut-être, sur les mers, « le constat est souvent inquiétant », dit encore l'étude de l'Institut. Seule la France, pour l'instant, possède un porte-avions à propulsion nucléaire. L'Italie n'a qu'un porte-aéronefs à propulsion classique, tandis que le Royaume-Uni ne disposera à nouveau de porte-avions qu'en 2020. Cela ne pèse pas très lourd en comparaison de la flotte américaine qui en compte dix. Même constat du côté des sous-marins.

La France et le Royaume-Uni sont les seules puissances en Europe à avoir investi dans des appareils à propulsion nucléaire (10 et 12). Les Américains en ont 68, les Russes 39. La Chine, elle, n'en possède pas encore, mais elle a doublé sa flotte de sous-marins classiques depuis 2005. Autre exemple : les drones, qui sont une arme désormais majeure et dont la possession et la maîtrise « constituent un bon indicateur de la capacité d'adaptation et de modernisation d'une force armée », rappelle la note de l'Institut. Les États-Unis peuvent compter sur une flotte de 1 116 drones, quand les Européens ont seulement 257 appareils. Quant à la Chine, elle réalise des progrès extrêmement rapides dans ce domaine. Ces exemples permettent de prendre la mesure de l'insuffisance des équipements des armées européennes. Elles risquent ainsi de se retrouver face à des trous capacitaires pour les missions opérationnelles.

Il faut en outre compter avec le problème du vieillissement et de l'obsolescence des équipements. Un rapport parlementaire français note par exemple que les conditions extrêmes rencontrées par les troupes au Sahel accélèrent considérablement le taux d'usure des moteurs d'hélicoptères. À cela s'ajoute le grand âge de certains matériels. Le ministère de la Défense britannique a par exemple annoncé la prolongation des véhicules de combat Bulldog, entrés en service dans les années soixante ! En France, les vieux hélicoptères Gazelle et Puma ne seront pas remplacés avant 2028. Ce maintien en service au-delà des limites entraîne des frais de réparation et de maintenance dont le coût va croissant. Autre exemple en Allemagne : une « fraction » seulement des sept A 400 M dont dispose le pays serait effectivement disponible. En Suède, seuls quatre des 24 systèmes d'artillerie Archer, entrés en service en 2011, seraient en état de fonctionnement.

Une armée à réaction : la politique internationale

La mobilisation des Européens en dehors de leurs frontières, si l'on excepte l'Italie, la France et le Royaume-Uni, reste faible. Certes, tous les pays participent à des opérations extérieures. Mais parfois de manière si marginale que seule vaut la force du symbole. Le concours des Polonais à l'opération malienne se limite à sept hommes ! Et celui de la Belgique, à deux rotations de transport ! Cette modestie est le résultat de l'affaiblissement général des armées. Le manque d'effectifs et de moyens interdit toute ambition plus élevée, même quand la volonté politique existe.

Le député européen Arnaud Danjean redoute en outre que le sursaut militaire du continent ne soit davantage conjoncturel que structurel. « Tout conduit à un vrai réveil stratégique européen. Mais on a l'impression que les réactions sont d'abord motivées par l'arrivée de Donald Trump et, à un degré moindre, par le Brexit*. » L'imprévisibilité de Donald Trump, sa personnalité anticonventionnelle et surtout son rôle de grand perturbateur sur la scène politique internationale sont source d'instabilité nouvelle pour les diplomaties européennes. Certains considèrent que le bilan du président américain en politique étrangère n'est pas aussi mauvais qu'il n'y paraît. « L'État islamique est défait en Syrie. Donald Trump a frappé deux fois Bachar el-Assad après l'utilisation d'armes chimiques. Il a livré des missiles Javelin à l'Ukraine et à la Géorgie. Les sanctions contre la Russie ont été consolidées : il répond aux provocations du Kremlin comme Barack Obama ne l'avait jamais fait. L'OTAN a renforcé sa présence à l'est. La mission militaire se poursuit en Afghanistan. La Corée du Nord a accepté de venir à la table des négociations », énumère Randy Scheunemann, le président de l'entreprise de communication américaine Orion, qui a fait partie de l'équipe de campagne présidentielle de John McCain en 2008, pendant la conférence internationale Lennart Meri, en Estonie, en juin 2018. D'autres préfèrent dénoncer l'arrogance de sa politique, sa diplomatie des tweets et la remise en cause du système d'alliance qui structurait le monde depuis la fin de la guerre froide, les entailles mortelles faites au multilatéralisme. « La sympathie qu'il manifeste envers les leaders autocrates menace l'ordre établi par les démocraties. Donald Trump est le symptôme d'un malaise plus large. Mais l'Europe doit apprendre à vivre, à résister et à gérer ce problème. Car sa politique risque de provoquer un nouveau chaos au Moyen-Orient, notamment en Iran et chez les Palestiniens. Et donc un nouvel afflux de réfugiés en Europe », prévient Constanze Stelzenmüller, spécialiste allemande à la Brookings Institution à Washington, pendant la même conférence à Tallinn. Seul le lien qui unit les militaires américains à leurs homologues français semble ne pas avoir pâti de la nouvelle donne transatlantique consécutive à l'arrivée de Donald Trump à la Maison Blanche.

Mais Arnaud Danjean craint que le réveil soit « trompeur et superficiel ». « Les déclarations de certains responsables européens, particulièrement en Allemagne, laissent à penser qu'ils considèrent que la principale menace pour la sécurité européenne tient plus aux incertitudes sur la fiabilité de l'allié américain (surtout les doutes exprimés par Donald Trump sur l'application de l'article 5 de l'OTAN – qui prévoit que les alliés se portent au secours d'un membre s'il est attaqué) qu'aux crises elles-mêmes dans l'environnement immédiat du continent – la guerre en Syrie, le conflit en Ukraine, l'instabilité en Libye… Or, pour ce qui concerne l'engagement américain en Europe, je ne suis pas sûr que les positions de Donald Trump soient si différentes de celles de Barack Obama. » L'ancien président américain ne s'était pas rendu au vingtième anniversaire de la chute du Mur de Berlin. Il n'a jamais manifesté un grand intérêt pour le continent européen. « Je constate en outre, poursuit Arnaud Danjean, que les États-Unis ne se sont pas désengagés d'Europe depuis l'arrivée de Donald Trump, mais que les modalités risquent d'évoluer vers des relations plus bilatérales avec certains États que via les structures multilatérales de défense collective. On peut donc raisonnablement craindre que certains Européens soient tentés de reprendre avec lui le *business as usual* dès que ce sera possible et d'abandonner ainsi leurs efforts en matière de défense. Mon inquiétude, c'est que la défense européenne se fasse par défaut et qu'on renoue avec une politique frileuse plus classique si Donald Trump s'en va ou se normalise. Beaucoup seront tentés de considérer que le danger ne justifie plus un haut niveau d'engagement et une recherche d'autonomie. » L'irruption soudaine de l'imprévisibilité américaine a convaincu les dirigeants européens de réagir. Mais l'espoir subsiste, dans de nombreuses capitales européennes, de retrouver dès que possible le confort du parapluie américain. « J'ai vécu trop de revirements par rapport aux grandes ambitions pour ne pas être prudent », ajoute l'eurodéputé des Républicains[1].

Car les Européens restent très divisés sur la question de la défense européenne. De nombreux pays, surtout à l'est, aimeraient rester sous la protection du grand frère américain et sous celle de l'OTAN. Davantage que d'investir dans la défense, ces pays ont pour priorité en Europe de renforcer leur poids politique et de contrer les prétentions franco-allemandes ou celles de la

1. Sur ce sujet, lire l'article d'Arnaud Danjean publié dans le rapport sur l'Europe 2018 de la Fondation Schuman : « Après les annonces, des actes ».

Commission, notamment sur les questions d'immigration.

La menace terroriste, la crise migratoire et l'agressivité de la Russie ont creusé les divisions entre le nord-est et le sud-ouest du continent, qui n'ont pas ou plus les mêmes priorités stratégiques. Pour les pays de l'Est, dont certains ont longtemps vécu sous le joug du communisme et de l'Union soviétique, c'est la Russie et sa volonté de reconquérir son ancienne zone d'influence qui constitue le principal danger. Depuis que l'intégrité territoriale de la Géorgie a été violée par les troupes russes en 2008, depuis que celle de l'Ukraine a été remise en cause en 2014 avec l'annexion de la Crimée et la déstabilisation de l'est du pays, la guerre secoue à nouveau le flanc est de l'Europe. Elle rappelle de mauvais souvenirs à ceux qui n'ont retrouvé leur indépendance qu'à la fin du siècle dernier, comme les Pays Baltes. Le nord-est du continent s'inquiète donc surtout du retour d'une Russie agressive et impérialiste, qui porte ses coups bien au-delà de ses frontières. Pour les États du Sud au contraire, plus proches de la Méditerranée, le danger vient surtout d'Afrique et du Moyen-Orient. La rive sud est devenue une zone à risque, avec des pays qui peinent à contrôler le flux de populations et la multiplication des groupes djihadistes. La crise des migrants a révélé une nouvelle et profonde division entre les pays de l'Est, qui résistent à l'immigration, et ceux d'Europe occidentale, plus favorables à la culture multiethnique.

De par son tropisme méridional, la France considère que ses intérêts sont surtout orientés vers le sud. Mais en raison de sa vision globale du monde, d'une histoire qui l'a longtemps portée au-delà des mers et des responsabilités internationales que lui confèrent son statut de membre privilégié de l'ONU dans les domaines militaire et diplomatique, mais aussi sa place dans l'OTAN et dans l'Union européenne, elle aborde – c'est l'un des rares pays européens à le faire – les deux menaces. « Les enjeux de sécurité dans l'environnement immédiat de l'Europe sont tels qu'il y a vraiment de la place pour tout le monde. Pour l'OTAN comme pour l'Union européenne. Dans toutes les réunions bruxelloises, on constate une polarisation géographique très forte sur les questions de défense. Beaucoup de pays ont une approche stratégique trop exclusive. La France et l'Allemagne doivent apporter cette nécessaire articulation géographique entre des priorités – à l'Est et au Sud – trop souvent abordées comme exclusives l'une de l'autre alors que l'Europe doit être en mesure d'appréhender les deux », estime l'eurodéputé Arnaud Danjean.

S'il n'y a pas lieu de mépriser les efforts de défense européens, il convient donc d'en mesurer la modestie. Il y a loin en effet de ces initiatives à la relance ambitieuse de l'« Europe de la défense » qu'annoncent pourtant tous les nouveaux présidents français dès qu'ils s'installent à l'Élysée. Et pour cause, explique la note de l'Institut Thomas More : « Sans un véritable pouvoir politique unifié au sommet avec un solide soutien des États membres, il n'y aura pas de "défense européenne" avant longtemps. Dans ce monde qui craque de toutes parts, l'enjeu global porte sur la préservation d'une "civilisation de la personne" fondée sur le sens de la vérité et des libertés. Aussi les variations sur "l'Europe qui protège" et une rhétorique apaisante, complétée par des adaptations à caractère pratique, ne suffiront-elles pas à la tâche. On attend un grand discours sur une "Europe sans rivages", en mouvement et conquérante : ce que la tradition nomme l'Occident. Une référence trop affirmative et polémique pour être assumée au plus haut niveau ? » s'interroge, en guise de conclusion, le géopolitologue Jean-Sylvestre Mongrenier, dans la note de l'Institut Thomas More.

L'Allemagne, puissance hésitante

Relancer, refonder l'Europe en s'appuyant sur le couple franco-allemand, y compris sur son volet défense, c'était l'ambition d'Emmanuel Macron. Dans son discours de la Sorbonne, en septembre 2017, le nouveau président français espérait, avec le soutien de Berlin, pouvoir doter l'Europe « d'une forme commune d'intervention », d'un « budget de Défense commun » et d'une « doctrine commune pour agir ». Pour une nation comme la France, ancienne grande puissance devenue moyenne mais qui veut, notamment grâce à son savoir-faire militaire, à sa culture stratégique et à la vision globale que lui donnent son histoire et ses responsabilités internationales, participer activement aux grandes affaires du monde, la défense européenne a toujours été une priorité des responsables politiques. À l'heure où l'argent manque, les coopérations sont en outre considérées comme des « multiplicateurs de ressources ».

À Berlin, l'élection d'Emmanuel Macron avait été accueillie avec beaucoup de soulagement. Angela Merkel espérait que le prochain chef d'État français serait à la fois pro-européen et prêt à lancer des réformes économiques structurelles dans son pays. Le nouvel hôte de l'Élysée remplissait ces deux critères. Depuis le référendum sur le Brexit, Paris et Berlin ont poussé pour des avancées dans le domaine de la défense.

La multiplication des menaces dans le monde, le tournant constitué par l'annexion de la Crimée par la Russie, la baisse de l'appétit américain pour rester le garant de la sécurité européenne ajoutés aux sollicitations du président très pro-européen Emmanuel Macron ont provoqué un réveil au sein de l'Union chrétienne-démocrate, la CDU d'Angela Merkel, et contraint Berlin à accepter d'assumer davantage de responsabilités dans le monde.

La troisième coalition (2013-2017) a changé le discours stratégique officiel et promis de donner une place nouvelle à la Bundeswehr. L'Allemagne a décidé d'augmenter son budget de la défense et de respecter le minimum de 2 % normalement exigé de chaque pays membre de l'OTAN. Elle a poussé la Bundeswehr en dehors de sa zone de confort traditionnelle et culturelle, engageant ses soldats dans une dizaine de missions, y compris à l'est de l'Europe où ils n'allaient guère. Plus de vingt ans après son intervention dans le conflit yougoslave, le gouvernement s'est placé, à partir de 2014, en moteur de la résolution de la crise ukrainienne aux côtés de la France.

Autre changement, le soutien apporté aux Peshmergas en 2017, au Kurdistan, aurait été impossible il y a quatre ans. L'Allemagne a accepté d'aider la lutte antiterroriste au Sahel en envoyant des soldats au Mali, dans les missions de formation et dans la Minusma, la mission des Nations unies. La chancelière avait aussi donné son feu vert à la participation de son pays à la coalition internationale contre Daech. L'ambiance tranche donc avec la virulente opposition de Berlin à l'intervention militaire des Français, Britanniques et Américains en 2011 contre la Libye de Kadhafi. Le Bundestag a assoupli sa position jusque-là très hostile aux interventions militaires. « Ce sont des signaux politiques importants. On s'est suffisamment plaints de ne pas avoir d'aide des Européens pour faire la fine bouche. Il faut saluer les convergences, même si les rivalités demeurent, notamment en matière de leadership », commente un spécialiste de la défense.

À Berlin, la participation de la Bundeswehr à certains théâtres d'opérations est désormais considérée comme « le prix à payer » pour s'élever dans la hiérarchie internationale, notamment aux Nations unies. L'Allemagne se sait aujourd'hui dans l'obligation de répondre, même de façon symbolique, aux demandes militaires alliées, pour faire avancer son agenda diplomatique. Le modèle suisse, qui consiste à s'occuper d'économie tout en laissant les autres assumer le travail militaire, sur lequel s'était basée l'armée allemande, est périmé. Les Opex donnent à l'Allemagne de la visibilité. Mais plus que tout, ce sont les attaques lancées par Donald Trump contre l'ordre multilatéral et contre ses alliés qui ont exaspéré la chancelière Angela Merkel. « Nous, les Européens, nous devons nous occuper davantage de nous-mêmes », a-t-elle affirmé après le retrait américain de l'accord nucléaire iranien. Dans un discours prononcé en juin 2018 à Munich devant le groupe parlementaire PPE, elle a pour la première fois placé la défense en priorité absolue de l'Europe. « L'époque où l'Europe pouvait compter sur les autres est révolue… Un nouvel ordre mondial émerge… Le parapluie (américain) se referme », a-t-elle dit. La chancelière réclame « en urgence » un livre blanc sur la sécurité européenne, suggère des « unités d'intervention » sur les théâtres d'opérations, plaide pour une culture stratégique commune.

Mais l'effort reste insuffisant. Les tentatives de développer un noyau franco-allemand en matière de défense sont pour l'instant restées décevantes. L'engagement de respecter le critère des 2 % de l'OTAN n'a pas encore été tenu. Le budget de la Défense stagne à 1,25 %. La brigade franco-allemande, pierre d'angle de la coopération entre Paris et Berlin, demeure lettre morte trente ans après sa création. Les objectifs français et allemands diffèrent et malgré l'impulsion d'Angela Merkel, les cultures militaires n'ont pas réussi à se rapprocher.

« Au niveau des traditions, les armées françaises et allemandes sont à front renversé. Les premières se battent, interviennent, visent l'excellence, la performance et la rapidité. Les secondes sont bureaucratiques, lourdes à bouger. Elles n'aiment pas combattre et préfèrent s'illustrer dans leurs industries », résume un spécialiste de la défense. Cette incompréhension est une conséquence du second conflit mondial. Après la mutation pacifique qui s'est opérée en Allemagne à la sortie de la guerre, la Bundeswehr a traversé toute la guerre froide avec l'unique tâche de participer à la défense collective du continent. C'est un rôle que lui avaient imposé les alliés vainqueurs, qui ont occupé et surveillé l'Allemagne jusqu'en 1949. Après la chute du Mur et la réunification des deux Allemagne, le budget de la défense a chuté de manière drastique et l'armée est passée de

500 000 à 180 000 hommes. À Bonn puis à Berlin, les responsables politiques pensaient, comme beaucoup d'Européens de l'Ouest, que la paix était à jamais acquise sur le continent et que toutes les crises pouvaient être résolues par des négociations, des accords de coopération ou des partenariats.

Le scepticisme face aux solutions militaires persiste aujourd'hui malgré les changements stratégiques. Au Mali, les engagés allemands font du maintien de la paix et de la formation au sein de l'ONU et de l'Union européenne, quand les militaires français combattent les groupes armés djihadistes. C'était déjà le cas en Afghanistan : les forces spéciales françaises montaient au front, quand les militaires allemands restaient à l'intérieur de leurs bases, interdits de combattre par les « caveats », les restrictions que leur imposait le Parlement. Le sursaut militaire espéré par Paris n'a pas encore eu lieu. Deux jours avant les frappes menées conjointement en Syrie le 7 avril 2018 par les États-Unis, la France et la Grande-Bretagne contre des installations militaires du régime de Bachar el-Assad qui venait de commettre un nouveau massacre chimique, Angela Merkel a refusé toute participation de la Bundeswehr à l'opération. Contrairement à la France qui, on l'a vu, donne carte blanche au pouvoir politique dans ce domaine, l'Allemagne ne peut entrer en guerre sans un vote du Bundestag, le Parlement. Malgré toutes les promesses, la première puissance économique de l'Union européenne reste en retrait des opérations militaires menées par ses alliés. Cette retenue militaire fait consensus dans la population : 78 % des Allemands, selon un sondage télé ZDF, s'étaient prononcés contre une participation de leur pays aux frappes en Syrie en avril 2018.

Angela Merkel a surtout été freinée par son échec politique aux élections législatives de l'automne 2017. Signé en février 2018 entre les conservateurs et les sociaux-démocrates, le « contrat de coalition » entretient volontairement le flou sur les questions militaires. Avant tout mus par leur fibre pacifiste, les sociaux-démocrates allemands préfèrent investir dans le développement plutôt que dans la Défense. Et l'annonce, en novembre 2018, du prochain retrait politique d'Angela Merkel, n'est pas de nature à inverser la tendance, en tout cas dans un avenir proche. Emmanuel Macron espérait entraîner l'Allemagne dans son « initiative européenne d'intervention », qui prévoit une planification commune entre Européens. Mais les Allemands n'ont en fait que peu d'appétence pour une « vraie » Europe de la Défense, dont ils redoutent qu'elle puisse avoir vocation à remplacer l'Alliance Atlantique. « Alors que Paris insiste sur le pragmatisme et le *whatever works* (Tout ce qui marche est bon à prendre) afin d'atteindre ses objectifs quel que soit le cadre institutionnel, la préférence allemande pour l'OTAN reste intacte », écrit la spécialiste Barbara Kunz, chercheur de l'IFRI, dans une note consacrée au sujet.

Sur le plan militaire, il y a donc bien divergence entre les modèles de puissance, les cultures stratégiques et les représentations géopolitiques de la France et de l'Allemagne. « Quand la France est prompte à employer la force armée, avec une certaine latitude d'action, et conserve des ambitions mondiales, l'Allemagne a une vision plus continentale et géoéconomique des enjeux, et sa constitution impose un strict contrôle parlementaire des interventions militaires », résume Jean-Sylvestre Mongrenier dans une note pour l'Institut Thomas More fin 2017. Les intérêts stratégiques de Berlin et Paris continuent en outre à diverger. La perception des menaces, qui se nourrit de la géographie, est aussi très différente : les militaires français regardent vers le sud, tandis que leurs homologues allemands sont tournés vers l'est.

Le Brexit, mauvaise nouvelle pour l'armée française ?

Dans le domaine de la défense comme dans celui de la diplomatie, la réalité finit toujours par imposer sa loi. Au premier test militaire d'envergure, le couple franco-allemand revivifié par l'élection d'Emmanuel Macron a été rattrapé, voire doublé, par le vieux tandem franco-britannique. Quand Angela Merkel a refusé la participation de la Bundeswehr aux frappes menées contre le régime syrien en avril 2018, Theresa May, dont c'était le baptême du feu, a envoyé quatre avions de combat et revendiqué « un rôle important » dans l'opération, malgré le Brexit. Tout devait pourtant changer. En août 2013, le Parlement britannique avait reculé au moment où les alliés s'apprêtaient à frapper le régime syrien. « Sortis d'opex sur les rotules, ils n'avaient plus à l'époque de ressort politique pour assurer l'intervention en Syrie. Aujourd'hui encore, ils sont très affaiblis militairement. Les trois programmes qui constituent leur ticket d'entrée avec les Américains – la dissuasion nucléaire, les chasseurs bombardiers F35 et leurs deux porte-avions – restent incomplets », explique un officier qui suit de près la relation bilatérale. Il ajoute : « La hantise des militaires français, c'est de connaître un jour le même décrochage que celui des Britanniques. Or, s'il suffit de quelques années pour dévisser, il faut plusieurs décennies pour remonter en puissance et acquérir à nouveau des capacités qu'on a perdues. » Le temps long, en effet, n'est pas celui, ou n'est plus celui, des hommes politiques, dont les raisonnements et les propositions sont calculés en fonction de leur mandat, souvent un quinquennat. En 2015, le magazine britannique *The Spectator* a fait scandale en affirmant que l'armée de sa Gracieuse Majesté n'était plus capable de faire face à un « conflit majeur » et qu'elle avait perdu un tiers de ses capacités en cinq ans.

Malgré ses faiblesses, et face aux réticences opérationnelles de l'Allemagne, la nature ayant horreur du vide, c'est l'allié naturel de la France, le Royaume-Uni, qui reprend du service. « Dans le domaine de la défense, les relations entre Paris et Londres sont naturelles et fluides, tandis qu'elles sont contraintes et insatisfaisantes avec Berlin », souffle un diplomate français. Cela a toujours été le cas.

La France et la Grande-Bretagne partagent une même vision stratégique et ont des doctrines d'emploi des forces similaires. Anciens empires, membres permanents du conseil de sécurité de l'ONU, deux seules puissances dotées de l'arme nucléaire en Europe, elles ont une culture d'intervention à l'étranger, en partie héritée de leur histoire impériale. Français et Britanniques ont lancé ensemble en 1956 – sans succès il est vrai – une opération militaire pour reprendre le canal de Suez qui venait d'être nationalisé par le président égyptien Nasser. Ils étaient encore côte à côte dans les Balkans pendant les années quatre-vingt-dix. Cette proximité s'est traduite par les accords de coopération de Saint-Malo, en 1998. Mais comme des amants qui parfois étouffent d'une trop grande intimité, Paris et Londres ont aussi connu des froids dans leur relation de défense. Le premier fut celui de l'intervention américaine de 2003 à laquelle Tony Blair s'est rallié sans hésiter, tandis que la France avait fermement refusé d'y participer. On connaît la suite : le mensonge américain sur les armes de destruction massive irakiennes, l'enlisement de l'opération qui participe à la déstabilisation du Moyen-Orient, la dépression militaire britannique. Le second relève presque d'une question philosophique. Paris et Londres n'ont jamais eu la même vision de ce que doit être la défense européenne. Les Français la veulent autonome et les Britanniques veulent l'insérer dans l'OTAN.

Malgré ces divergences, les relations ont encore été approfondies avec le Traité de Lancaster, signé en 2010 sous l'égide de Nicolas Sarkozy et du Premier ministre britannique David Cameron. « Il n'y a pas de situations dans lesquelles les intérêts vitaux de l'un de nos deux pays puissent être menacés sans que les intérêts vitaux de l'autre pays ne le soient également », ont affirmé Paris et Londres. L'accord bilatéral de défense concerne même le nucléaire, avec le développement d'un centre commun pour tester la sûreté des têtes. Les deux pays ont aussi créé une force expéditionnaire commune interarmées (CJEF). La diminution du budget de la défense britannique, l'affaiblissement de la « relation spéciale » entre Londres et Washington sous Barack Obama qui a délaissé l'Europe et le retour de la France dans le commandement de l'OTAN qui a chassé les doutes de la Grande-Bretagne sur la fiabilité transatlantique de son partenaire européen préféré, ont beaucoup œuvré au rapprochement. « L'alignement excessif de Tony Blair sur les États-Unis en 2003 a eu un effet boomerang en provoquant des dégâts dans la relation bilatérale entre Londres et Washington », commente Alexandra de

Hoop Scheffer, la directrice du bureau parisien du German Marshall Fund (GMF) à l'occasion d'une rencontre consacrée aux relations transatlantiques au mois d'avril 2018. Il a fait naître un doute, une méfiance, dans l'esprit des responsables britanniques vis-à-vis de la « relation spéciale » qui unit, comme deux sœurs, Londres et Washington et a redonné de l'énergie au lien qui a toujours soudé Londres et Paris. La lune de miel franco-britannique a atteint son apogée en Libye, en 2011, où comme à Suez, les deux armées ont pris l'initiative d'une intervention commune. Quand il s'agit d'intervenir dans des opérations de combat, la France et le Royaume-Uni sont les deux seules puissances capables d'utiliser la force au-delà des frontières européennes de manière à la fois rapide et efficace.

Après la Libye, les liens s'étaient à nouveau distendus. À l'inverse de son prédécesseur, très à l'aise avec le monde anglo-saxon, François Hollande avait cherché à rééquilibrer la relation avec l'Allemagne. Londres et Paris ont beau partager les moyens de calcul associés au nucléaire militaire, ils sont toujours incapables de s'associer dans la construction d'un avion de combat, d'un porte-avions ou d'une frégate antiaérienne communs. Faute d'argent, Londres a aussi refusé de lancer un programme de démonstrateur de drones de combat avec les Français. La défection syrienne de 2013 a profondément marqué le reste du quinquennat de François Hollande.

Mais comme sur bien d'autres plans, la sortie du Royaume-Uni de l'Union européenne constitue une grande perte dans le domaine de la défense et de la sécurité. La Grande-Bretagne est le seul pays, avec la France, à disposer d'un arsenal militaire complet jusqu'au feu nucléaire. Il représente 23 % des dépenses européennes de défense, 10,2 % des effectifs militaires et 42,7 % de la Recherche et Développement européenne. Il possède 12 % des avions de combat et 26 % de la force sous-marine, nucléaire et conventionnelle disponible en Europe.

Depuis le Brexit, la Grande-Bretagne se trouve en porte-à-faux vis-à-vis de son allié français. D'un côté, les choses sont plus faciles. « Le Brexit a levé beaucoup d'hypothèques qui paralysaient les initiatives de l'Europe en matière de défense depuis plus de dix ans », constate l'eurodéputé Arnaud Danjean. La Grande-Bretagne hors de l'Union européenne, elle ne pourra plus s'opposer par exemple à l'établissement d'un quartier général autonome à Bruxelles pour la défense européenne comme elle le fit pendant si longtemps. Certains veulent y voir la levée du grand obstacle à la mise en place d'une défense européenne. Une fois le Royaume-Uni parti, un « noyau dur » d'États membres réunis autour de Paris et Berlin pourrait enfin instituer une Europe politique et militaire. « La Grande-Bretagne était la porte-parole des États-Unis à Bruxelles, notamment sur les questions de défense. Londres et Washington luttaient ensemble contre la volonté de l'Union européenne de se doter d'une autonomie stratégique. En fait, les États-Unis avaient leur alter ego au sein de l'Union. Ils s'assuraient ainsi que leurs intérêts soient représentés à Bruxelles », poursuit la directrice parisienne du GMF.

Le Brexit, espèrent certains, pourrait au contraire resserrer les liens militaires entre la France et la Grande-Bretagne. « L'arrivée de Donald Trump à la Maison Blanche porte une possible divergence stratégique entre le vieux continent et son protecteur américain », explique le député européen. Son élection, en créant une incertitude profonde, a nourri des doutes quant à la fiabilité des engagements américains au sein de l'Alliance. Les tentations isolationnistes ou aventuristes de la politique étrangère américaine heurtent directement les intérêts de sécurité européens et aussi ceux des Britanniques.

Mais si Donald Trump rapproche Londres et Paris, le Brexit les éloigne. La France, qui considère que le projet européen doit s'appuyer sur des objectifs opérationnels, pas seulement capacitaires, regrette le départ de sa jumelle britannique. Après avoir quitté l'Union européenne, le Royaume-Uni ne siégera plus au Conseil européen, ni au Conseil des ministres, des institutions où les États membres coordonnent leurs politiques nationales dans les affaires étrangères et la sécurité. « Depuis le Brexit, le Royaume-Uni réinvestit l'OTAN très fortement. Son attitude très hostile vis-à-vis de la Russie le distingue également de nous », constate le général Lecointre, chef d'état-major des armées. Certains redoutent qu'une partie des coopérations franco-britanniques soient gelées par le Brexit. « Le risque existe qu'ils balancent le bébé avec l'eau du bain », s'inquiète un responsable de la Défense.

Tout l'enjeu est donc aujourd'hui pour Paris d'ancrer le Royaume-Uni dans une coopération bilatérale de défense privilégiée. « La Grande-Bretagne, l'Allemagne et la France formaient, en matière de défense, un trio parfait. La première était spécialisée dans les opérations, la seconde dans les industries et la France se situait au milieu. Le Brexit a effacé ce projet. Mais entre les deux relations, il est évident que nous choisirons les Britanniques », commente un responsable militaire. Car les choses ne changeront pas dans les années qui viennent : la France et le Royaume-Uni resteront les deux pays européens dotés d'ambitions globales, d'une dissuasion nucléaire et de la capacité de mener des opérations de haute intensité. Les deux puissances capables d'user de la force au-delà des frontières européennes, rapidement, efficacement et conjointement. « Avec l'Allemagne, les relations seront toujours difficiles car nos cultures militaires sont vraiment très différentes. La Grande-Bretagne reste notre allié intuitif, même si les choses sont compliquées par le Brexit », résume le général François Lecointre.

Rester ensemble après avoir divorcé, c'est l'objectif de certains militaires, des deux côtés de la Manche. « Il faut donner un nouvel élan aux accords de Lancaster et trouver un moyen de consolider nos relations militaires », espère un officier général britannique. La conception d'opérations communes franco-britanniques est sans doute l'un des grands défis d'avenir pour l'Union européenne. S'il n'est pas relevé, la France risque d'avoir à porter seule sur ses épaules le poids de la défense européenne. Comment articuler les relations de la France avec la Grande-Bretagne et les États-Unis ? C'est un chantier nouveau, qui risque d'occuper les milieux de la défense pendant les années qui viennent.

L'armée française est-elle soluble dans la défense européenne ?

Les Français aiment la liberté et l'indépendance. Leurs militaires aussi, qui veulent à tout prix garder leurs spécificités, même si la défense européenne se développe. « Nous avons deux hantises. La première, c'est de décrocher, à cause des coupes budgétaires, et de perdre certaines de nos capacités. La seconde, c'est d'être germanisés. C'est-à-dire d'être de moins en moins souvent envoyés en opérations extérieures et, surtout, de devoir soumettre nos actions au bon vouloir des parlementaires »* résume un officier général. Étant donné la lourdeur et la complexité des opérations militaires d'aujourd'hui et le manque de moyens financiers accordés par les démocraties européennes à leurs armées, les coopérations s'avèrent souvent indispensables. Elles ont été nécessaires par exemple pour faire vivre l'intervention française au Mali. Mais elles ne plaisent pas toujours aux militaires français. La spécialité hexagonale qui laisse au président le choix de décider seul et vite de lancer une opération a eu des conséquences sur la culture militaire, qui souvent donne la préférence à l'intervention. Ce système exige une rapidité d'exécution et une efficacité qui se marient mal avec le principe des coopérations. « Les Français n'aiment pas ça. Les coopérations sont parfois un frein à leurs décisions. Elles sont jugées trop lentes et trop compliquées à mettre en place. Ils préfèrent faire les choses tout seuls et ne les envisager que lorsqu'ils ne peuvent pas faire autrement », commente le député européen Arnaud Danjean en avril 2018 à la réunion d'Eurodéfense. Mais l'objectif d'autonomie stratégique n'empêche pas selon lui des coopérations ponctuelles. « L'autonomie stratégique est une ambition. On sait qu'on ne peut pas faire les choses à 100 % seuls. Il faut être capables de prendre des décisions pour nous-mêmes, en fonction de nos intérêts et pouvoir intervenir seuls en cas de besoin et en coalition si ce n'est pas possible. L'Europe a besoin d'acteurs comme la France qui tirent le processus vers le haut », conclut-il.

Mais pour que la défense européenne s'envole enfin, il faut relever plusieurs défis. Celui, d'abord, de la dimension opérationnelle, à laquelle les militaires français sont très attachés. C'est grâce à des opérations conjointes, notamment franco-allemandes, que la première version de la politique européenne de défense avait concrétisé son existence, avec l'opération Artémis en République démocratique du Congo, en 2003. Mais chez certains de nos partenaires européens, notamment l'Allemagne, ce volet passe parfois à la trappe, au profit des dimensions industrielles et capacitaires. Deuxième défi : conserver l'ouverture du projet à chaque pays manifestant sa volonté de participer activement, fût-ce de manière marginale. Le troisième consiste à faire converger des cultures stratégiques encore différentes.

Le Benchmark des armées

« Les armées fonctionnent comme un bloc chirurgical. Le chirurgien, celui qui tient le scalpel, c'est le terrien. L'infirmière, qui porte le scalpel, c'est le marin. Et l'anesthésiste, celui qui endort avant l'opération, c'est l'aérien. Dans une opération militaire, les aviateurs anesthésient, les marins fournissent l'instrument, les terriens interviennent »* résume avec humour le général Dominique Artur, ancien des Troupes de marine, ex-directeur adjoint des Écoles de Saint-Cyr.

Elles sont ensemble, unies dans le même corps avec des vocations identiques, servir le pays, défendre la France et les Français, en donnant parfois la mort et surtout, en acceptant de la recevoir. « L'envie de servir les rassemble. La mission nous lie en nous faisant dépendre les uns des autres. Construire un pays, c'est notre ciment »* résume un officier général. Et pourtant, elles sont toutes différentes. « Une armée, c'est un combat dans un milieu. C'est ce milieu qui façonne l'esprit du militaire »* commente le général Pierre de Villiers, lui-même issu de l'arme blindée et de la cavalerie. « L'armée de terre, l'armée de l'air, la marine et la gendarmerie sont comme autant de familles avec leurs cultures et leurs traditions propres. C'est la responsabilité des officiers supérieurs et des officiers généraux que de parvenir à une compréhension fine et profonde de leurs complémentarités. Cette connaissance partagée se déploie de façon exemplaire sur le terrain, notamment à l'occasion des Opex – opérations extérieures – où l'unité au service de la mission l'emporte sur toute autre considération »* constate Antoine de Romanet, l'évêque aux armées.

Les terriens : cathos et républicains ?

C'est « l'armée de l'armée », la plus nombreuse des trois puisqu'elle représente environ 50 % des effectifs. Contrairement à la marine et à l'armée de l'air, qui sont organisées autour de leurs bateaux et de leurs avions, elle est tournée vers l'humain et les valeurs. Elle possède le panache lié au prix du sang et du sacrifice, qu'elle paie plus que les autres forces. C'est elle qui prend les plus gros risques, qui meurt le plus fréquemment pour le drapeau. Cette vocation lui donne deux particularités : une rusticité et une cohésion de corps exceptionnelles. Elle lui accorde aussi une indépendance relativement grande. « Une des forces de l'armée de terre, c'est que chaque soldat a un bâton de maréchal dans sa giberne », disait Louis XVIII en 1819.

Dans les conflits, le simple soldat est parfois amené à prendre des décisions que seul prendrait le pacha sur un bateau. Si l'humain est au cœur du métier de terrien, c'est parce qu'en opération, les soldats sont exposés, ils sont parfois seuls et vivent isolés. Les « aventures » vécues sur le terrain, surtout en Afrique où elle a été très ancrée, développent de très forts liens d'amitié, y compris à des niveaux hiérarchiques différents. L'armée de terre est une armée qui se commande à la voix. Et les terriens l'ont ramenée forte des opérations. Elle porte loin et on l'entend résonner dans les amphis et les couloirs de l'École militaire. Dans les tables rondes ou les conférences, les terriens sont aussi ceux qui tapent fort de leur poing sur la table et poussent volontiers des coups de gueule.

Culturellement, l'armée de terre est plutôt catholique et très attachée aux valeurs républicaines. Elle vote en général pour la droite modérée, sauf dans les milieux traditionalistes qui penchent parfois pour l'extrême droite. C'est dans l'armée de terre qu'on trouve le plus grand nombre de noms à particule chez les officiers supérieurs. La plupart d'entre eux sont érudits et élégants. Mais c'est aussi chez elle qu'on rencontre, à la base, les éléments les plus rugueux. « Le bourrin de base », comme le dit en rigolant un haut fonctionnaire du ministère de la Défense. Politiquement, elle est celle des trois armées qui reflète le mieux la nation, même si, selon leur spécialité – la légion, l'infanterie de marine, la cavalerie… –, les traditions sont différentes. Plus que les autres armées, sa force et son efficacité se mesurent dans ses effectifs, car un combat se termine toujours à terre. Alors que la marine et l'armée de l'air ont respectivement un uniforme unique, l'armée de terre en a autant que d'armes ou de spécialités. La mer et l'air pour les marins constituent un principe fédérateur qui les rassemble et les réunit. Ce dénominateur commun n'existe pas dans l'armée de terre, qui pioche dans l'histoire et un passé épique sa force fédératrice.

L'armée de terre a longtemps souffert. Davantage que la marine et l'armée de l'air, elle a porté sur ses épaules le poids de la défaite de 1940. À partir des années cinquante, elle a été marginalisée par le choix du général de Gaulle de faire de la dissuasion nucléaire une priorité. « Jusqu'à la fin de la guerre en Algérie, elle fut écartelée entre ses missions outre-mer et ses missions OTAN. Durant cette période, les besoins des guerres coloniales ont siphonné les moyens de Défense pour l'Europe occidentale et inversement, plaçant les chefs militaires et les responsables politiques devant un dilemme cornélien »* explique l'historien des armées Philippe Vial. Elle fut aussi contestée de l'intérieur par les comités de soldats dans les années soixante-dix. C'est aussi l'armée de terre qui a connu le bouleversement le plus considérable au cours des réformes successives. Elle a vu fondre ses effectifs, qui sont passés de 720 000 hommes en 1962 à 110 000 aujourd'hui. Ses casernes ont fermé, de nombreux régiments ont été supprimés et la professionnalisation l'a contrainte à se désengager du territoire.

Aujourd'hui elle est redevenue une armée d'emploi. Elle a retrouvé son équilibre, sa cohérence et son unité, même si elle a encore du mal à travailler en coalition. L'opération Sentinelle lui a donné un véritable appel d'air. Après avoir été réorganisée pour être projetée à l'étranger, elle réinvestit la défense du territoire national.

L'armée de l'air : un sport d'équipe individuel

« La chasse, c'est comme une course au grand large. C'est un sport d'équipe qui se pratique par une personne. » L'armée de l'air vit autour de ses bases et défend ses avions. Elle exerce un métier très technique et souvent individuel. Elle est marquée par le clivage entre le personnel navigant, qui compte pour 5 % des effectifs, et le personnel non navigant. Seuls les premiers accèdent aux postes à responsabilité et ce sont les pilotes de chasse qui exercent le leadership. « C'est l'arme de l'efficience et de la professionnalisation de la mission »* commente un aviateur. Elle travaille dans la discrétion et la précision. « Les aériens se concentrent sur leur travail. C'est un peu comme les femmes dans les entreprises : ils bossent, ils sont bons mais ne s'occupent pas du reste », commente un haut fonctionnaire d'un ministère régalien. C'est l'arme la plus récente et sans doute aussi la plus discrète. « Les aviateurs sont des pionniers, des aventuriers. De tous, ce sont les plus authentiques, les plus sincères »* commente un observateur du ministère de la Défense.

L'armée de l'air est devenue une armée majeure, « le top of the pop » comme disent certains aviateurs, avec la dissuasion nucléaire. Portée par les succès du Rafale, l'avion de combat polyvalent de la France, elle a consolidé son pouvoir dans sa double capacité à porter l'arme nucléaire et à frapper des cibles de manière précise, autonome et puissante dans les opérations extérieures. C'est à cette époque, en 1968, qu'elle a donné son premier chef d'état-major, Michel Fourquet, aux armées françaises. Le bilan des dernières frappes contre des installations militaires du régime syrien en avril 2018 a une nouvelle fois prouvé la très grande maîtrise des pilotes de chasse français, qui servent l'une des meilleures armées de l'air au monde.

Depuis quelques années cependant, elle traverse une période difficile. De plus en plus concurrencée, dans le domaine du nucléaire, par la Force océanique stratégique (FOST) et ses sous-marins lanceurs d'engins, elle voit avec peine disparaître peu à peu la figure légendaire du pilote de chasse, déjà parfois remplacé dans l'armée américaine par les drones. Elle se considère aussi comme la grande perdante de la dernière Loi de programmation militaire (LPM). Mais peut-être est-ce parce qu'elle a mis plus de temps que les autres à réaliser l'ampleur des restrictions budgétaires, suggère un officier général ayant exercé des responsabilités dans les ressources humaines. Son parc de chasseurs n'aura jamais été aussi fragile. Si elle se sent malheureuse et parfois un peu « complexée », c'est aussi « parce qu'elle ne se sent pas reconnue », poursuit l'observateur. Elle peine en effet à porter ses aviateurs aux plus grands postes de responsabilité. Depuis la fin des années quatre-vingt-dix, il n'y a pas eu de chef d'état-major issu de l'armée de l'air.

Culturellement, elle est la plus païenne des trois armées. Ce n'est pas une arme très politique, même si son cœur penche souvent à gauche. Elle se moque des valeurs traditionnelles portées par les terriens et les marins. « Les aviateurs dénichent leurs femmes dans les boîtes de nuit », dit l'un des adages de l'armée. C'est sans doute chez elle, enfin, qu'on trouve les exemples d'ascenseur social les plus spectaculaires. Comme celui du général Richard Wolsztynsk, fils de mineur polonais qui devint chef d'état-major de l'armée de l'air entre 2002 et 2006. Peut-être est-ce parce qu'elle est l'armée la plus jeune. Créée en 1934 seulement, elle ne s'inspire pas, comme la marine, des bateaux qui remontent au XVe siècle.

La marine : une armée de cols blancs ?

Si l'armée de l'air se construit autour de ses avions, la marine s'organise autour de ses bâtiments. C'est donc également une armée technique, même si elle évolue dans trois milieux différents : sur l'eau, sous l'eau ou en vol. « Elle pousse l'efficience et la rationalisation très loin. Elle agit dans tous les milieux et avec de petits effectifs »* explique un amiral. « Elle part en mer, là où personne ne veut aller. Elle va ailleurs et revient. Elle est indépendante et il ne faut pas qu'on l'emmerde », poursuit-il. C'est aussi une armée silencieuse. Qui n'élève jamais la voix. Elle a tellement appris à garder le silence au fond de l'eau, qu'elle reste discrète même sur terre. « On n'entend jamais un marin gueuler », résume un colonel de cavalerie aux accents bourrus.

« Quand survient un désastre militaire, la marine va chercher en mer les succès pour redorer le blason du pays », résume un amiral. Après Napoléon III, elle s'est engagée au Mexique et en Algérie. Après la défaite de 1870 contre les Prussiens, l'amiral Courbet est parti en Indochine. Mais elle a mis longtemps à se remettre de ses deux péchés originels. Le premier est celui de Mers el-Kebir, près d'Oran, en Algérie. Le 17 juin 1940, la France est vaincue. À la radio, les Français entendent pour la première fois la voix de leur nouveau chef, le maréchal Pétain. Il demande l'armistice aux Allemands. Les conditions sont terribles, mais la France garde ses colonies et surtout sa flotte, l'une des premières au monde. Elle ne veut pas continuer la guerre. Le 3 juillet 1940, la Royal Navy britannique attaque la flotte française amarrée dans la rade nord-africaine de Mers el-Kébir. Le Premier ministre Winston Churchill manifeste ainsi sa détermination à poursuivre la guerre, au prix d'une rupture sanglante avec son allié français. La France ayant décidé de rendre les armes, l'Angleterre ne veut pas prendre le risque que sa flotte tombe aux mains des Allemands. La marine française gardera longtemps une animosité, plus tard remplacée par une ambiguïté, vis-à-vis de la Grande-Bretagne, qui à certains moments de l'histoire a pu être considéré comme un ennemi héréditaire, même s'il est devenu à l'époque moderne son principal allié. Le second est une conséquence directe du premier, son aboutissement et sa conclusion, c'est le sabordage de la flotte française en rade de Toulon le 27 novembre 1942, pour échapper à l'armée allemande qui venait d'investir le port. Deux semaines plus tôt, la Wehrmacht avait franchi la ligne de démarcation qui séparait depuis l'invasion de 1940 la « zone occupée » de la « zone libre », ripostant au débarquement anglo-américain en Afrique du Nord. En quelques minutes, 90 navires dont 3 cuirassés et 16 contre-torpilleurs ont été détruits par leurs équipages.

La marine française s'est reconstruite grâce à la création de l'Aéronavale et de ses porte-avions. Aujourd'hui il n'en reste qu'un, le *Charles-de-Gaulle,* qui pèse, aiment rappeler les marins, « 42 000 tonnes de diplomatie ». À la fin des années cinquante, l'engagement du général de Gaulle en faveur de la dissuasion, puis la création de la Force océanique stratégique (FOST) et de ses sous-marins lanceurs d'engins (SNLE) ont propulsé la marine en haut de la scène. *Le Redoutable* fut le premier à être mis à l'eau, en 1967. C'est la marine qui assure l'essentiel de la dissuasion, avec la permanence à la mer qui maintient toujours au moins un sous-marin nucléaire lanceur d'engins (SNLE) sous l'eau, équipé de ses seize missiles stratégiques.

Ils protègent le pays contre les autres puissances nucléaires mais aussi contre les États voyous qui seraient tentés d'utiliser contre la France des armes de destruction massive. Outil de rayonnement, la dissuasion a permis de restaurer et de faire vivre la puissance de la France. La « force du grand large » porte toujours une partie des ambitions de la France sur la scène mondiale.

Aujourd'hui, la marine est, dit-on, la plus équilibrée des trois armées. Elle se sent le vent en poupe, dans un monde qui bascule vers l'Asie, qui voit la montée en puissance de l'Inde et de la Russie et la course aux porte-avions s'intensifier. Elle a été bien lotie dans la dernière Loi de programmation militaire (LPM), puisqu'elle a obtenu la poursuite du programme de frégates et la commande de deux patrouilleurs.

C'est sans doute chez elle qu'on trouve le plus grand nombre d'officiers qualifiés. « C'est une armée de cols blancs »* confirme volontiers un marin. Contrairement à l'armée de l'air, qui reste derrière quand le pilote part en vol, la marine embarque dans la mission l'ensemble de l'équipage. Y compris le cuisinier et les mécaniciens. Tous ensemble dans la même mission. En se serrant les coudes. Et en faisant parfois bloc contre les autres. « Tout ce qui est à toi est à moi, mais ce qui est à moi est à moi »* : c'est l'un des adages de la marine, rapporté par un amiral.

Les marins ? Ils sont « forts en géopolitique »* commente un terrien. C'est la grande force de la marine, à qui certains reprochent parfois cependant un esprit de citadelle assiégée, une vie de donjon, un fonctionnement clanique… La liberté, l'esprit d'aventure et l'ouverture d'esprit que donne le large à celui qui accepte de s'y perdre en font des hommes réputés pour leur finesse intellectuelle et leur habileté politique. Chics, intellos, classiques, bosseurs et discrets, reproduisant parfois un système de castes, les officiers de marine sont souvent issus de la droite catholique. « Ils ont à la fois des rêves d'aventure et des nostalgies d'ancien régime », résume un haut fonctionnaire qui les a longtemps fréquentés. Une droite, dit-il, « qui peut participer à la Manif pour tous mais rarement déborder sur le Front national »*.

Faut-il doter la France d'un second porte-avions, qui permettrait de suppléer aux périodes pendant lesquelles le *Charles-de-Gaulle* est en révision et de rétablir ainsi la permanence à la mer ? C'est l'une des questions qui n'a pas été tranchée par la nouvelle loi de programmation militaire. Tous les conflits géopolitiques dans lesquels la France a été impliquée depuis plusieurs années ont démontré la valeur stratégique du *Charles-de-Gaulle*. De l'Afghanistan au golfe Arabo-Persique en passant par la Libye et le Levant, sa puissance de feu a permis à la France d'accroître son influence dans les alliances auxquelles elle a participé. Les marins s'en disent persuadés : si le *Charles-de-Gaulle* devait ne pas avoir de successeur au moment de sa retraite, à l'horizon 2040, la France verrait son autonomie politique et stratégique réduite. « Elle serait déclassée sur les places diplomatiques et militaires. Sa voix ne porterait plus. Les conséquences se feraient aussi ressentir sur le rôle de l'Europe et des nations occidentales dans le monde », prévient le spécialiste de l'Institut Thomas More Jean-Sylvestre Mongrenier dans une réunion consacrée au sujet. Et si les États-Unis ont accepté de mettre à disposition de la France leurs drones et leurs avions ravitailleurs au Sahel, c'est parce que le *Charles-de-Gaulle* avait dépanné les Américains en Irak en 2015, rapporte un responsable militaire. Pour répondre à la montée en puissance de marines de guerre qui n'appartiennent pas à la sphère occidentale, les marins militent aujourd'hui pour que la France se dote d'un second porte-avions. « Nos pays doivent se réarmer avec des outils adaptés », explique le chercheur Jean-Thomas Lesueur, du même Institut, dans le même colloque. Deuxième puissance maritime mondiale grâce à ses restes d'empire, la France a la capacité de rayonner sur toutes les mers du globe. Reste à savoir si elle en a les moyens financiers. « Sur le fond, un second porte-avions me paraît indispensable pour la France. Mais ce n'est pas le moment, pas la priorité. Il faut être réaliste : on ne peut pas tout faire à la fois », tranche un amiral.

La question est d'autant plus d'actualité que le porte-avions est à nouveau considéré aujourd'hui comme un atout majeur des grandes marines. Les États-Unis, qui dominent ce marché en l'écrasant et qui possèdent la seule marine capable de déployer un groupe aéronaval sur n'importe quel océan du globe, ont inauguré leur onzième bâtiment, le *USS Gerald Ford.* Après avoir un temps décroché, la Grande-Bretagne effectue, avec le *Queen Elizabeth* et le *Prince of Wales,* son grand retour dans le club très fermé des puissances dotées de porte-avions. L'Espagne, l'Italie, l'Australie, le Japon possèdent aussi des porte-aéronefs. Mais les pays occidentaux, qui ont en partie puisé leur force stratégique dans leur capacité à dominer les mers, ne sont plus les seuls à investir. À l'heure du basculement des rapports de puissance mondiaux, toutes les marines ambitieuses en sont dotées ou prévoient de l'être. La Chine, la Russie, l'Inde : les puissances émergentes misent de plus en plus sur cet outil de projection de puissance. « Parmi les nouveaux venus, on compte des acteurs violents et d'autres qui ne respectent pas les relations internationales », s'inquiète l'amiral Alain Coldefy, ancien numéro deux des armées, directeur de la Société des membres de la Légion d'honneur, à l'occasion d'un séminaire organisé sur la question avec le partenariat du Centre d'études stratégiques de la marine. Depuis plusieurs années, la mer est redevenue un lieu privilégié des postures de force, où les États cherchent à s'étendre au-delà de leurs côtes. Pour la première fois depuis la guerre, un porte-avions américain a fait escale, en avril 2017, dans le port de Danang au Vietnam. Les groupes navals chinois et les sous-marins russes s'aventurent désormais jusqu'en Méditerranée, où ils frôlent les côtes européennes.

Au XXIe siècle comme au XXe, le porte-avions et son Groupe aéronaval (GAN) changent la donne pour une marine. Sa puissance de feu donne une capacité d'entrer en premier dans un conflit. Sa mobilité permet d'assurer à la fois la maîtrise de la mer et l'action contre la terre. Le porte-avions offre aussi au pouvoir politique la capacité d'agir sans dépendre des contraintes diplomatiques et logistiques. « Le porte-avions est un outil de puissance politique, de suprématie navale et de supériorité aérienne qui assure à la nation détentrice d'être partie prenante du règlement d'une crise ou d'un conflit et de disposer des moyens d'imposer sa volonté », résume Jean-Sylvestre Mongrenier, chercheur à l'Institut Thomas More, à l'occasion du même séminaire.

Des avantages particulièrement prisés au moment où la compétition stratégique pour la maîtrise des espaces maritimes se durcit et oppose les « puissances conservatrices », historiques et installées, aux « puissances perturbatrices », émergentes. La remilitarisation à grande vitesse des océans et les rivalités qu'elle entraîne menacent parfois de créer des conflits ouverts. « Nous assistons peut-être au début d'un moment critique dans les relations internationales, d'une montée aux extrêmes comme disait Clausewitz », analyse Jean-Thomas Lesueur au séminaire de l'Institut Thomas More. Dans ce nouveau contexte, le porte-avions et son GAN offrent un avantage certain aux marines nationales. « Il ne remplace pas le combat à terre mais fournit un socle géostratégique indépendant », complète l'amiral Alain Coldefy. Il est aussi un gage d'indépendance. « Dans l'histoire, même vos plus proches alliés ne vous soutiennent pas toujours en cas de crise », rappelle l'amiral britannique Keith Blount, faisant référence à la défection de son pays en Syrie, après le franchissement de la ligne rouge chimique par le régime en août 2013. Le retrait britannique, entraînant celui des États-Unis, avait contraint la France à renoncer à son expédition punitive contre Damas. Mais le fait de se doter d'un second porte-avions est un choix politique dont personne n'a aujourd'hui la certitude qu'il sera compatible avec le budget des armées.

Des querelles et des chapelles

La volonté de faire travailler les différents corps en interarmées progresse, mais difficilement. « La dimension interarmées s'est développée graduellement après 1945. Il a néanmoins fallu attendre que soient tirées les leçons de la guerre du Golfe pour que cette dimension prenne toute son importance. Les grandes réformes structurelles du début des années quatre-vingt-dix (création de la Direction du renseignement militaire [DRM], du Commandement des opérations spéciales [COS], etc.) ont marqué un tournant. Une nouvelle étape a été franchie dans la décennie suivante avec la création du Centre de planification et de conduite des opérations (CPCO) et le renforcement des attributions du chef d'état-major des armées. Mais, en témoigne leur rétraction au début des années 2010, le point d'équilibre est difficile à trouver », commente l'historien Philippe Vial. Les trois armées se battent et se concurrencent sur deux sujets : les postes d'influence et les budgets. La guerre des boutons et la guerre des chapelles. À chaque échéance budgétaire, les couteaux s'aiguisent. « Chacun voit midi à sa porte et c'est comme ça depuis toujours… »* commente un officier général. Toutes les armées convoitent les postes où se rendent les arbitrages. Et même les officiers pouvant se prévaloir d'un important parcours interarmées, comme ceux par exemple qui sont passés par l'OTAN, demeurent très liés à leur armée, ainsi qu'à leur ou leurs commandements, dont le souvenir, les amitiés et la culture restent gravés en eux jusqu'à la fin. « Quand un officier nous paraît trop engagé dans l'interalliée, on dit qu'il faut le repeindre en bleu »* raconte un ancien légionnaire. « On peut être recadré par le groupe pour avoir trop joué l'interarmées », poursuit-il.

Le fait de rapprocher les trois armées, en particulier en opération, s'accélère depuis une quinzaine d'années. La décision résulte d'une prise de conscience, après la première guerre du Golfe, que la nature de la menace, et donc des missions, a durablement changé et que les forces doivent être à la fois plus réactives, plus modulables et plus interopérables que par le passé, capables d'intervenir en commun sur des opérations. L'interarmées est aujourd'hui un mouvement inéluctable de l'évolution des forces armées. D'abord parce que les missions des forces mobilisent de plus en plus de moyens de manière simultanée en provenance des trois armées. Ensuite parce que l'objectif assigné aux armées est de produire un effet et qu'il peut exister plusieurs moyens d'y parvenir. Avec une contrainte budgétaire plus forte que pendant la guerre froide, la dimension « avantage/coût » de chaque choix capacitaire ou d'organisation prend une importance accrue alors même que la menace est toujours plus diffuse et les besoins plus divers. Dans ce contexte, l'interarmisation a été présentée comme essentielle au maintien des capacités et de l'outil militaire. Mais elle ne se met pas en place sans résistances, avec des armées qui ont des personnalités et des modes de fonctionnement très différents.

Les armées se battent aussi pour les effectifs. « C'est normal. Toutes les armées, en période de vaches maigres, veulent retrouver de l'épaisseur organique. Pour diminuer les cycles de déploiement dans les opérations extérieures, pour limiter les périodes de suractivité, il faut des hommes »* commente un colonel de l'armée de terre. Alors les armées, à chaque menace de coupe budgétaire, se tirent volontiers dans les pattes. Les marins critiquent les chars Leclerc, « une arme de la guerre froide », trop lourds et trop larges pour passer sur les ponts du Kosovo pendant la guerre. Certains terriens en veulent à la dissuasion, « une réponse inadéquate pour lutter contre le terrorisme » ou s'en prennent aux Rafales jugés « trop chers ». Des aviateurs critiquent l'idée de doter la marine d'un second porte-avions, « un bâtiment trop lent, trop onéreux et devenu vulnérable ». En 2012, les terriens ont manifesté leur rancune vis-à-vis de la marine, qui poussait pour diminuer leur volume, faisant peser des risques sur la crédibilité des forces conventionnelles. Si les armées ont déménagé dans le polygone de Ballard, en 2015, c'est aussi pour favoriser une meilleure coordination entre les états-majors des trois armées. Pour la première fois de l'histoire, les états-majors, les directions et les services sont désormais installés côte à côte.

Le combat des chefs

« L'ambition est au cœur des militaires ce que l'amour est au cœur des femmes. Ils y pensent tout le temps, mais n'en parlent jamais »* résume, avec humour mais aussi avec un brin de condescendance machiste, un officier général. C'est la guerre des boutons. Le rêve des étoiles. La fierté et le bonheur quand on peut les accrocher, enfin, sur l'uniforme.

L'extase quand on en obtient cinq, un privilège réservé à l'élite de l'élite. « Les militaires sont de grands enfants. Ils vivent pour la boutonnière. On sait dès l'École de Saint-Cyr qui aura ses étoiles et qui ne les aura pas. Mais quand un colonel obtient les siennes, il bascule dans la félicité. Plus personne ne s'adresse à lui de la même façon »* commente, avec une légère ironie, un observateur de la communauté militaire. Dans cette compétition pour les postes de chefs, l'armée de terre arrive largement première, suivie des marins et enfin des aviateurs, qui ont toutes les peines du monde à occuper les grands postes militaires de la République, l'Élysée, Matignon et l'état-major des armées. Cette course aux galons comporte un risque pour la haute hiérarchie militaire. « Étant toujours dans l'attente de quelque chose de plus, elle donne prise et influence aux responsables politiques, qui peuvent jouer avec elle comme s'ils agitaient un hochet », regrette le même officier général. La pyramide des promotions, qui se resserre à son sommet, et dans laquelle chaque officier veut progresser favorise aussi ce que de nombreux observateurs appellent « le lissage des chefs ».

À cet égard, la crise qui a opposé Emmanuel Macron à Pierre de Villiers en juillet 2017 a aussi eu comme effet collatéral une désorganisation du système classique de promotion militaire. « En plaçant à l'état-major des armées un officier général beaucoup plus jeune que Pierre de Villiers (huit ans d'écart), l'Élysée a de fait bloqué plusieurs générations d'officiers. Pour tous ceux qui sont plus jeunes que de Villiers et plus âgés que Lecointre, le rêve d'obtenir le poste suprême s'est évanoui. Or, il est dans la tête de tous les meilleurs de promos »* commente un général à la retraite.

Chapitre V
Demain l'armée, un recours ?

L'armée comme antidote ?

L'armée, meilleur facteur d'intégration ?

C'est un constat désormais majoritairement partagé. L'école, la politique de la ville, les plans banlieue, la régulation des flux migratoires, la lutte contre le chômage, la situation dans les hôpitaux : la plupart des politiques publiques menées depuis plusieurs quinquennats ont échoué. Parce qu'elles ont apporté de mauvaises solutions à des problèmes réels, elles ont créé des fabriques à inégalités. L'école publique en est sans doute l'exemple le plus criant. Depuis qu'elle a rompu avec les principes de la méritocratie, elle ne remplit plus son rôle, reproduit les inégalités, notamment en chassant les bons élèves, dont les familles refusent le nivellement par le bas, dans le système privé.

« L'armée réussit bien les actions sociales qu'elle entreprend, notamment en faveur de l'intégration »* commente Louis Gautier, ancien secrétaire général de la défense et de la sécurité nationale (SGDSN). Elle est même l'une des seules institutions à tenir cette promesse de la République vis-à-vis de la jeunesse. Sous l'uniforme en effet, les différences s'estompent. « Chez nous, personne ne se retourne pour savoir qui est qui. Car nous offrons à tous une égalité de traitement »* explique un officier général qui a longtemps occupé un poste de responsabilité dans les ressources humaines.

Cette particularité vient de loin. « Quand le service militaire obligatoire est créé en 1872, l'armée devient un vecteur de la "républicanité". La République se construit sur la notion d'égalité, et dans l'armée, paysans, bourgeois et aristocrates apprennent à se connaître. Depuis le début, l'institution favorise la promotion sociale. Elle fait encore aujourd'hui ce que l'école n'arrive plus à faire. L'armée est l'un des derniers refuges de cet égalitarisme républicain, l'un des derniers endroits où l'on peut s'intégrer en apprenant un métier »* explique l'historien Jean Garrigues, spécialiste d'histoire politique. Dans l'armée, les bons progressent toujours, quel que soit leur milieu d'origine. « Les armées ont conservé dans leur ADN l'ascension sociale »* résume un officier. Davantage que la fortune ou la naissance, l'institution s'attache à reconnaître les mérites des engagés. Le principe de compétence, qui dans le monde politique et économique passe parfois derrière d'autres critères comme celui de loyauté, y reste primordial. Antoine de Romanet, l'évêque aux armées, va plus loin. Il considère que « l'Église et l'Armée sont aujourd'hui deux institutions qui tiennent debout, offrent un idéal, un lieu de fraternité et de dépassement de soi dans le cadre d'une quête de sens plus que jamais présente chez nos contemporains ». Depuis sa prise de fonction en août 2017, il a eu l'occasion de multiplier les visites dans les lieux de formation des armées. « En apprenant le respect de l'autorité, le respect de la règle et le respect des autres, ces jeunes découvrent le respect d'eux-mêmes. Ils trouvent un cap, un sens, un cadre où déployer le meilleur de leur personnalité. Les armées développent une pédagogie qui permet à des jeunes souvent quelque peu désorientés d'acquérir des repères ainsi que de canaliser leur énergie. Et de comprendre que c'est dans l'effort et le dépassement de soi que l'on peut trouver sa place dans la société et son véritable épanouissement. L'Armée comme l'Église constituent des creusets qui révèlent à chacun les trésors qu'il porte en lui et les fait grandir pour le bien commun. »

Une récente enquête de l'Institut de recherche stratégique de l'École militaire (IRSEM) met en avant le sentiment de précarisation des jeunes face à un ascenseur social en panne, la peur du déclassement, l'horizon barré, le chômage, la pauvreté, la défiance vis-à-vis du système politique, le pessimisme vis-à-vis de l'avenir. L'enquête relève aussi chez les faiblement diplômés « une demande d'ordre et d'autorité ». C'est l'un des atouts des armées : offrir des emplois intéressants, fournir une opportunité de formation continue, garantir une seconde chance à ceux qui le veulent, dans un monde où règnent l'ordre, l'autorité, la discipline et l'esprit collectif.

« Dans l'armée, nous savons parler à la jeunesse, y compris celle qui a des difficultés. Il faut lui offrir de la discipline, de l'unité et pas de la discrimination positive, du sens et pas de la rationalité matérielle, de la fraternité et pas de la solitude, des buts et pas du court terme », écrit le général Pierre de Villiers dans son livre *Servir*. Il poursuit : « Les jeunes ont besoin d'être tirés vers le haut, d'avoir des perspectives, de donner un sens à leur vie. Nous les amenons à se dépasser à travers une formation qui démontre que le bonheur ne passe ni par leur seule personne ni par le simple bien-être matériel, mais par un patrimoine qui les dépasse, la France et les valeurs qu'elle représente. » Autant de notions qui ont été abandonnées depuis longtemps par les élites dirigeantes. « Si l'armée réussit à obtenir de grandes choses de la jeunesse de France, si elle sait faire de personnes en difficulté des héros, c'est parce qu'elle s'adresse à différentes dimensions de la personne. Le cœur, le physique, la dimension transcendantale. » « De cette marqueterie, poursuit-il, nous faisons une entité capable de gagner la guerre et d'aller chercher les djihadistes à quinze mètres. Comment ? Grâce à des valeurs très simples : discipline, effort, autorité, camaraderie, fraternité, esprit de gagne. »

Le Service militaire adapté (SMA) est un formidable exemple de cette capacité d'intégration qu'ont les armées françaises. Créé en 1960, ce dispositif militaire d'insertion socioprofessionnelle, dont les effectifs ont été doublés sous Nicolas Sarkozy pour être portés à 6 000 par an, est destiné aux jeunes en difficulté de l'Outre-mer. Il accompagne pendant dix mois des volontaires dont 40 % sont illettrés et 60 % ne possèdent même pas leur brevet des collèges. Les résultats obtenus par le SMA sont impressionnants. 10 % des volontaires seulement renoncent à leur engagement (contre 27 % dans l'armée de terre), 60 % trouvent à la sortie des emplois durables. « Pourquoi ça marche ? Notamment car nous offrons aux jeunes une notion qui a été détricotée dans la société civile : l'autorité. Le fait d'entrer au SMA est un libre choix. Mais un choix qui implique un renoncement et qui s'accompagne d'un obligatoire respect des règles »* explique Philippe Boccon-Liaudet, actuel directeur du SMA au ministère d'Outre-Mer.

L'apprentissage se fait aussi en commun. « On sauve des gars grâce à une éducation militaire. À ces jeunes en difficulté, à ces cas sociaux, on offre la même pédagogie, la même formation humaine qu'aux Saint-Cyriens. Ils sont là pour se remettre debout et repartir dans la vie »* explique le général Dominique Artur, ancien patron du SMA. Il en est persuadé : « Notre crise de leadership, c'est surtout une crise de l'éducation. Ce qui est en cause, c'est la capacité d'une personne à discerner avec objectivité, pour pouvoir décider et agir. L'armée y arrive car elle travaille sur l'unité de la personne, c'est-à-dire sur ses forces morales, intellectuelles et physiques. Pourquoi les militaires réussissent-ils là où les civils échouent ? Entre autres choses parce que le fait de porter les armes de la nation leur donne très vite une responsabilité. » Un colonel le résume autrement : « L'armée, c'est la quille du bateau. L'équipage, ce sont les engagés. Parce qu'elle apporte à ces jeunes ce qu'ils n'ont jamais eu ou cherchaient désespérément, notamment la stabilité, l'armée est bien plus en pointe sur la jeunesse que l'on imagine. »

Avec ses 20 à 30 000 engagés par an, certains comparent l'armée à une lessiveuse sociale. Réalisé avec une grande orthodoxie, son système d'autorecrutement permet d'intégrer, tout en rejetant les profils hors normes et « inadaptables ». Commentaire d'un responsable de la Défense : « Ça ne résout pas le problème de la France, mais c'est un bon modèle*. » L'un des seuls, en tout cas, où l'ascenseur social, ou plutôt « l'escalier social » disent les militaires, car les marches restent hautes, fonctionne. « En six mois, nous sommes capables de transformer un type qui ne disait pas bonjour en héros ! »* commente le général Pierre de Villiers.

Les traditions qui tiennent face au monde politique qui tombe

Les valeurs perdues de la République

L'avènement du politiquement et du moralement correct a lieu dans les années quatre-vingt et quatre-vingt-dix. « À l'époque, il est soutenu par une gauche en crise mais encore au pouvoir dans de nombreuses institutions culturelles et médiatiques, avec le soutien de l'État »* commente le philosophe Jean-Pierre Le Goff. « Mais aujourd'hui il est en train de se décomposer. À cause de la coupure entre leur univers mental et l'état réel de la société. » L'individualisme, le culte narcissique de l'ego ont affaibli le lien social, le sentiment d'appartenance au pays, à son histoire et à ses institutions. « Le sentiment de culpabilité plus ou moins conscient, lié au passé colonial et aux pages sombres de notre histoire, a entraîné l'individu à penser que son pays et l'Europe sont responsables de tous les maux », poursuit Jean-Pierre Le Goff. Ainsi les immigrés sont-ils souvent d'abord considérés comme des victimes de nos actions passées (l'empire colonial) ou présentes (les opérations extérieures), même si leurs pays d'origine sont indépendants depuis plus de cinquante ans et que les partis et les élites qu'ils ont portés au pouvoir sont corrompus.

Primauté est donnée, en France, à l'émotion et aux sentiments sur la réalité. La gauche au pouvoir, poursuit Jean-Pierre Le Goff, a « brouillé » les significations et les repères républicains, gommant du vocabulaire les termes d'« assimilation » ou d'« intégration » au profit de notions plus floues comme la « société inclusive ». L'élite bobo des grandes villes, les associations et des journalistes militants se présentent comme les défenseurs des dominés, des discriminés, des exclus, des immigrés, des sans-papiers. Ils dénoncent sans fin le passé colonial de la France. « Il y a les bons : les pays du Sud, les pauvres, les ex-colonisés. Et les méchants : les États-Unis, le capitalisme, l'Occident, les pays riches et les puissants, présentés comme les responsables de presque tous les maux de l'humanité »* décrypte Jean-Pierre Le Goff.

Le nouveau modèle de société a provoqué une érosion de l'ancien modèle familial. Le Pacs, l'union libre, le divorce, les gardes alternées, les familles homoparentales : les nouvelles manières de vivre en couple et en famille sont présentées comme des progrès sociaux, malgré leur côté plus éphémère qu'avant. Des mots terribles ont disparu du langage commun, comme celui de « bâtard » ou de « fille mère » et tout le monde s'en félicite. Mais dans cette nouvelle organisation familiale, l'enfant est sacralisé comme il ne l'a jamais été. « L'autorité est abolie par les adultes. L'enfant rebelle devient un modèle. Au bon élève, on préfère un enfant épanoui », poursuit Jean-Pierre Le Goff. Le mariage pour tous, l'intrusion de la théorie du genre ou la décision de certains établissements, comme l'université de Tours, d'ouvrir des toilettes « neutres » réservées aux transgenres ou aux transsexuels, entraînent une confusion entre le masculin et le féminin, tandis que le débat sur la PMA et la GPA révèle de profondes divisions dans la société.

L'armée et ses traditions résistent volontiers à ces évolutions. Mais pas autant qu'on pourrait le penser. « Les armées ont beaucoup évolué depuis dix ans. Au même rythme, finalement, que la société française. Elles considèrent par exemple aujourd'hui que l'homosexualité doit être admise dans la société, même si son expression est sans doute plus difficile dans l'institution qu'elle ne l'est ailleurs »* commente le général François Lecointre.

La modification des priorités s'est aussi traduite, à l'école, par ce que de nombreux militaires considèrent comme un « nivellement par le bas », du changement de méthode d'apprentissage du français qui fut un échec retentissant à la suppression des options latin et grec à l'école sous François Hollande, au bac pour tous qui a provoqué un encombrement gigantesque à l'entrée de l'université qui, jusqu'à l'arrivée d'Emmanuel Macron, n'a trouvé qu'une solution injuste pour y remédier : le tirage au sort. « Ce genre de discours sape de l'intérieur la confiance en la politique et la démocratie. Le Front national a su en tirer parti », commente Jean-Pierre Le Goff.

Quant à la parole politique, elle a été décrédibilisée par la multiplication des promesses non tenues, par les hésitations, les revirements, le détricotage et le retricotage des lois à chaque quinquennat. L'exemple des rythmes scolaires, qui n'ont cessé de faire des allers-retours de calendrier depuis vingt ans, illustre bien ces absurdités. Les hommes politiques ont dégradé le statut de la fonction présidentielle en se présentant, comme François Hollande, comme des « hommes ordinaires » ou en mélangeant, comme Nicolas Sarkozy et François Hollande, leur vie privée et leur fonction publique. Depuis des années, les principes éthiques indispensables à la démocratie ont été bafoués par les affaires et les scandales à répétition dans la classe politique, qui s'est illustrée dans des affaires d'évasion fiscale ou des arrangements financiers entre puissants alors qu'elle demande aux Français des efforts devenus trop difficiles et perçus comme injustes. La classe politique s'est laissé emporter par les logiques comptables et gestionnaires ainsi que par la communication.

La démission de l'État nourrit la révolte des Français. « L'État nous a abandonnés », ont déploré les professeurs du lycée Galliéni de Toulouse, plongé pendant une journée dans un état de guerre en janvier 2018 par des individus armés. Quelques jours plus tard, autre fait divers à Garges-lès-Gonesse, où le pavillon d'un retraité a été occupé par des Roms. Lorsque les jeunes du quartier, se portant au secours du retraité, ont voulu chasser les Roms, ils ont été interpellés par la police ! Le recul de l'État et l'affaiblissement de son autorité provoquent un retour à « l'état de nature » jadis défini par le philosophe John Locke, a commenté au moment de ces faits Guillaume Jeanson, avocat au Barreau de Paris[1].

Le recul de la République face à l'islam, c'est déjà ce que dénonçait, en 2009, la démographe Michèle Tribalat. « Les commentaires comme "les actes terroristes n'ont rien à voir avec l'islam" ou "ceux qui ont fait ça ne sont pas musulmans" sont absolument contre-productifs. Le terrorisme islamiste se réclame de l'islam », écrit-elle. Elle regrette la « faiblesse et la complaisance avec lesquelles nous accueillons les exigences politico-religieuses islamistes ». « En France, la passion pour l'égalité républicaine amène à suspecter toutes les divisions entre Français selon l'origine et à voir dans les statistiques ethniques une façon de masquer la question sociale », écrivait-elle le 28 février 2016 dans une interview au *Figaro Vox*. Le choc culturel avec l'islam a été nié par la classe politique, au nom d'un refus des « amalgames » et d'un nécessaire « brassage culturel ». « Par peur d'une guerre de civilisation et de stigmatisation des musulmans, on s'est refusé à aborder rationnellement ces questions, leur préférant le vaste salmigondis de valeurs abstraites et de nobles sentiments », estime quant à lui le philosophe Alain Finkelkraut.

Les attentats terroristes ont fait voler en éclats cette société relativiste. « L'épreuve de la réalité,

1. Publié dans *Le Figaro* le 2 février 2018.

sous la forme extrême de la barbarie et du terrorisme islamiste, est venue ébranler la démocratie rêvée des anges », écrit le philosophe Jean-Pierre Le Goff dans son livre *Malaise dans la démocratie.* Le sentiment de sécurité et de confiance qui prévalait dans la population a soudain fait défaut. De même qu'a vacillé le lien qui unit le citoyen à l'État protecteur. En novembre 2015, Jean-Pierre Le Goff remarque des « seuils franchis qui font apparaître ces idées, ces principes comme tournant à vide car leur rapport à la réalité est décalé ». Le sociologue poursuit : « Il n'y a pire aveugle que celui qui ne veut pas affronter les réalités qui dérangent et remettre en question le confort de ses idéologies et de ses croyances. » Face aux attaques de Daech, alors que l'islamisme radical proclame sa haine des mœurs et des valeurs démocratiques, les déclarations de paix et d'amour envers l'humanité portées surtout par la gauche volent en éclats. Comme vole en éclats le « discours angélique » des hommes politiques sur la « civilisation humaine ». « La conception globalisante d'une seule et même civilisation humaine dénie le pluralisme culturel qui fait que les peuples et les civilisations n'envisagent pas la condition et la vie humaine de la même façon. Les différences ont été effacées par l'idée d'une seule civilisation. »

Politique, société, mœurs. « 68 avait aboli l'autorité, promu la libération sexuelle. Aujourd'hui il existe dans la société une demande de plus d'autorité et d'encadrement de la sexualité. Les djihadistes prônent des valeurs opposées à celles des sociétés européennes désenchantées. L'armée française aussi », commente Malek Bouthi, ancien député PS et ancien président de SOS Racisme, qui a dénoncé pendant des années les pas de côté effectués par les élus républicains, par lâcheté ou pour des raisons électorales. Alors que l'ancien monde s'effondre, les tabous sautent les uns après les autres et les voix qui s'élèvent pour dénoncer les arrangements des démocraties libérales avec les valeurs de la France et de la République sont de plus en plus nombreuses et fortes. « Nous vivons dans un moment critique de l'histoire qui peut déboucher sur des formes de guerre civile, de conflits ethniques plus ou moins larvés en France et en Europe. Il ne s'agit pas seulement de faire face aux menaces de terrorisme islamiste, mais aussi de rompre avec la démocratie du déni et de l'informe, du relativisme culturel et de la démagogie. Nous avons besoin d'une reconstruction, d'aborder les questions sans tabou de manière pragmatique, de réarticuler la politique à l'histoire », écrit Jean-Pierre Le Goff.

Armée, antidote et remède ?

L'armée est un remède. Car elle pousse en avant toutes les valeurs qui ont été abîmées ou rejetées par la société civile et la classe politique. « Il existe un décalage entre les valeurs dominantes dans la société civile et dans les armées. Les militaires ont besoin de valeurs de référence pour donner un sens aux risques auxquels ils sont confrontés, même si ce risque a diminué »* explique le général Henri Bentégeat, ancien chef d'état-major des armées. Si l'armée réussit là où la plupart des institutions échouent depuis de nombreuses années, c'est bien parce que son rôle est d'incarner des valeurs. « On intervient pour la défense de principes. Pour la liberté de l'homme et sa dignité, la liberté de penser, de croire, pour la démocratie », complète l'abbé Christian Venard, parachutiste habitué des opérations extérieures, qui se définit comme un « militaire non pratiquant ! »*.

Contrairement aux hommes politiques d'aujourd'hui qui ne se donnent pour horizon que le court terme et leur réélection, l'armée travaille sur le long terme. L'autorité est son principal ADN, l'une des valeurs suprêmes autour desquelles elle s'organise. « L'état militaire, c'est d'abord l'obéissance et la discipline. C'est le socle sur lequel on construit une armée. Il ne s'agit pas d'être un esclave. Mais d'être suffisamment humble et respectueux pour reconnaître la valeur du chef »* explique le général Jean-Louis Georgelin, ancien chef d'état-major des armées. Il poursuit : « Un vrai chef est craint. On n'est pas là pour se faire aimer ! » Or, comme le dit Haïm Korsia, ancien aumônier en chef du culte israélite des armées, devenu depuis grand rabbin de France : « Vous ne pouvez pas éduquer les jeunes, leur donner des valeurs, si vous ne leur fixez pas de limites. » « Sigmund Freud a expliqué, poursuit-il dans une interview dans *Marianne,* que les enfants cherchent la limite à leur toute-puissance, et que le rôle du père est justement de brider leurs pulsions. Aujourd'hui, il faut dire ce qui est acceptable et ce qui ne l'est pas sans laisser de zones grises. » L'armée redonne aux jeunes engagés les limites dont ils ont besoin. Elle sait infliger des punitions et accorder des récompenses, tout en respectant une règle : le maintien de l'ascension sociale. Celle qui permet, par exemple, à un soldat de deuxième classe de devenir un jour général. L'autorité rime avec la discipline, l'une des valeurs cardinales du monde militaire, le seul corps de la nation où elle est ainsi affichée. Mais elle est inculquée par consentement et non par coercition. « La discipline est difficile à encaisser »* reconnaît le général Henri Bentégeat. « Moi en tout cas j'ai eu du mal. Je fus d'ailleurs l'un des plus punis de ma promotion de Saint-Cyr », dit-il en souriant, lui qui a été un chef d'état-major apprécié et admiré de tous. Mais la discipline exigée par l'institution militaire a une raison d'être. « On comprend vite que c'est la cheville ouvrière de l'efficacité », poursuit l'ancien chef d'état-major. « Les contraintes et les risques inhérents au métier militaire sont si forts qu'il faut un cadre de référence pour les supporter, un corpus de valeurs », explique-t-il.

La jeunesse a aussi besoin de sincérité et de vérité. Immergée dans la société virtuelle des jeux vidéo, elle se reconnaît dans une institution qui lui permet de renouer avec le réel. Quand les présidents renient leurs promesses de campagne, quand l'école de la République ne tient plus les siennes, quand les gouvernements renoncent à honorer leurs engagements, les militaires tiennent toujours leur parole. Ils ont aussi le sens de l'honneur. « Il est crucial, car les militaires ont le pouvoir de tuer. C'est un pouvoir exorbitant. La contrepartie, c'est l'obligation d'avoir un sens de l'honneur. Ne rien faire dont on peut avoir honte, pouvoir se regarder dans une glace. Cultiver l'abnégation »* commente le général Henri Bentégeat.

Le patriotisme, qui revient dans la société civile depuis les attentats terroristes – « Et si on aimait la France ? » proclamait *Charlie Hebdo* après les attentats de 2015 –, est au cœur du métier militaire. « Il se forge sous le drapeau, dans les opérations et quand il y a des morts », commente le général Bentégeat. Quant au sens du commun, il est mis en avant par l'armée du plus bas au plus haut niveau d'apprentissage. « Dans une société marquée par l'individualisme, qui ne place rien au-dessus de l'individu, le sens du commun cultivé par l'armée fascine les jeunes »* explique le philosophe François-Xavier Bellamy. Cette ambition de partager une communauté de destin se marie avec l'engagement et le sens du devoir. Le courage, moral mais aussi physique – le seul qui engage la vie –, est l'une des autres vertus essentielles du soldat, qui manque parfois cruellement à la société d'aujourd'hui. « Avoir peur et ne pas le montrer. Être capable de se dépasser pour atteindre un but suprême », poursuit le général Georgelin. Si l'armée a su rester une « institution vivante », c'est parce qu'elle a conservé dans ses méthodes d'apprentissage « le cœur, la mission, les tripes, le sport, la religion et l'intelligence »* rajoute un officier général. « La formation des élites civiles ne valorise que l'intelligence, laissant de côté tout ce qui touche au cœur et au corps. Pas étonnant qu'à l'arrivée on ait des monstres froids. Dans l'armée, le courage, le caractère et l'enthousiasme sont des valeurs plus importantes que le diplôme. L'armée s'intéresse à une personnalité davantage qu'à un CV », explique-t-il.

Dans un monde interconnecté dominé par la communauté mondiale et les réseaux sociaux, les responsables militaires estiment qu'il est urgent de réintroduire la valeur humaine. « Il faut revenir à l'homme et à la France, à quelque chose qui a du sens. Les militaires, eux, ont un comportement empathique »* commente le général Vincent Desportes. L'évêque aux armées Antoine de Romanet souligne l'importance d'une « authentique humilité ». « Une des premières choses que l'on découvre dans les formations militaires c'est d'apprendre à connaître ses limites, ce qui est moins spontanément le cas à Sciences Po ou en école de commerce. Cette humilité se décline en cinq dimensions essentielles : humilité face à moi-même, face à mes limites physiques et psychiques ; humilité face à mes chefs ; humilité face à mes hommes ; humilité face aux circonstances extérieures ; humilité face à l'ennemi*. »

L'esprit de sacrifice, enfin, se heurte à l'individualisme contemporain. La cohésion du groupe, la force du binôme, la capacité à accepter la souffrance et à se dépasser, qui rejettent le matérialisme, l'hédonisme et l'égoïsme. « Les armées luttent contre l'hubris qui consiste à croire que l'individu est tout-puissant et que seul compte l'individu roi. Le fait d'être confronté à sa propre mort donne au soldat une grande humilité. Cette particularité du métier militaire explique aussi la très grande fraternité qui lie les soldats entre eux. Elle a préservé les armées de la tentation du consumérisme et du matérialisme », explique le général François Lecointre.

Les valeurs militaires sont parfois aux antipodes de celles de la société contemporaine. Et c'est justement pour cela qu'elles sont un antidote. Face à la rapidité engendrée par les réseaux sociaux, à la facilité et au triomphe de l'individualisme, au repli sur la sphère privée, l'armée apparaît comme une sorte de contre-société, tant ses valeurs et ses perspectives paraissent à l'opposé de cette modernité déconstruite de la jeunesse. Elle est un antidote car elle offre un débouché à cette jeunesse en manque de sens, des valeurs qu'elle est censée rejeter et qui en fait l'attirent : l'effort, la discipline, l'autorité, le courage, la franchise et la loyauté. Liberté-Égalité-Fraternité. Les valeurs républicaines, qui reposent sur la philosophie des Lumières et sur les principes de la Déclaration des droits de l'homme, sont défendues plus que toute institution par l'armée, qui est un vecteur privilégié de la construction du sentiment national et de l'attachement à la République.

Pas de diplomatie forte sans armée forte

L'armée est l'un des piliers, avec l'armée nucléaire et le siège permanent au Conseil de sécurité de l'ONU, de la diplomatie française. C'est elle qui lui permet d'assurer son rang de puissance mondiale et de peser comme elle le fait dans le monde. Il n'y a pas de diplomatie forte sans armée forte. « Le Pape, combien de divisions ? » Tout le monde se souvient de la réponse – rapportée par Winston Churchill – que Staline fit à propos de Pie XII au Premier ministre français Pierre Laval en visite à Moscou en 1935, qui lui demandait de respecter les libertés religieuses. On pourrait, certes, lui objecter que les papes ont suffisamment de divisions, puisque

Jean-Paul II a largement contribué à la chute du communisme et de l'URSS...

Mais tous les États qui ont tenté de développer une diplomatie sans s'appuyer sur une armée conséquente (Brésil, Afrique du Sud par exemple) n'ont pas pu faire entendre leur voix dans le concert des nations. Ceux qui en revanche l'ont basée sur des forces militaires actives, voire agressives, comme la Turquie, la Russie ou l'Iran, ont réussi à bousculer les équilibres mondiaux et à s'imposer dans la communauté internationale. C'est la dissuasion nucléaire qui assure à la France la pérennité de son siège de membre permanent au Conseil de sécurité des Nations unies. C'est la force et la précision de son aviation qui lui ont permis de peser un temps sur le dossier syrien. C'est la puissance et l'efficacité de son armée de terre et de ses forces spéciales qui font d'elle un pays leader dans le Sahel. C'est la crédibilité de ses forces armées dans leur intégralité qui fait de la France un partenaire privilégié des États-Unis et l'un des deux moteurs, avec l'Allemagne, de l'Union européenne.

Armée et diversité

Parce que les statistiques ethniques sont interdites, il n'existe aucun chiffre officiel sur le nombre de militaires issus de l'immigration. Mais à l'instar de la société, les armées françaises sont devenues un véritable melting-pot. « Selon les dernières enquêtes de l'Insee, 14 % des Français et 12,8 % des militaires ont au moins un de leurs deux parents étrangers. En Grande-Bretagne, le ratio est de 8 et de 4 % »* explique Abdelkader Arbi, l'aumônier en chef musulman des armées. Les chiffres des morts au combat en disent long : sur 88 morts en Afghanistan et 22 au Sahel, 14 sont issus de la diversité ethnique et religieuse. « La question de l'islam est taboue dans la société, elle l'est aussi en grande partie dans l'armée »* commente l'aumônier militaire Christian Venard. « Dans l'armée comme dans la société, poursuit-il, la question est épineuse car elle recoupe celle de l'immigration et aussi les grands combats antiracistes entre la droite et la gauche. » L'armée ne reste pas à l'écart des débats qui travaillent la société. Elle a vis-à-vis d'eux les mêmes pudeurs et les mêmes préventions, les mêmes silences, les mêmes hésitations, les mêmes craintes aussi. « Souvent nos chefs nous demandent de ne pas dire du mal de l'islam, car le thème est trop accolé à celui de l'immigration. Et parce que subsiste, même dans l'armée, une sorte de mauvaise conscience. Je pense qu'il faudrait pouvoir aborder la question plus ouvertement, pouvoir critiquer l'islam comme on critique le catholicisme »* estime un colonel qui s'insurge contre le « politiquement correct » imposé par la classe politique française.

Plus que les autres sans doute, les militaires connaissent leur histoire de France. Elle leur permet de garder la tête froide, de résister aux modes et de rappeler les origines judéo-chrétiennes de la France sans avoir à ressentir un sentiment de honte ou de culpabilité. « En 1905, on a chassé les religieux français à l'étranger après la loi de dissolution des congrégations... Mais aujourd'hui certains s'insurgent que les djihadistes partis combattre en Syrie n'aient pas le droit de rentrer en France ! Quel est ce monde à l'envers ? » poursuit le même colonel. Il regrette ce temps où le général de Gaulle pouvait dire publiquement, « sans que son auditoire ait des pudeurs de gazelle », son désir de freiner l'immigration des pays arabes car il ne voulait pas que « Colombey-les-Deux-Églises devienne Colombey-les-Deux-Mosquées ».

Comme dans la société, l'islam se mélange parfois difficilement à la culture et à l'histoire des armées françaises. « Les vertus de l'officier général sont des valeurs chrétiennes. Le don de soi, l'honneur, le désintéressement, l'humilité et la confiance. L'islam est une religion de soumission, qui ne cherche pas à comprendre. C'est un système politico-religieux qui s'insère mal dans nos cadres très marqués par le christianisme », commente un responsable de l'Église catholique proche des armées. Si de nombreux officiers sont toujours aussi attachés à la religion catholique, c'est aussi, selon lui, car l'armée et les enseignements chrétiens tiennent en haute valeur la notion de service. Tout cela est vrai et faux à la fois. À leur création en 1900, les troupes coloniales étaient un ensemble d'unités militaires françaises stationnées dans les colonies et mises sur pied pour assurer la défense des ports et des possessions d'outre-mer. Elles ont ensuite recruté de nombreux combattants locaux. Les Français puisaient, en Afrique ou dans les zones berbères, parmi les tribus guerrières du continent. Les tirailleurs coloniaux étaient souvent réputés pour être des troupes d'élite, qui excellaient au combat. Pendant la Première Guerre mondiale, près de 300 000 Maghrébins ont été mobilisés dans les unités d'infanterie. De gré ou de force, certes. Mais nombre d'entre eux furent décorés. Ces troupes, même quand elles servaient de chair à canon, sont toujours restées fidèles à leurs officiers.

Malgré les nostalgies de certains officiers, la France d'hier n'est plus celle d'aujourd'hui et les jeunes générations de militaires n'ont pas toujours les mêmes résistances vis-à-vis de la société multiculturelle. Cela n'empêche pas les chocs entre deux cultures, dont l'une, chrétienne, est interne à la France et l'autre, l'islam, fut d'abord extérieure avant de devenir aussi l'une des religions de France. Cette opposition provoque de temps à autre des incidents. En 2000, à l'occasion d'une escale en Arabie saoudite, plusieurs des représentants musulmans de l'équipage du *Charles-de-Gaulle* ont demandé à faire le pèlerinage à La Mecque. Deux ans plus tôt, d'autres avaient exigé des repas sans porc à bord d'un Aviso, un navire de guerre français. En 2009, un fantassin musulman du premier régiment de Strasbourg a refusé d'être envoyé en Afghanistan. Un autre, membre de Sentinelle, a été puni après avoir refusé de rentrer dans une synagogue où on lui demandait de patrouiller. « Certains de nos officiers mariniers musulmans ont éprouvé des états d'âme quand nos bâtiments ont été engagés contre l'État islamique »* reconnaît un officier. Il est arrivé, raconte-t-il en le déplorant, qu'un aumônier musulman qui refusait de freiner avant les dos-d'ânes en rentrant sur sa base ait été mis en joue par des militaires catholiques ulcérés. La question de la prière musulmane est aussi un sujet de polémique dans les bâtiments de la marine française. « L'islam est l'immense non-dit de la société française. Il est aussi celui de l'armée. On joue une pièce de théâtre », commente un aumônier catholique.

La participation de la France à des opérations extérieures dans le Sahel ou au Moyen-Orient a selon lui rendu les choses encore plus compliquées. « Ceux que nous affrontons dans l'opération Barkhane, ce ne sont pas des orthodoxes ! Il faut toujours s'assurer que nos gars vont tirer dans le bon sens et ne pas faire corps avec les musulmans d'en face contre nous ! Ils sont une proie facile au retournement et la hiérarchie se méfiera toujours »* prévient-il. D'autres, comme le général Philippe Renard, un ancien des Troupes de marine, dénoncent le fait que les soldats soient forcés de consommer pendant plusieurs mois en opérations extérieures des rations halal « pour satisfaire aux exigences d'une minorité » (d'après sa tribune dans *Valeurs Actuelles*). « Vous vous imaginez ? On fait manger aux militaires des repas financés par la Mosquée ! »* proteste un officier.

Ne pas ignorer, mais ne pas exagérer. Un officier général s'emporte contre deux « excès »*. Le premier, c'est le « laxisme », la « myopie » des politiques qui refusent de voir la réalité en face. « Ils ignorent les faits, méprisent la vérité » et donc refusent d'agir. « On ne rentre pas dans certains quartiers contrôlés par des caïds islamistes. On ne traite pas le mal à la racine », regrette-t-il. Le second, c'est ce qu'il appelle une « obsession de l'islam ». « C'est un autre fantasme qui consiste à affirmer que les musulmans tiennent tout, y compris dans l'armée. Je ne connais que quelques cas isolés d'engagés qui ont été suivis pour un danger de radicalisation. C'est toujours la même vague qui circule autour de la maison », dit-il. Mais il prévient : « Tant que la classe politique ne se départira pas du déni et du mensonge, les excès ne pourront pas être gommés, y compris. » Il en va chez nous dans l'armée comme dans la société. Si parfois les catholiques exagèrent, « c'est parce qu'ils ont l'impression que leur foi est de plus en plus niée »* explique un autre officier général. « Ils ont mal vécu le mariage pour tous, mal vécu l'interdiction des crèches dans les lieux publics », poursuit-il. Avant de conclure : « Le problème, c'est celui de l'islam politique dans la société. Pas dans l'armée. »

Effectivement, les conflits y sont finalement assez marginaux. Le système de recrutement de l'institution permet d'éliminer à l'entrée les candidats ambigus. La Direction du renseignement et de la sécurité de la défense (DRSD) surveille les cas douteux. Les problèmes sont généralement réglés par le dialogue. Dans certains régiments, des salles de prière musulmanes ont été installées. « Quand ils sont bons, les aumôniers musulmans expliquent que le Coran permet de reporter le ramadan quand on est en opération militaire »* explique un officier de légion, qui a été confronté à la question à de multiples reprises. L'actualité militaire offre des exemples de comportements exemplaires. « En République centrafricaine (RCA), alors qu'ils ont été pris dans une embuscade et qu'ils se sont retrouvés au milieu des chrétiens et des musulmans, des soldats musulmans français ont tiré quand ils en ont reçu l'ordre. Tiré, donc, sur des musulmans »* explique un officier de l'armée de terre qui a assisté à la scène. Au sein des armées, le sujet n'inquiète finalement qu'une minorité. Les soldats de confession musulmane obéissent aux ordres donnés sans état d'âme. « C'est un non-sujet. La fidélité et l'obéissance des soldats français à leurs chefs militaires sont absolues. Dans l'armée, tout le monde sert la France et la République. Et heureusement ! » ajoute un aviateur.

Les radicalisés sont assez rapidement repérés et éjectés du système. Les autres se fondent dans la masse normalisatrice de l'institution. Pendant longtemps, l'armée avait offert une « seconde chance » aux engagés. Aujourd'hui elle s'est réinventée en institution d'intégration républicaine. Grâce aux valeurs qu'elle défend et grâce à l'uniforme qui efface les différences, elle a, davantage que les autres corps sociaux, la capacité à pallier les carences identitaires des individus en leur imposant un cadre normatif. C'est notamment le rôle de l'aumônerie musulmane, créée en 2006 sous l'impulsion politique de Jacques Chirac. L'armée peut même être pour certains le moyen d'afficher son adhésion aux valeurs d'égalité et de méritocratie. Voire, pour d'autres, surtout les filles, de quitter un milieu familial radicalisé. « Dans mon régiment, j'ai connu une jeune femme qui avait été violée par son père et qui a retrouvé sa dignité humaine en entrant dans l'armée. Quand on porte l'uniforme, on ne juge plus ce qu'il y a en dessous. J'ai vu plusieurs filles d'origine musulmane sauvées de la radicalisation par l'armée »* raconte un officier du Régiment d'infanterie chars de marine (RICM).

Intégrés, les engagés musulmans accèdent encore rarement au sommet de la hiérarchie, même si certains sont devenus généraux. Qu'ils n'aient pas tous les codes, ou qu'il leur manque l'ambition, ou que leur ascension vers les sommets militaires soit juste une question de temps, la question de la « diversité » ethnique et religieuse au sein des armées est généralement un « non-sujet », les armées ayant pour tradition de détecter les talents, de les former et de les promouvoir le plus haut possible quand ils en ont le potentiel. « Quand on met les lunettes d'un militaire, on ne voit pas la même France »* rappelle Malek Bouthi. « Les militaires exigent des résultats. Si les engagés issus de la diversité n'arrivent pas encore au sommet, c'est généralement parce qu'ils n'ont pas fait les études qui l'exigent. C'est juste une question de temps, et il n'y a pas matière à s'énerver ! Pour les militaires, les cités sont des zones de classes populaires et dynamiques qui prennent des raccourcis avec la vie et qu'on peut ramener dans le droit chemin. Ils voient aussi le désir d'émancipation de certaines jeunes filles. C'est en partie pour cela que l'armée, dans les cités, peut être un formidable outil d'émancipation. Elle peut être aimée et utile car elle est un outil du peuple républicain en même temps qu'elle est le dernier élément de souveraineté du pays », poursuit-il.

Parce qu'elle a gardé ses valeurs, l'armée apparaît comme un corps plus sain que la société. « Nous sommes en meilleure santé qu'elle. Notamment parce que chez nous il y a peu de non-dits »* affirme un officier. Il va même plus loin en évoquant le rôle « cicatrisant » des armées sur les tensions. Sans doute parce qu'elle a résisté à toutes les tentations de déconstruction des valeurs de la République française, l'armée aborde finalement la question de la laïcité et de l'islam avec un regard moins ambigu que celui de la société civile. « L'armée a toujours conservé la vision d'une laïcité positive, c'est-à-dire faisant place à l'expression des différentes religions. Même quand la laïcité s'est présentée, à une époque, avec une volonté de tout écraser. Nous considérons que la pratique de la laïcité dans les armées peut être une source d'inspiration. La création de l'aumônerie musulmane a été par exemple très bien acceptée dans les armées », explique le général François Lecointre, chef d'état-major des armées. Parce que les militaires sont engagés sur le terrain, aux côtés des populations, ils ont une vision débarrassée de tous fantasmes. « Quand nous sommes en opérations dans des pays musulmans, nous ne combattons pas l'islam mais le terrorisme. Il n'y a pas chez nous de fantasme sur le grand méchant barbu ! » poursuit le chef d'état-major.

Ce système fonctionne mais il a ses limites. Ce sont d'abord celles de la loi 1905 sur la laïcité. « Quand elle a été prise, on pensait que le déclin de la religion était inscrit dans la raison et le pouvoir de nos sociétés complexes. Mais il n'y a pas eu de déclin du religieux et la loi de 1905 donne des signes de fragilités »* commente Malek Bouthi, auteur du rapport *Génération radicale.*

Parce qu'ils ont les pieds dans la boue, qu'ils ne font pas de politique et que leur poste d'observation embrasse la France dans son ensemble, dans sa complexité et dans sa diversité, mais aussi l'étranger, les militaires ont compris ces enjeux avant la plupart des responsables français. Et c'est l'une des raisons pour lesquelles ils aimeraient davantage d'engagement de la part de l'État. Théorisé depuis les années 2004-2005 notamment dans un texte d'Abu Bakr Naji, *Gestion de la barbarie,* le projet des islamistes radicaux, résume le général de Villiers, qui était aux manettes pendant les attentats de 2015 et 2016, est de faire « imploser nos sociétés, d'installer un chaos propice à l'émergence d'un néocalifat. Le terrorisme n'est pour eux qu'un moyen de parvenir à leurs fins*. » « Les temps seront difficiles. Il est temps de regarder la réalité en face. D'ouvrir les yeux », ajoute-il.

Un modèle économique et social

Et si l'armée devenait un modèle d'organisation économique et sociale ? Il y a encore quelques années, on les envoyait sauter en élastique d'un pont, ou on les remettait à des entreprises de communication spécialisées dans la gestion de crise.

Aujourd'hui, on confie les dirigeants et les cadres sup aux militaires. Parcours du combattant, plongée dans des milieux extrêmes, entraînements intensifs : la Fondation Saint-Cyr, créée par un général commandant l'école du même nom, s'est donné pour mission de redonner du sens au management dans les entreprises en replaçant l'humain au cœur de la décision et en utilisant les méthodes militaires. L'idée de départ est particulièrement innovante : l'environnement actuel, concurrent et changeant, dans lequel évoluent les dirigeants d'entreprise, se rapproche de celui des théâtres d'opérations. Il est donc logique et opportun de lui apporter les mêmes réponses, d'introduire l'expertise de l'armée, reconnue en termes d'agilité, d'intelligence de situation, de prise de décision, de sens de l'humain, dans l'entreprise. « Parce qu'elles sont exposées à des situations exceptionnelles, les armées ont dû développer et affirmer une culture collective robuste, qui s'appuie sur l'homme. Face aux transformations et aux incertitudes du monde moderne, les dirigeants se tournent vers la communauté militaire pour avoir des réponses et faire évoluer leurs méthodes de management et de leadership »* explique Francis Ducrot, directeur délégué de la formation, lui-même Saint-Cyrien et ancien militaire. Les chefs d'entreprise, qui n'arrivent plus à gérer les transformations induites dans l'entreprise par la mondialisation, se tournent d'autant plus facilement vers la communauté militaire que son image, grâce à la multiplication des opex, au succès de Serval et à la proximité des soldats de Sentinelle, est au zénith. « On sent bien chez les dirigeants que l'antimilitarisme idéologique a disparu au profit d'une démarche pragmatique », poursuit-il.

Le monde de l'entreprise est aujourd'hui confronté à « l'épuisement » du modèle. « Il est en quête de sens car sa soif n'est pas étanchée par les systèmes classiques et que les réformes vont trop vite pour lui permettre de s'adapter. Ces changements ultrarapides font des dégâts chez les salariés. Or, l'armée a conservé dans sa culture les fondamentaux qui existaient avant et les a adaptés aux environnements qui changent », poursuit Francis Ducrot. Elle possède les réponses qui permettent aux entreprises de s'adapter aux nouvelles formes de coopération et de management. Car elles ne font pas la différence, dans l'entraînement et la formation, entre le temps de paix et le temps de guerre. « Alors que l'entreprise a arrêté de s'entraîner, les militaires sont formés quotidiennement comme s'ils étaient en guerre », dit-il encore. D'où l'intérêt de plonger les dirigeants et les cadres sup dans des situations de crise, dans des univers naturels reproduisant une catastrophe naturelle, un éboulement en montagne ou une inondation au fond d'une grotte pendant un parcours de spéléo...

« L'objectif est de faire sortir les stagiaires de leur zone de confort afin de tester leur comportement, leur force de caractère, leur méthode. »

Comme à l'armée. Sachant que « la capacité de s'engager est contagieuse. Comme l'est le manque de courage ». Cerner, décider, agir : la formation au leadership dans des milieux hostiles fait un tabac. 1 300 participants depuis 2011, issus de 120 entreprises, dont vingt du CAC 40. « Avec la mondialisation, les entreprises en pleine transformation ont besoin de s'inspirer de métiers que l'on dit contraints, d'être mis en situation de crise », explique Francis Ducrot. Point commun des formateurs militaires : ils ont tous dirigé des opérations. La plupart des intervenants ont commandé en opération et exercent aujourd'hui des responsabilités en entreprise.

L'armée serait-elle un modèle de fonctionnement pour la vie réelle ? Le général Vincent Desportes, qui a dirigé l'École de guerre, en est persuadé. « D'un côté, il y a le taylorisme pur, qui crée un produit et l'organise. De l'autre, il y a la pure libération de l'homme et de ses initiatives. Mais entre ces deux extrêmes, la discipline la plus stricte et l'initiative la plus débridée, il faut trouver le bon équilibre. L'accélération du monde et son interconnectivité croissante sont source d'instabilité et d'évolutions constantes, ce qui empêche les solutions hiérarchiques rigides de fonctionner ; il y a une nécessité permanente d'adaptation aux circonstances. Les militaires savent rétablir le bon équilibre, celui qui permet de parvenir à l'objectif dans la convergence des initiatives »* explique-t-il. Exemple : l'opération

Serval au Sahel, dont la réussite fut en partie basée sur la liberté et les initiatives laissées sur le terrain aux commandants de l'opération. Ils ont ainsi pu décider de pousser plus loin l'offensive au début de l'intervention, tirant leurs forces jusqu'aux recoins les plus reculés du nord du Mali, contrairement aux plans initiaux, en profitant des opportunités qui s'offraient à eux sur le terrain. « Les militaires français ont une attitude stratégique qui consiste à penser et conduire l'action en conjuguant sens de la finalité, confiance mutuelle et initiative. Quel est l'effet à obtenir ? Les militaires s'accrochent à cette question et n'en démordent pas malgré le bouillonnement des circonstances. Leur question permanente, c'est celle du pourquoi, celle du sens. C'est moins vrai pour les responsables civils », considère Vincent Desportes.

L'exemple de la Fondation Saint-Cyr est décliné dans le monde de l'entreprise, bien qu'à plus petite échelle, par d'anciens militaires qui montent leurs structures personnelles ou sont recrutés par les grandes entreprises pour bénéficier du savoir-faire militaire. Total, les Aéroports de Paris, Geos, elles sont des dizaines à les recruter dès la fin de leur vie militaire pour bénéficier de leurs compétences particulières. Les anciens militaires se recyclent facilement et dans toutes les grandes entreprises, auxquelles ils offrent un gage de sérieux, une garantie de confiance et de connaissance mais aussi une humilité qui fait parfois défaut dans le civil.

« Pourquoi on aime les militaires ? Ils disent bonjour, sont bien habillés, arrivent à l'heure, sont bien élevés. Ils travaillent beaucoup, ont une vision globale du monde et de la société. Ils sont dévoués au pays et ne travaillent pas que pour l'argent. Ils ne veulent pas prendre la place des patrons »* résume un dirigeant d'entreprise.

Des entreprises comme la SNCF et Disneyland ont noué des partenariats avec l'armée, qui leur donne l'assurance de recruter de la main-d'œuvre jeune et disciplinée. Beaucoup des jeunes recrutés sont passés par le Service militaire volontaire (SMV), créé par François Hollande en juillet 2015 après les attentats terroristes du mois de janvier contre Charlie Hebdo. L'idée d'un service militaire volontaire de six à douze mois pour les jeunes de dix-huit à vingt-cinq ans a été inspirée du Service militaire adapté (SMA) d'outre-mer. Il propose aux jeunes un parcours d'insertion vers l'emploi. Celui-ci inclut une formation à la vie en collectivité dans un cadre militaire, en adoptant le mode de vie militaire (uniforme, vie en caserne, entraînement physique, formation civique et citoyenne) et une formation professionnelle comportant notamment l'obtention du permis de conduire ainsi qu'une remise à niveau scolaire. Le principe de départ était de redonner confiance à une jeunesse déboussolée et sans repères. Valeur cardinale de l'armée, la discipline est plébiscitée par les jeunes volontaires, qui sont deux fois plus nombreux à postuler que le nombre de places.

Antonius Streichenberger a passé douze ans à la Légion, dans le 2e REP, le Régiment étranger de parachutistes. Saint-Cyrien, il a commandé les chuteurs opérationnels. Aujourd'hui il dirige un Salon de l'entretien du textile et organise des formations pour les civils. Il y applique à la lettre sa méthode, la MRT, la méthode de raisonnement tactique, suivie par les soldats quand ils sont en intervention. « Avant de partir en opération, on analyse la situation et on envisage absolument toutes les situations possibles, y compris les moins probables »* explique-t-il. L'ancien légionnaire aborde chaque dossier de la même manière. « Je prends un marché, dit-il, comme on prend un piton. D'abord, l'observation et la reconnaissance, c'est-à-dire la publicité pour le chef d'entreprise. Puis le déploiement des canons, c'est-à-dire les salons chez le chef d'entreprise. Enfin l'assaut final sur le terrain, qui équivaut à la création d'agence chez le chef d'entreprise. » Il a monté ses salons « sur les principes de la guerre ». Et comme l'ennemi est moins farouche et moins déterminé dans la vie économique que dans une guerre, il a pour l'instant gagné toutes les batailles qu'il a menées.

Ce qui vaut pour l'économie vaut aussi pour le social. Tous les chefs militaires ont un livre de chevet qui les accompagne dans leurs postes respectifs. Celui qui n'a jamais quitté le général Pierre de

Villiers est *Le Rôle social de l'officier*, du maréchal Lyautey, qui toute sa vie fut préoccupé par les problèmes sociaux. Écrit en 1891, il n'a perdu pour l'ancien chef d'état-major ni sa pertinence, ni son actualité ni sa force. Le débat n'est pas nouveau. Obsédé par l'union nationale, Lyautey voyait l'officier en « éducateur de la nation entière ». Pour lui, « les hiérarchies disparues, la discipline qui est une nécessité sociale, le respect et l'abnégation » ne pouvaient s'acquérir qu'à l'armée, « la meilleure école sinon la seule où on apprend ces valeurs ». « Un militaire qui n'est qu'un militaire est un mauvais militaire », disait-il.

Le général Vincent Lafontaine a quitté l'armée en 2014 après une belle carrière qui l'a fait passer par le 2e régiment de dragons (arme blindée cavalerie), l'état-major de la Finul (la Force intérimaire des Nations unies au Liban) et le Grand ouest, dont il fut l'officier général de la zone de défense. Aujourd'hui il dirige espérance banlieue, un réseau d'écoles installées dans les cités et dont le but est de prévenir le décrochage des jeunes grâce à un système d'éducation qui s'inspire du fonctionnement des armées et des programmes adaptés à ce public défavorisé, en rupture avec la France. L'amour de la France, justement, est au cœur de l'enseignement. Chaque jour les élèves, qui portent l'uniforme, assistent à la levée du drapeau (des couleurs) et chantent la *Marseillaise* ainsi que l'hymne européen. L'histoire de France est l'une des matières les plus importantes car « pour faire aimer le pays, il faut savoir d'abord apprendre aux jeunes à le connaître, à savoir d'où il vient, comment il s'est construit : il faut ensuite leur proposer quelque chose de grand, dans lequel ils puissent s'inscrire et qui leur donne envie de s'engager et de se dépasser »* rappelle le général Lafontaine. De même qu'il faut développer l'esprit de service : comme à l'armée, les élèves nettoient le réfectoire chacun leur tour.

L'éducation des écoles « Espérance Banlieue » est organisée autour de trois piliers : l'académique (lire, écrire, compter), l'apprentissage (le comportement en société) et « l'intégratif », qui vise à développer le « sentiment d'appartenance » au pays, afin que les jeunes se sentent « les héritiers de notre culture », explique le directeur général de l'école. Il poursuit : « Toute personne est un trésor, particulièrement les enfants en pleine construction de leur avenir. Dans l'action éducative, ces derniers doivent être considérés dans leur globalité : corps, esprit mais aussi cœur. La transmission du savoir et l'apprentissage des fondamentaux pour mener une réflexion sont libérateurs ; ils constituent les outils indispensables pour devenir adulte et exercer une vraie liberté. » Pour servir cette pédagogie particulière qui vise à aider les jeunes des cités à épanouir leurs talents mais prend de grandes libertés avec le système d'éducation classique, les militaires ont un bagage, une formation et une expérience collant naturellement avec le projet Espérance Banlieue. « De nombreux militaires sont des éducateurs dans l'âme. Ils ont une vision de l'autorité vécue comme un service et non pas comme un pouvoir ; l'autorité qui permet de faire grandir ceux sur qui elle s'exerce (c'est d'ailleurs l'étymologie du mot : *augere,* augmenter/faire grandir). Étant en prise avec la réalité de notre pays et de sa jeunesse, ils sont également convaincus que si personne ne fait rien, la cohésion de notre pays sera très bientôt en grave danger et qu'il faut dès aujourd'hui s'engager pour la préserver ou la reconstruire », explique le général Vincent Lafontaine. Espérance Banlieue pousse et grandit dans les lacunes laissées par le système d'éducation. « En France nous sommes les champions des solutions curatives (dispositifs de réinsertion à seize/dix-huit ans...) mais nous devrions porter plus d'efforts à prévenir le décrochage en nous intéressant au sujet très en amont, dès la petite enfance », poursuit-il. Avant d'ajouter : « Malheureusement, en banlieue les cellules familiales sont parfois malmenées, les pères souvent absents, les parents en difficulté et insuffisamment armés pour tenir leur rôle. L'école, pour tout un tas de raisons, se cantonne trop souvent à délivrer des connaissances. D'où l'état de "friche" dans lequel on trouve parfois nos jeunes engagés à leur arrivée dans l'armée. Si l'intégration fonctionne mieux qu'ailleurs dans le monde militaire, c'est parce que nous savons tisser avec les jeunes une relation à la fois d'exigence et de confiance, qui est la marque du vrai respect. En leur proposant un projet de vie qui les dépasse, nous leur permettons de donner un sens à leur vie. » Le concept rencontre un succès incroyable. Après une première école à Montfermeil, puis une seconde à Marseille, Espérance Banlieue gère aujourd'hui onze établissements. À la fin 2018, le réseau, qui ambitionne à terme d'irriguer tous les quartiers, comptera seize établissements.

Même l'Institut des hautes études de défense nationale (IHEDN) sort aujourd'hui de son cadre protégé de l'École militaire pour s'aventurer dans les quartiers difficiles. Il y organise des séminaires de cohésion pour la sécurité de cinq jours. Après Paris, des formations sont aussi organisées à Marseille. Une approche nécessaire mais insuffisante. « Ce sont des jeunes qui peuvent tomber de l'autre côté si on ne s'en occupe pas. L'attitude de bon samaritain ne suffit pas », commente l'amiral François Dupont, qui a longtemps géré ces formations au sein de l'IHEDN.

La prise de conscience

Le réveil des élites françaises

« Les armées ne dormaient pas ! Elles étaient là ! Ce sont les élites qui dormaient ! Elles redécouvrent aujourd'hui le tragique de l'histoire »* commente le général Jean-Louis Georgelin, ancien chef d'état-major des armées. Mais les formes du tragique ont changé. « Le moteur des guerres en Europe a disparu, car l'Allemagne et la France n'ont plus de revendications territoriales. Mais les guerres totales ont été remplacées par une insécurité totale », poursuit-il.

La France avait évacué de son champ de compréhension la question militaire depuis la guerre d'Algérie. L'embuscade d'Ouzbin, en Afghanistan, a sonné comme un réveil. Celui du retour de l'histoire. Trois ans plus tard, en janvier 2013 et pour la première fois depuis les débuts de la Ve République, un affrontement entre les forces françaises envoyées au Mali et des groupes armés est qualifié de « guerre » par le président de la République. Dernière étape de la « prise de conscience », les attentats de 2015. Ils ont agi comme un électrochoc et provoqué, pour la première fois depuis de si longues années, une inversion – légère – de la tendance budgétaire.

Avec l'arrivée d'Emmanuel Macron à l'Élysée, la tendance est repartie à la hausse. L'Élysée a tiré les conséquences du nouvel environnement stratégique, de la conjonction dangereuse des risques et des menaces qui s'accumulent aux frontières de l'Europe et dans son environnement politique et diplomatique. La *Revue stratégique de défense et de sécurité nationale* mandatée par le président était cadrée par une triple volonté présidentielle : la mise en avant de la relance du projet européen, l'objectif budgétaire des 2 % du PIB consacrés à la Défense à l'horizon 2025 et le maintien du modèle d'armée et des deux composantes de la dissuasion nucléaire. La Loi de programmation militaire (LPM) soumise au printemps 2018 se caractérise par un effort budgétaire inédit depuis la fin de la guerre froide : 1,7 milliard d'euros d'augmentation par an les quatre premières années puis 3 milliards d'euros entre 2023 et 2025, afin de porter le budget de la Défense à 50 milliards d'euros et 2 % du PIB en 2025. Elle se veut un projet de « consolidation », destiné à réparer et à régénérer le modèle existant tout en préservant sa « cohérence ». L'Élysée et les responsables politiques militaient pour des mesures innovantes. Mais le chef d'état-major François Lecointre a mis en garde contre le risque de tomber dans une « cuvette fatale » comme les armées britanniques après l'Irak et l'Afghanistan. C'est le modèle défendu par les généraux qui a eu gain de cause.

Après vingt ans de coupes drastiques dans les armées, qui ont vu fondre leurs effectifs de 54 000 hommes sous Nicolas Sarkozy et leur budget descendre jusqu'à 35 milliards d'euros sous François Hollande, Emmanuel Macron a décidé « d'arrêter cette lente érosion de nos capacités militaires ». Le discours qu'il a prononcé début 2018 pour les vœux des armées a été apprécié par les militaires. Il a promis « un effort inédit dans le contexte budgétaire contraint ». « Notre défense, a-t-il dit, est absolument prioritaire. Ce qui doit nous guider, c'est la juste place de la France dans le concert des nations. » Il a ajouté : « Les valeurs que vous incarnez et suivez sont des repères au sein de notre société : l'esprit collectif, la solidité face aux épreuves, le courage, l'abnégation, le service des autres… Il nous faut un outil de défense complet, fort, moderne, puissant. Il s'agit de consolider nos armées et de les projeter vers un avenir nouveau. » Il a aussi défendu la dissuasion nucléaire, « clé de voûte de notre stratégie de défense depuis cinquante ans », qui « nous permet de conserver notre autonomie stratégique et notre liberté d'action en toutes circonstances, dans un contexte international qui n'autorise aucune faiblesse ».

Depuis la crise avec le général de Villiers, l'Élysée et le gouvernement se sont efforcés de recréer un lien de confiance avec les armées. Le président a multiplié les gestes envers les troupes. Il a effectué une dizaine de déplacements dans les forces. Les promesses d'Emmanuel Macron ont de quoi calmer le vague à l'âme des militaires qui avaient été secoués par les conditions du départ du chef d'état-major en juillet 2017. S'il tient ses engagements, le budget des armées, qui s'est vu gratifié de 700 millions supplémentaires en 2017, sera porté à 42 milliards à la fin du quinquennat. Le général Lecointre note en tout cas « une vraie volonté du président de la République ». « Avoir récupéré 780 millions d'euros, c'est incroyable. Pourquoi ferait-on un procès d'intention à Emmanuel Macron ? » demande-t-il. Pour la première fois depuis très longtemps, le budget de la défense n'est plus basé sur des ressources exceptionnelles. La nouvelle Loi de programmation militaire prend aussi en compte les nouvelles conflictualités, les guerres du futur, qu'il s'agisse des conflits hybrides ou des guerres de l'information.

L'autorité, valeur moderne ou démodée ?

Elle avait été bafouée par François Hollande. Emmanuel Macron, le président de la verticalité, l'a rétablie. Avec outrance, dénoncent d'ailleurs ses détracteurs. C'est pourtant l'une des multiples choses qui ont séduit les électeurs. Selon des sondages réalisés avant l'élection présidentielle, plus de 80 % des Français se prononçaient pour le principe d'un homme fort. « Emmanuel Macron partage avec les militaires les notions de combat et d'homme fort »* constate Jean Garrigue, spécialiste de l'histoire politique. La valeur d'autorité, dit-il, est à la mode. Ou plutôt elle le redevient. « Le général Bonaparte a bénéficié d'une popularité exceptionnelle tout au long du XIXe siècle. Aujourd'hui encore, son nom marche très fort en France. En 1880, le général Boulanger a été l'homme du recours, l'homme le plus populaire du pays. La

France était à l'époque prête à se donner à un militaire qui n'avait même pas gagné de guerre. En 1917, Clemenceau est nommé président du Conseil et forme un gouvernement consacré à la poursuite de la guerre. On le surnomme le Père la victoire. On voit bien qu'en France, le principe d'autorité s'impose dans le champ politique chez les militaires ou chez les civils qui développent les vertus du commandement militaire. » Enfin de Gaulle, avec la Ve République, transpose les valeurs militaires dans le domaine politique. « On ne peut pas comprendre les institutions de la Ve République, ajoute-t-il, si on ne comprend pas qu'elles sont conçues pour un militaire ou pour un civil qui pense comme un militaire. » Emmanuel Macron s'est glissé dans ces institutions comme dans un gant.

À cet égard comme à beaucoup d'autres, la présidence d'Emmanuel Macron-Jupiter se veut en totale rupture avec celle de François Hollande. « L'hyper présidentialisation et l'ultra concentration des pouvoirs font que tout remonte à l'Élysée. Emmanuel Macron a restauré la dignité de la fonction présidentielle et l'image internationale de la France et ça plaît aux militaires. Il s'est investi dans le domaine de la défense pleinement et naturellement. Un exemple : le conseil de défense, qui depuis les attentats de Nice se réunit toutes les semaines, "est devenu un véritable outil de pilotage" », confirme une source qui y participe depuis plusieurs années. « Emmanuel Macron a un style militaire naturel. On voit qu'il est content et à l'aise en présence des militaires. Finalement, je pense qu'il a un mode de fonctionnement proche de celui des militaires : efficacité, réactivité, culture du résultat tout en gardant une marge de manœuvre », poursuit-il.

Mais cette volonté de contrôle absolu n'est pas dénuée de risques. « Elle en comporte trois : l'autoritarisme, dont Pierre de Villiers a fait les frais, la fragilité du président qui se retrouvera en première ligne en cas de crise grave et le risque d'éloignement avec la France périphérique »* prévient Malek Bouthi, l'ancien député PS.

Un ton nouveau face au terrorisme

Dans ce domaine aussi, le ton change. À la différence de son prédécesseur François Hollande qui dénonçait en 2015 la barbarie et le terrorisme, Macron parle, lui, de « terrorisme islamiste ». Nouveauté dans le langage officiel, le pouvoir évoque désormais publiquement la « menace intérieure ». À Bruxelles, en mars 2018, juste après le drame de Carcassonne qui venait de coûter la vie au colonel Beltrame, il a parlé d'une « menace endogène ». « Nous ne sommes plus comme il y a deux ou trois ans avec des opérations conduites et menées depuis la zone irako-syrienne. » Propos confirmés dans la foulée par François Molins, procureur de la République de Paris, selon qui « le niveau de la menace terroriste sur notre territoire n'a pas faibli. Désormais surtout endogène, elle est d'abord le fait d'individus radicalisés se trouvant sur notre territoire national ». La parole se délie doucement en France. Pendant des années, l'esprit du « politiquement correct » avait refusé de nommer la nationalité d'origine ou l'identité religieuse de ceux qui en France commetent des attentats. La manière dont les médias et le pouvoir ont tout de suite mis le doigt sur l'origine tchétchène du responsable de l'attaque au couteau de mai 2018 à l'Opéra prouve que les choses changent et que la réalité finit par s'imposer même aux plus résistants.

Emmanuel Macron appelle à rompre avec une « politique victimaire » en matière de lutte contre le terrorisme. La société, dit-il, a besoin de « rêves » et de « héros » à célébrer, afin de renouer avec un « absolu », une « grandeur », seuls capables de rivaliser avec les fanatismes et les « pulsions de mort ». Il veut, face au terrorisme, une sorte de réarmement moral du pays. Là où François Hollande reconnaissait que le pays était en guerre mais sans désigner clairement l'ennemi, Emmanuel Macron le qualifie sans ambiguïté, c'est l'islamisme. « En matière de lutte contre le terrorisme, Emmanuel Macron a pris plusieurs mesures pendant sa première année. Il a d'abord créé une nouvelle structure, le Centre national du contre-terrorisme (CNCT), placé sous l'autorité du coordonnateur national du renseignement et de la lutte contre le terrorisme. Cette nouvelle organisation traduit une forme de présidentialisation de l'antiterrorisme. Puis le président a voulu sortir de l'état d'urgence proclamé après les attentats de novembre 2015. Mais certains de ses piliers ont été repris dans la loi votée en octobre 2017. Troisième point saillant, le maintien d'un niveau d'engagement militaire élevé dans la lutte contre le djihadisme », explique le spécialiste Marc Hecker, dans une note pour l'IFRI, l'Institut français des relations internationales.

Toutes les opérations majeures lancées par François Hollande ont été maintenues : Chammal en zone syro-irakienne, Barkhane au Sahel ou Sentinelle sur le territoire national. La France a ainsi contribué à l'effondrement territorial de Daech qui a perdu successivement sa « capitale » irakienne Mossoul et son principal fief syrien Raqqa. Le quatrième point est lié au recul de Daech et a trait au sort des djihadistes français engagés au sein de cette organisation. Le gouvernement s'est montré ferme à leur égard. À plusieurs reprises, des responsables politiques – à commencer par la ministre des Armées Florence Parly – ont laissé entendre que la meilleure solution serait que les djihadistes meurent au combat. Quand il s'est avéré que plusieurs dizaines de ressortissants français étaient retenus prisonniers par les Kurdes en Irak et en Syrie, le ministre des Affaires étrangères Jean-Yves Le Drian a affirmé que leur rapatriement était exclu, à l'exception des enfants. Enfin, le dernier point, note Marc Hecker, est l'adoption d'un plan national de prévention de la radicalisation, dévoilé par le Premier ministre Édouard Philippe en février 2018. « À la différence des précédents, ce plan est moins axé sur la lutte contre le terrorisme et davantage destiné à permettre à la société de développer les anticorps qui lui permettront de résister aux idéologies extrêmes. Davantage que sur le renseignement, l'accent est mis sur l'éducation et le rôle préventif des acteurs locaux. »

Un nouveau service national ?

C'était une promesse de campagne du candidat Emmanuel Macron. Et malgré les critiques au sein de l'institution militaire, il a décidé de le maintenir. La direction du groupe de travail censé mettre en place le Service national universel (SNU) a été confiée par le président de la République au général Daniel Ménaouine, ancien chef d'état-major de la Minusma, la mission des Nations unies au Mali et ancien chef de cabinet du chef d'état-major de l'armée de terre. Face à l'ampleur des menaces qui s'accumulent aux portes du continent et en France – terrorisme, retour des États puissances, crises environnementales, crise des migrants, cyberguerre – le pays a, dit-il, « besoin de bras ». La professionnalisation de l'armée a diminué le nombre d'hommes capables d'agir en cas de crise. L'équation tient donc selon lui en une phrase : « Que dit-on à notre jeunesse, qui vit dans un monde si différent de celui que nous avons connu à leur âge où les civils étaient les victimes collatérales des conflits militaires. Aujourd'hui notre jeunesse a le sentiment d'être aux avant-postes face aux menaces et aux périls, menaces terroristes mais aussi ensemble des catastrophes qui frappent notre planète. Elle veut être actrice de sa citoyenneté et notre rôle est de l'aider à disposer des savoir-faire pour l'être, face à ces menaces et périls. » Il faut donc selon lui « créer un socle commun, favoriser l'émergence d'une approche globale destinée à lutter contre des menaces plus nombreuses et protéiformes. Le Service national universel peut y contribuer ». Obligatoire pour les Français, facultatif, c'est-à-dire sur la base du volontariat pour les étrangers, notamment ceux qui sont scolarisés en France, il s'adresse à tous les jeunes aux alentours de seize ans. « C'est l'âge, explique le général Ménaouine, auquel on peut encore récupérer ceux qui décrochent dans tous les domaines. »

L'organisation du SNU a été calquée sur le modèle de la « formation initiale » des réservistes. Deux périodes de formation de quinze jours, pendant les vacances, à l'internat pour favoriser le brassage social, avec la possibilité de s'engager, à l'issue, pour une période de trois ou six mois. « Le but est de donner aux jeunes l'envie de s'engager pour la France. » À l'issue de leur formation, tous les stagiaires recevront une veste militaire. « Il leur suffira alors de la revêtir pour, en cas de crise grave ou de catastrophe, se mettre à la disposition des autorités locales s'ils en ont envie. Le pari, c'est que 10 % d'entre eux le fassent. » Pour le général Ménaouine, le SNU est un « véritable projet de société », qui devrait être entièrement opérationnel en 2026, et dont le financement sera interministériel. « Le temps militaire, comme le temps politique d'ailleurs, est un temps long dont beaucoup ont perdu la notion. Il ne faut pas confondre le temps politique et le temps des politiques. Il est urgent de redonner du sens à notre société en investissant dans le long terme. Urgent de stopper la dictature du temps court rythmé par les dépêches et surtout aujourd'hui les réseaux sociaux. »

Le projet d'Emmanuel Macron a rencontré des réticences au sein des armées françaises. Elles sont moins virulentes depuis que l'Élysée a assuré que le projet ne serait pas financé par le budget des armées. Mais elles réveillent cependant une lutte ouverte depuis les attentats terroristes, entre ceux qui considèrent que la marque de fabrique de l'armée française doit demeurer les opérations extérieures, où elle excelle, et ceux qui considèrent que la France doit davantage se recentrer sur la défense du territoire national. « Nous avons construit un modèle d'armée qui n'a plus pour ambition de défendre le territoire national. À l'époque du Pacte de Varsovie, nous redoutions une invasion de l'URSS. Il n'y avait aucune menace sur le territoire national. Aujourd'hui que l'ennemi est ailleurs, on va le chercher au-delà de nos frontières en le frappant en Syrie ou au Sahel. Mais cela fait plusieurs années qu'il s'organise à l'intérieur de nos frontières. C'est dans notre pays, en agissant sur la jeunesse des quartiers défavorisés, qu'on le combattra le mieux »* commente un officier général.

Ses limites

Un budget en trompe-l'œil ?

Pour de nombreux officiers, la remontée en puissance des dépenses militaires, qu'ils saluent, est loin d'être suffisante. Certains d'entre eux dénoncent même une « mythification de Bercy, l'adversaire institutionnel des armées ». « On veut faire voyager l'armée en première classe avec un billet de seconde. C'est toujours le cas aujourd'hui, même si la chose est mieux habillée »* dit le général Georgelin. Le diable, tout le monde le sait, se niche dans les détails. La remontée en puissance décidée par l'Élysée est en fait beaucoup moins importante qu'elle ne le paraît car elle intègre les pensions des militaires. « Pour être au niveau de ce que nous demande le pays, il faudrait que le budget de la Défense atteigne 3 % du PIB et non 2 % comme l'exige l'OTAN, ce que nous sommes déjà loin de réaliser »* poursuit un ancien responsable militaire. « À la fin de la guerre froide, avant que l'État providence ne dévore les budgets, la France consacrait, dit-il, 3 à 4 % de son budget à la chose militaire ! » Il relève en outre que la plus grosse partie de la remontée financière est reportée au prochain quinquennat. « Que deviendront les promesses d'Emmanuel Macron s'il n'est pas réélu ? » interroge un officier. Il ajoute, dans un langage de troupier : « La courbe budgétaire est plate. Puis elle monte brusquement en érection. Mais nous les militaires, on est en bonne santé ! Pour avoir une érection, il ne nous faut pas cinq ans ! » Même un effort budgétaire d'une telle ampleur ne saurait effacer instantanément les séquelles de nombreuses années de sous-financement et de surutilisation des armées. De fait, ce que beaucoup espéraient être une « Loi de programmation militaire (LPM) de remontée en puissance », portant un niveau d'ambition supérieur, est en réalité une LPM de régénération du potentiel. Priorité a été donnée à la satisfaction des besoins les plus urgents, qu'il s'agisse de l'accélération du renouvellement des équipements terrestres, de la revalorisation de la condition militaire ou des travaux d'infrastructures…

Les crédits supplémentaires vont être en grande partie absorbés par le renouvellement des matériels, dont les deux composantes de la dissuasion, et la remise à niveau des infrastructures, qui sont en mauvais état. La loi prévoit en outre des investissements supplémentaires dans des domaines cruciaux pour l'autonomie stratégique de la France comme pour sa capacité à fédérer des partenaires pour opérer en coalition. « En définitive, le choix de préserver un modèle d'armée équilibré, renouvelant aussi bien la dissuasion nucléaire que les capacités d'action extérieure, a fait fondre l'essentiel de la marge de manœuvre budgétaire que semblait offrir la montée vers les 2 %. Même ce choix prudent restera, au final, exposé au risque de remise en cause par le gouvernement d'une trajectoire budgétaire extrêmement ambitieuse – et ce d'autant que, comme la précédente LPM, celle-ci prévoit l'essentiel de l'effort au-delà des élections de 2022. Le leadership présidentiel sera crucial pour la mise en œuvre de cette ambition », écrit le spécialiste Corentin Brustlein, dans un article de l'IFRI, l'Institut français des relations internationales.

Les limites budgétaires pourraient avoir des conséquences, à terme, sur les opérations extérieures. Face à l'inflation et à la diversification des menaces, le rythme des interventions militaires sera-t-il tenable ? « Il faut stabiliser et canaliser les opérations extérieures, éviter l'inflation. Nous ne pourrons pas intervenir partout où se profile la menace d'un massacre, comme nous le fîmes en République centrafricaine en 2013 ou encore en Libye en 2011, sous l'influence de Bernard-Henri Levy. Il faut éviter que l'hubris s'empare à nouveau de la République. Aujourd'hui nous payons le prix de la Libye. S'il faut éviter les opérations extérieures qui ne sont pas indispensables, il faut aussi éviter l'enlisement. Car si on sait quand commence une opération militaire, on ne sait jamais quand elle finit »* commente le général Henri Bentégeat, ancien chef d'état-major des armées. Les militaires ont appris que la phase militaire des engagements s'étire, désormais, sur au moins dix ans. Et dans un monde habitué à l'instantanéité, la durée des interventions n'est pas toujours comprise par l'opinion publique. À cela s'ajoutent la dispersion, la multiplication des opérations dans des zones éloignées les unes des autres et éloignées, aussi, du continent. Dans l'armée, certains s'inquiètent de la baisse annoncée des Opex, qui tirent les armées vers le haut et motivent les jeunes recrues.

Ce retour à la mesure semble correspondre au positionnement d'Emmanuel Macron. « L'idée selon laquelle, grâce à l'hubris français, nous avons réussi à mettre de l'ordre au Sahel avec 4 000 hommes, là où les Américains en auraient eu besoin de plusieurs centaines de milliers, c'est fini. Emmanuel Macron sait que la situation se détériore au Mali et dans le Sahel malgré l'action militaire française. Il sait que les armées africaines ne sont pas au niveau. Et il sait qu'aucune armée occidentale ne déploiera 100 000 hommes dans les sables du Sahel. Il cherche donc une porte de sortie en entraînant le plus possible de partenaires » * explique un ancien responsable français de la Défense, très au fait de la politique élyséenne. Le président est d'autant plus attaché à cette vision que les crises internationales, loin de faiblir, se multiplient et s'aggravent.

En raison de son ambition et de ses responsabilités internationales, la France ne pourra cependant se soustraire à ses obligations, qui généralement sont imposées par la réalité et non par les désirs. Voilà ce qu'en dit Alexis Kohler, le secrétaire général de l'Élysée : « Le président considère qu'aucune opération militaire ne se conçoit indépendamment d'une visée politique. Sinon on risque de créer un contexte plus instable encore et on aboutit à des situations comme nous avons pu voir en Irak ou en Libye. À cet égard, une opération militaire n'est jamais conçue pour être pérenne mais pour atteindre un objectif*. » Pas même celle du Sahel. « On ne fait pas la guerre pour faire la guerre. Il faut savoir partir quand une crise est finie. Ne pas partir trop tôt. Mais ne pas partir trop tard non plus »* ajoute l'amiral Bernard Rogel, chef de l'état-major particulier du président de la République.

Les armées face aux migrations

Emmanuel Macron n'a pas été élu sur ce thème. Néanmoins, le début de son mandat a été fortement marqué par la question de l'asile, dans un contexte général de tensions sur les questions migratoires en Europe, liées à la crise européenne de l'accueil des migrants de 2015. Dès son arrivée au pouvoir, le président s'est vu confronté à la réalité migratoire française, symbolisée par la situation des migrants à Calais, à Paris et à la frontière franco-italienne. Mais la politique du gouvernement n'a pas été marquée par un profond renouvellement. Le discours présidentiel a souligné « l'équilibre » nécessaire entre un objectif « d'humanité » et un objectif de « fermeté ». Celui du ministère de l'Intérieur plaide pour « une immigration maîtrisée et un droit d'asile effectif ». Mais ni la recherche permanente de cet équilibre ni l'inflation législative des politiques migratoires menées par tous ses prédécesseurs n'ont jusque-là permis de régler le problème.

Emmanuel Macron a investi le débat européen sur cette question dès qu'il est arrivé à l'Élysée, profitant d'un retrait au second plan de l'Allemagne dans la période de négociations sur la coalition gouvernementale qui a suivi les élections. Il considère l'immigration comme une priorité, d'autant plus que la route principale d'entrée des migrants s'est déplacée vers la Méditerranée centrale, après l'accord entre l'Union européenne et la Turquie de mars 2016 et la fermeture de la route de la Méditerranée orientale. La France se trouve désormais en seconde ligne, juste après l'Italie. En raison de ses liens avec les pays africains, Paris entend également prendre part aux partenariats pour le contrôle des frontières au sud de la Libye. La présence de soldats français au Sahel y contribue par des moyens policiers et militaires. Mais il reste à la France à mieux définir l'ambition et les contours de cette politique extérieure. « La question est celle de l'équilibre à trouver entre d'une part les objectifs annoncés dans le débat politique interne (arrêt de l'immigration irrégulière et augmentation du nombre de retours de migrants) et d'autre part les enjeux liés aux relations de la France avec les pays africains, notamment en termes de stabilisation de leurs institutions et de leur développement social, économique et humain. L'équation politique est donc fragile », écrivent Christophe Bertossi et Matthieu Tardis dans une note pour l'IFRI.

Mais la question dépasse le cadre national, elle est européenne. Les uns après les autres, les pays de l'Union sont emportés par des courants politiques opposés à l'immigration. De Varsovie à Budapest en passant par Rome ou par Vienne, les peuples se rebellent contre les élites politiques et culturelles qui n'entendent pas leurs réserves vis-à-vis du modèle multiethnique. Ces chocs « populistes », qui entraînent désormais dans leur sillage des pays fondateurs de l'Union comme l'Italie, font peser des risques sur l'avenir de l'Union européenne, faisant même redouter sa fragmentation. La France, où les tensions sont de plus en plus fortes entre les communautés, n'échappe pas au phénomène. Dans ce domaine, reconnaît Emmanuel Macron, il ne peut y avoir de solutions nationales. Seule une Europe qui aura réussi à faire émerger un consensus sur ces questions pourra relever le défi. « La solution que nous devons réussir à porter est une solution européenne, elle se construira uniquement sur la coopération entre les États membres de l'Union européenne, que ce soit une coopération à 28 ou entre plusieurs États qui décident d'avancer ensemble », a affirmé le président français fin juin 2018.

S'il a pris à bras-le-corps l'aspect sécuritaire de l'antiterrorisme, en adoptant notamment en octobre 2017 une loi qui a fait entrer dans le droit commun certaines dispositions de l'état d'urgence comme l'assignation à résidence, les perquisitions administratives et les fermetures de certains lieux de culte, mesures pour lesquelles l'état-major de l'armée avait milité, Emmanuel Macron est resté plus discret sur la dimension religieuse ainsi que sur la question de la place de l'islam en France et de ses liens avec la République. Le président français n'a jamais caché ses divergences avec Manuel Valls sur le sujet de l'islamisme radical, auquel il apporte une explication plus sociologique que politique. En 2015, il soulignait ainsi la « part de responsabilité » dans la radicalisation des terroristes d'une société française qui selon lui a « fermé ses portes » aux jeunes musulmans. Emmanuel Macron a toujours voulu séparer les questions de laïcité (liberté religieuse), d'immigration et de sécurité, qui sont pourtant parfois, et de plus en souvent, reliées entre elles. Cette différence peut-elle fonctionner concernant le salafisme dont se réclament la plupart des djihadistes ? « C'est l'un des angles morts de sa politique »* regrette un officier général, qui aimerait davantage d'implication de la part de l'État sur ces questions qui concernent directement les militaires. « Les ennemis de la République, dit-il, se glissent dans ses angles morts. C'est un sujet de clivage potentiel. L'État et les armées doivent réfléchir ensemble à la manière de les combler le mieux possible. » Car si Vigipirate puis Sentinelle ont apporté une réponse immédiate, le temps est venu, estiment les militaires, « d'attaquer le mal à la racine ».

Accusé par l'opposition d'un double procès en angélisme et en impuissance, le chef de l'État ne veut rien bousculer, persuadé que les réponses à court terme sont toujours les pires. Sans pour autant baisser la garde sur les questions de sécurité. On rappelle ainsi à l'Élysée que la police des cultes est plus que jamais chargée de mettre hors d'état de nuire les auteurs de prêches qui inciteraient à la haine et à la violence. On réfléchit aussi au moyen d'expulser un plus grand nombre de criminels étrangers. Mais pour Emmanuel Macron, l'essentiel, c'est l'aboutissement de l'organisation d'un islam de France. « Le comportement héroïque du colonel Beltrame a sonné le glas du déni et de l'indifférence. Il a mis en évidence nos propres contradictions et les insuffisances de la réponse de l'État aux menaces de dislocation de la société française. Nous avons franchi un palier », écrivait en avril dernier, dans une tribune au *Figaro Vox*, le général Soubelet, ex-numéro trois de la gendarmerie, auteur du livre *Tout ce qu'il ne faut pas dire*, chez Plon. Mais le chemin est encore long selon lui avant que soit gagnée « la bataille des esprits ». Pour éviter, dit-il, « de basculer dans la haine de l'autre vers laquelle certains responsables politiques nous amènent insidieusement, il faut agir et reprendre l'initiative, sortir de la torpeur fataliste ». Il conclut : « Pour conduire cette guerre menée par le terrorisme islamiste, le gouvernement doit se doter des moyens d'action. Ce sont des termes militaires qu'il faut employer. »

Sur ce sujet, la vision des armées est souvent en décalage avec la société. « Les militaires disent parfois qu'il est illusoire de penser que l'endiguement servira à quelque chose. La seule vraie solution, c'est l'aide au développement. Cela fait 30 ou 40 ans que les armées ont pris conscience de ce qui paraît désormais au plus grand nombre comme une évidence », explique le général Lecointre. La crise nouée entre l'Italie et la France autour du bateau humanitaire l'*Aquarius* n'a pas changé leur vision. « Nous ne considérons pas les migrants de l'*Aquarius* comme une marée humaine prête à débarquer chez nous, mais comme des individus en souffrance », poursuit le chef d'état-major. Mais la tension entre l'universalisme des Lumières et la demande de retour à une identité française manifestée par une part toujours plus grande de la population traverse bien sûr également les armées françaises. « S'il n'est pas question de laisser mourir des êtres humains, nous ne pouvons pas non plus ignorer que l'afflux de populations venues des régions musulmanes et d'Afrique subsaharienne fragilise notre modèle et déstabilise nos sociétés », commente un colonel.

Face au défi migratoire, sans doute l'un des plus difficiles que l'Europe ait à relever, quel rôle peut et doit jouer l'armée ? Doit-elle protéger les frontières pour limiter les flux migratoires ? Participer aux efforts du gouvernement pour faire diminuer la pression exercée sur la société française ? Tout le monde y pense, mais personne n'en parle. « Quand, avec l'opération Barkhane, nous attaquons les réseaux terroristes, nous attaquons aussi les réseaux de passeurs. L'armée participe donc, de facto, à la régulation de la crise migratoire. Il existe un lien direct entre les migrations et le terrorisme. Notre engagement au Sahel répond aux deux défis », commente un responsable militaire. De la même manière, les bateaux de guerre français se portent régulièrement au secours des migrants en mer, comme le stipule la loi internationale. Certains voudraient qu'ils instaurent un blocus hermétique en mer, pour empêcher toute intrusion des embarcations de migrants. Mais la solution, selon le responsable militaire, réside davantage dans un plan d'éducation et de développement en amont.

L'armée peut-elle tout faire ?

Les limites du Service national universel ont été pointées très tôt par les militaires et par des spécialistes de la défense. « Il existe une mythologie du service, censé permettre un brassage de la société. La Révolution, avec la levée des armes, a permis de fonder l'Union nationale par l'armée. C'est vrai, mais nous étions au XIXe siècle ! Le retour des idées de militarisation de l'époque de Napoléon est aberrant à notre époque. L'armée, ses valeurs d'engagement apparaissent comme un recours pour intégrer et pallier les lacunes de la société ? Il faudrait que l'armée redresse les jeunes ? Ce n'est pas possible ! Il faut regarder en face les dysfonctionnements de la société, pas demander à l'armée de combler les lacunes ! » commente Michèle Battesti, historienne et spécialiste de la marine, à un colloque consacré au sujet à l'École militaire au printemps 2018. L'armée ne veut pas se substituer à l'éducation, même civique. Cette dernière appartient, dit-elle, à l'école et à la famille. L'institution militaire n'a pas davantage vocation, estime l'Association de soutien à l'armée française, « à assurer le brassage social de tous les jeunes de dix-huit ans qui vivent sur notre sol, ni à leur inculquer la notion de respect et les règles de comportement civique. La mission éducative de ce futur service, à caractère non militaire, telle qu'elle semble aujourd'hui définie par le président de la République, ne s'inscrit pas dans la finalité du ministère des Armées qui est de préparer et d'engager par les armes des unités militaires au combat, ce qui peut aller, si la mission l'exige, jusqu'au sacrifice des hommes et des femmes qui y servent ». Dans sa dernière note, l'Asaf considère qu'il revient au ministère de l'Éducation nationale d'assurer la fonction d'éducation, notamment civique. « Il est également de sa responsabilité de révéler et de développer le sentiment d'appartenance à la communauté nationale française, ce qui implique des devoirs et des droits sans lesquels il ne peut y avoir de Nation rassemblée et libre. Cette institution, forte d'un million de cadres, a le devoir de transmettre à tous les jeunes Français, non seulement et en priorité des savoirs, mais aussi un savoir être individuel et collectif. »

Les militaires considèrent que le rôle de l'institution n'est pas de régler les problèmes sociaux du pays. « Les armées consolident la nation, la protègent et l'inspirent. C'est pour cela qu'il faut une présence sur le territoire national et c'est pour cela qu'il faut intégrer la jeunesse. La culture de l'armée pousse au collectif. La pédagogie est mise au service de la force. Mais il ne faut pas séparer les deux. Le devoir de l'armée est d'être une institution qui permet à la nation d'être soudée. Mais elle ne doit pas remplacer l'Éducation nationale. Pendant très longtemps, l'armée de terre a trouvé dans l'éducation un palliatif à son engagement dans la guerre. Car elle passait son temps à attendre l'ennemi qui n'arrivait jamais. Le rôle social de l'officier, celui que décrit Liautey, c'est important. Mais ce n'est pas le rôle premier de l'armée » prévient le général François Lecointre, chef d'état-major des armées. À l'époque de la conscription, quand elle avait « du temps et des bras », elle pouvait pourtant assurer de nombreuses missions de service public. « Mais aujourd'hui c'est différent. C'est la guerre. L'armée s'est professionnalisée, son fonctionnement dépasse de 30 % le contrat prévu, on rapatrie souvent des blessés… Alors on veut bien aider à gérer les inondations comme en juin 2017, parce que nous possédons la capacité logistique et de commandement. Mais ce coup de main doit être limité au temps de la crise », prévient un officier général.

De manière parfois imprudente, des responsables politiques évoquent régulièrement la possibilité d'envoyer les armées régler certaines crises sur le territoire national. Certains ont ainsi imaginé qu'elles pourraient ramener le calme dans les quartiers nord de Marseille ou se charger de l'évacuation de la ZAD de Notre-Dame-des-Landes. Après des violences répétées dans sa ville, le maire de Sevran avait demandé leur intervention en 2011. En 2005, le chef d'état-major des armées avait même menacé de démissionner quand Dominique de Villepin, alors Premier ministre, avait évoqué l'idée d'envoyer les soldats dans les banlieues ! « Si on fait ça, on prend le risque de créer une polémique inutile et de faire ressurgir les mauvais souvenirs de l'état d'urgence pendant la guerre d'Algérie. Il ne faut surtout pas donner l'idée qu'elles peuvent à nouveau être mêlées à des processus de maintien de l'ordre »* prévient un ancien responsable d'un service de renseignements. Sur ce sujet, les militaires sont presque tous sur la même longueur d'onde. « Pacifier les banlieues, ce n'est pas le rôle de l'armée. Nous sommes une République, pas une dictature ! Ça l'est d'autant moins que les forces intérieures, la police et la gendarmerie, s'adaptent très rapidement aux nouvelles formes de conflit », explique un haut responsable militaire.

Conclusion

La popularité retrouvée de l'armée ? Certains craignent qu'elle ne soit qu'un feu de paille. « L'armée est l'un des lieux républicains, institutionnels, qui incarne de manière diffuse le fait que nous sommes encore une patrie, un pays. Mais elle n'est pas ouverte à tous les vents »* prévient le père Christian Venard. La remontée de la popularité des armées est un fait sans précédent depuis trente ans. Mais l'enthousiasme est souvent freiné par les contraintes de la vie militaire. « Avec la multiplication des opérations extérieures et l'opération Sentinelle, l'armée française est devenue une armée de célibataires géographiques. Résultat : de nombreuses familles explosent », souligne un colonel.

Après une chute en 2016, les désertions sont légèrement remontées en 2017. Convaincus de s'engager après les attentats terroristes, certains jeunes ont rapidement été déçus par l'institution militaire. Ils pensaient partir en opérations extérieures et dans des zones de combat et se retrouvent à patrouiller dans les villes avec Sentinelle. Beaucoup ne supportent pas ce décalage entre l'image et la réalité. Trois ans après les attentats, l'attractivité des armées montre déjà des signes de faiblesse. Des militaires quittent le service avant terme, déçus par les promesses ou les faibles rémunérations. « Le trafic de drogue rapporte beaucoup plus ! »* prévient l'ancien député socialiste Malek Boutih. Certains supportent difficilement le rythme épuisant des missions, qui parfois les gardent hors de chez eux deux cent cinquante jours par an. À cela s'ajoute la crainte d'une reconversion difficile après l'engagement.

Les jeunes engagés, qui réclamaient davantage d'autorité, ont finalement beaucoup de mal à supporter les rigidités de la vie militaire, les ordres donnés par leurs supérieurs et les longues séparations familiales induites par les missions. « On ne peut pas s'adresser à cette génération connectée, qui pratique le nomadisme professionnel, qui n'a jamais connu la guerre et qui est née en même temps que les trente-cinq heures comme on s'adressait aux jeunes engagés il y a trente ans. Si on veut pouvoir les garder, il faut inventer une autre manière d'être avec eux », prévient un officier général.

La question de la fidélisation n'a pas encore trouvé de réponse. « Notre problème n'est pas de recruter mais de donner envie de rester. Avant, dans la marine, il y avait une expression : la famille ne fait pas partie du sac. Aujourd'hui, si on dit ça, le marin s'en va. Les jeunes veulent pouvoir concilier vie professionnelle et vie personnelle »* explique un responsable de la marine française. L'armée doit engager un grand chantier de fidélisation des hommes à l'institution militaire. « Nous devons modifier nos viviers de recrutement, offrir des carrières aux femmes, changer d'organisation. Aujourd'hui les jeunes veulent la liberté et non la sécurité de l'emploi. Il nous faut nous remettre en question », poursuit le haut gradé. Cette bataille n'est sans doute pas la plus visible, mais c'est sans doute l'une des plus difficiles à remporter.

Le sursaut d'un sentiment patriotique français depuis les attentats terroristes de janvier 2015 reste donc fragile. « Il y a encore de fortes réticences en France vis-à-vis du patriotisme, car beaucoup le confondent avec le nationalisme »* explique le général Henri Bentégeat, ancien chef d'état-major des armées. « La guerre, poursuit-il, a changé de visage dans l'esprit des principaux penseurs français et européens. Pendant des siècles, le métier des armes a été considéré comme un métier noble. Il est encore trop souvent jugé comme un choix immoral, tandis que la guerre, jadis vue comme un fléau inévitable, est devenue le mal absolu, un acte bestial. » Ce qu'il nomme le « néo-pacifisme » a influencé l'image des armées pendant de longues années. La guerre a aussi changé de personnalité et de nature dans l'esprit des Européens. « Depuis la fin de la guerre froide, elle avait acquis un caractère moral, civilisateur. Elle ne visait plus qu'à restaurer la paix. Elle avait en quelque sorte été exclue du rapport de force, qui est la nature fondamentale des relations internationales. Aujourd'hui ce caractère naturel de la guerre revient », constate un amiral. Mais il a du mal à trouver des réponses adéquates dans les sociétés européennes, qui ne se sont pas départies de leur élan néo-pacifiste. « Aujourd'hui, dans certains domaines, on considère que la valeur suprême est de sauver une vie humaine. Ce principe va à l'encontre de la notion de sacrifice pour la communauté qui a été pendant des siècles la valeur fondamentale. »

Malgré le réveil des armées, déclenché par la détérioration du contexte stratégique, la société française ne s'est pas encore réconciliée avec le besoin de préparer la guerre. En septembre 1938, quand ils ont signé les accords de Munich, Français et Anglais avaient oublié cette devise. Pas sûr que les attentats terroristes, le retour des États puissances, l'imprévisibilité nouvelle des États-Unis et l'apparition de nouvelles menaces soient des évènements suffisants pour lui rendre toute son actualité. Ni pour convaincre les États du continent de construire enfin leur autonomie stratégique.

Après l'état de grâce qui avait accompagné les promesses d'augmentation du budget de la défense, l'heure est à nouveau au doute dans les armées. La popularité d'Emmanuel Macron s'y est érodée comme elle s'est érodée dans la société. De nombreux militaires pointent un « décalage entre le discours et la réalité ». « Depuis qu'il a été élu, rien ne s'est amélioré, finalement. Je connais des soldats qui n'ont pas piloté leurs chars Leclerc depuis un an. La condition du soldat est toujours aussi médiocre : dans le Sahel, ceux qui participent à l'opération Barkhane vivent dans des conditions vraiment très difficiles. Même l'accès aux douches est limité »* déplore un médecin militaire. Habitués aux promesses non tenues des hommes politiques, les officiers s'inquiètent à nouveau pour l'ambition et les moyens de l'institution militaire. Les démissions spectaculaires des ministres de l'Environnement et de l'Intérieur, Nicolas Hulot et Gérard Colomb, ont rappelé à leur esprit celle de Pierre de Villiers. L'un d'eux prévient : « Finalement, Emmanuel Macron a traité Nicolas Hulot de la même manière que l'ancien chef d'état-major ! Le président n'a pas tiré les leçons du premier clash de son quinquennat. Mais on ne trouvera pas tous les deux ans un général de Villiers pour provoquer un électrochoc* ! » En octobre, le gouvernement a finalement décidé de faire porter au seul ministère des Armées la charge des Opex, privant ainsi les militaires de plusieurs centaines de millions. Les généraux, qui ne veulent pas subir le même sort que Pierre de Villiers, n'ont pas fait de commentaires publics. Mais l'émotion est vive dans les milieux de la Défense. « Un peu plus d'un an après avoir poussé de Viliers à la démission, le gouvernement vient de trahir de nouveau la parole donnée aux militaires », dénonce François Cornut-Gentille, le rapporteur spécial des crédits défense à la commission des Finances.

Remerciements

Je remercie tous les officiers qui ont accepté de me parler librement et de me faire confiance.

Je remercie aussi Alain Barluet, le correspondant Défense du *Figaro*, pour son élégance et son amitié.

Cet ouvrage a été composé par PCA

Imprimé en France par CPI
en janvier 2019

pour le compte des Éditions J.-C. LATTÈS
17, rue jacob – 75006 Paris

N° d'édition : 01. – N° d'impression : 2041682
Dépôt légal : janvier 2019